中公新書 2830



人口戦略会議編著

# 地方消滅 2

## 加速する少子化と新たな人口ビジョン

中央公論新社刊

日本は本格的な人口減少時代に突入した。現在の基調が変わらない限り、1億2400万人（2023年）の人口は、2100年には6300万人に半減すると推計されている。

こうした未曽有の事態を眼前にして、このままでは、日本経済は「縮小スパイラル」に陥り、国富を失いつづけ、社会保障の持続性が大きく損なわれていくのではないか。また、国際的な地位は低下しつづけ、「小国」として生きるしかないのではないか。わが国の将来に対して、こうした不安を抱く人は多い。

私たちは、このような歴史的な転換期にあって、ただ少子化の流れに身を任せていていいのだろうか。今、ここで行動を起こさなければ、日本とその国民が人口減少という巨大な渦のなかに沈みつづけていくことは明らかである。

このような基本認識を共有する有志が個人の立場で自主的に集い、人口減少という事態に対していかに立ち向かい、持続可能な社会をどのようにつくっていくべきかについて意見交換を行う場として、「人口戦略会議」を設置し、提言するものである。

人口戦略会議議長　三村明夫

目次

図表作成：志岐デザイン事務所
地図作成：モリソン
ＤＴＰ：市川真樹子

# 地方消滅2

## 加速する少子化と新たな人口ビジョン

# 序章

# 「消滅可能性都市896」の衝撃

## 「消滅」とは何だったのか

このままでは全国896の自治体が消滅する——。2014年6月号に掲載された『中央公論』「消滅可能性都市896全リスト」は各界に衝撃を与えた。

リストは増田寛也・東京大学大学院客員教授（当時）と、増田氏が座長をつとめた日本創成会議・人口減少問題検討分科会の連名で発表され、のちに「増田レポート」と呼ばれるようになる。本レポートに前後して掲載された一連の関連記事は『地方消滅』（中公新書）として書籍化され、新書大賞2015を受賞するなどベストセラーにもなった。

全国の自治体関係者らが直面することになった「消滅」の可能性とは、そもそもどのように予測されたものだったのか。以下、振り返っていく。

第一のポイントは、人口の再生産力に着目し、それを測る指標として20〜39歳の若年女性人口に注目した点にある。

人口動態を予測するうえで重要な指標となるのが、15〜49歳の女性の年齢別出生率を合計した「合計特殊出生率（TFR）」（以下、出生率）だ。ただし、そのうちの95％は若年女性が占めているため、出生率の鍵を握るその人口に焦点が当てられた。

国立社会保障・人口問題研究所（社人研）の「日本の地域別将来推計人口」（13年）のデータをベースに、12年当時の出生率1・41が続いたと仮定して試算すると、2010〜40年の間に若年女性人口が5割以下に減少する自治体は373、そのうち自治体の人口が1万人を切るのは243であった。

第二のポイントは、この数字に大都市への人口流出による人口減少も加味した点にある。2010〜15年の人口移動の状況がそのまま続く（移動率が収束しない）とすると、2010〜40年の間に若年女性人口が5割以下に減少する自治体は急増し、896になった。これが巻末のリストに掲載された「消滅可能性都市」である。そのうちの523自治体は、人口1万人を切ると予想された。

表0－1は特に減少率が高かった20市町村の抜粋を再掲したものだ。トップの群馬県南牧村は、若年女性人口の減少率が89・9％に達し、10年当時の99人から、40年には10人にまで

**表0-1　減少率が最も高い20市町村**（『中央公論』2014年6月号掲載）

| | | 若年女性減少率（%）収束なし 2010年→2040年 | 2040年 若年女性人口 | 総人口（人） | 2010年 若年女性人口 | 総人口（人） |
|---|---|---|---|---|---|---|
| 1 | 群馬県南牧村 | -89.9 | 10 | (626) | 99 | (2,423) |
| 2 | 奈良県川上村 | -89.0 | 8 | (457) | 73 | (1,643) |
| 3 | 青森県今別町 | -88.2 | 20 | (1,211) | 172 | (3,217) |
| 4 | 北海道奥尻町 | -86.7 | 27 | (1,064) | 202 | (3,033) |
| 5 | 北海道木古内町 | -86.5 | 45 | (2,057) | 331 | (5,341) |
| 6 | 群馬県神流町 | -85.5 | 13 | (691) | 92 | (2,352) |
| 7 | 北海道夕張市 | -84.6 | 100 | (3,104) | 653 | (10,922) |
| 8 | 北海道歌志内市 | -84.5 | 48 | (1,271) | 311 | (4,387) |
| 9 | 北海道松前町 | -84.4 | 93 | (3,162) | 597 | (8,748) |
| 10 | 北海道福島町 | -84.4 | 53 | (1,660) | 340 | (5,114) |
| 11 | 奈良県吉野町 | -84.4 | 105 | (3,063) | 670 | (8,642) |
| 12 | 群馬県下仁田町 | -83.7 | 89 | (3,431) | 547 | (8,911) |
| 13 | 徳島県那賀町 | -83.7 | 85 | (3,320) | 522 | (9,318) |
| 14 | 高知県室戸市 | -83.4 | 156 | (4,868) | 941 | (15,210) |
| 15 | 新潟県粟島浦村 | -83.2 | 2 | (163) | 14 | (366) |
| 16 | 青森県外ヶ浜町 | -83.1 | 77 | (2,458) | 455 | (7,089) |
| 17 | 京都府南山城村 | -83.0 | 42 | (1,223) | 244 | (3,078) |
| 18 | 和歌山県高野町 | -83.0 | 47 | (1,680) | 276 | (3,975) |
| 19 | 奈良県東吉野村 | -82.7 | 16 | (631) | 91 | (2,143) |
| 20 | 徳島県神山町 | -82.6 | 60 | (2,181) | 344 | (6,038) |

備考：①国立社会保障・人口問題研究所「日本の地域別将来推計人口（平成25年3月推計）」及びその関連データより作成　②推計人口は小数点以下を含むため、個々の「若年女性減少率」の数値が一致しない場合がある

減るという衝撃の数字となっていることが分かる。他にも表にはないが、東京23区の中で唯一、豊島区だけが消滅可能性都市とされたことも注目された。

図0－1は人口の移動率が収束した場合と、収束しない場合の、各都道府県の自治体における「消滅可能性都市」の割合を再掲したものだ。首都圏近郊では人口移動が地域の持続可能性に与える影響が比較的小さい一方で、東北や中国、四国、九州地方で大きくなっていることがうかがえる（なお、福島県については、東日本大震災にともなう東京電力福島第一原子力発電所の事故の影響により市町村別の人口を見通すことが困難なため、図・表いずれも数値を示していない）。

この分析を受け、少子化と地方衰退への対策として、大きく二つの目標設定も提言された。一つは「希望出生率1・8」の実現だ。この数字は、夫婦の「理想こども数」や未婚者（女性）の結婚希望率などを加味して算出されている。

もう一つは、「東京一極集中」に歯止めをかけることであった。そのために、若者の流出を食い止める「人口ダム」となる地域拠点都市の形成などが目指された。

この目標の実現のために、国レベルでの「長期ビジョン」と「総合戦略」を策定し、それを指揮する「総合戦略本部」を設置すること。そして地方自治体レベルでは、地域の実情に

**図0-1 20〜39歳女性が半分以下になる自治体比（2010〜40年）**

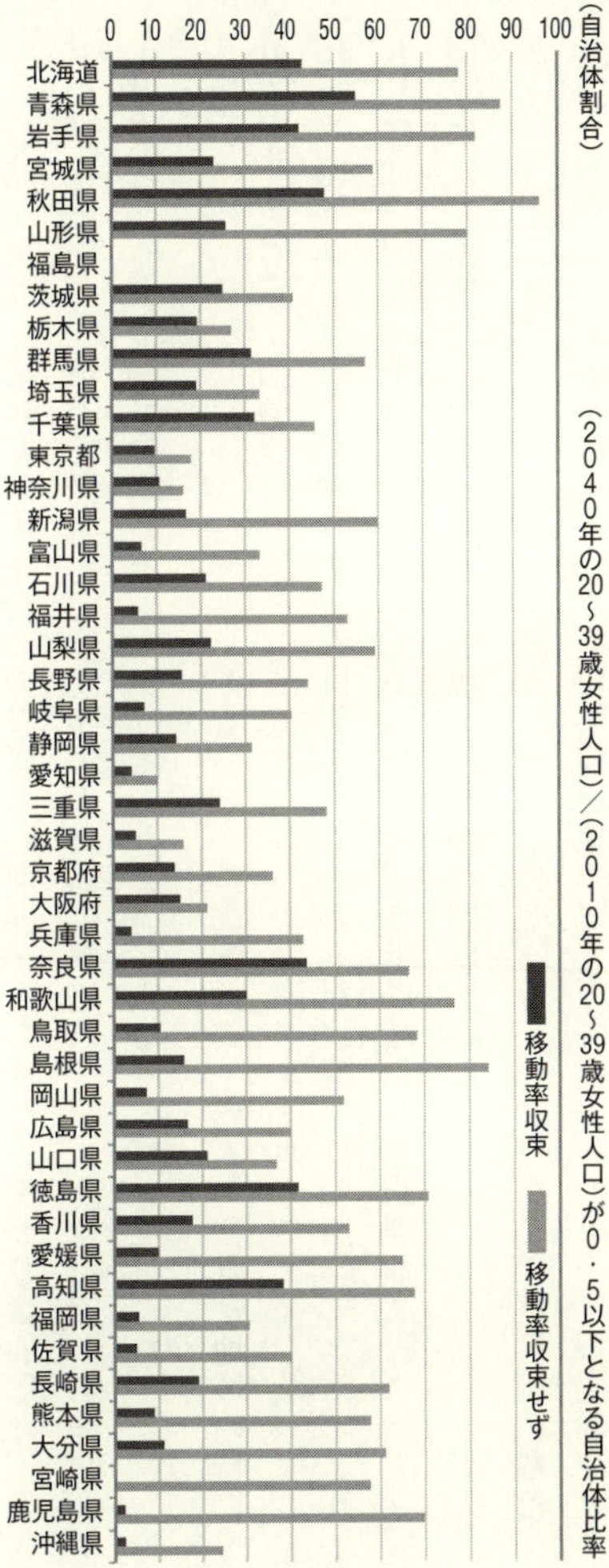


・社人研の人口推計を前提とした場合、20〜39歳女性人口が2010年から40年にかけて半分以下になる自治体比率は20.5%
・さらに人口移動率が収束しないとする仮定を置くと、20〜39歳女性人口が2010年から40年にかけて半分以下になる自治体比率は49.8%

備考：国立社会保障・人口問題研究所「日本の地域別将来推計人口（平成25年3月推計）」及びその関連データより作成

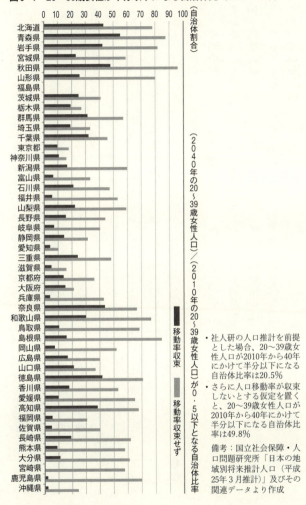

合わせた戦略を担う「地域戦略協議会」の設置の必要性が説かれた。より具体的には、①ストップ少子化戦略、②地方元気戦略、③女性・人材活躍戦略の三つに重点を置いて推し進め、少子化と東京一極集中に早急に歯止めをかけることを提言する内容だった。

### それでも止まらない人口減少

それから10年以上を経て、政府や地方自治体はさまざまな政策を打ち出してきた。2014年9月には、内閣に地方創生担当大臣が新設され、15年には「女性活躍推進法」が成立。また同年には「希望出生率1・8」の実現を政府が目標に掲げた。

しかし、それでも人口減少に歯止めがかかる兆しは見えない。2022年度の出生数はついに80万人を切り、出生率は1・26と、10年前と比べてさらに悪化している。新型コロナウイルスの感染拡大で、一時期緩やかになったかに見えた東京への人口流入も、再び加速し始めている。このままでは「地方消滅」どころか「日本消滅」となりかねない。

10年前の試算のベースとなった社人研のデータの最新版は、2023年12月22日に公開された。2024年は、「地方消滅」から10年の節目となる。眼前の人口減少問題に正面から向き合っていかねばならない。

（中央公論編集部）

# Ⅰ部　消滅自治体　最新データ篇

消滅可能性自治体744（アミカケの市町村）

# 第1章

# 地方自治体「持続可能性」分析レポート

## 地域特性に応じた人口減少対策が必要

三村明夫　日本製鉄名誉会長
＋
人口戦略会議

２０１４年5月に日本創成会議（座長：増田寛也）が「消滅可能性都市」リストを発表してから10年が経った。今般、人口戦略会議（議長：三村明夫、副議長：増田寛也）は、２０２３（令和5）年12月に公表された新たな「日本の地域別将来推計人口（令和5年推計）」（国立社会保障・人口問題研究所）に基づき、人口から見た全国の地方自治体の「持続可能性」について分析を行った。

今回は、２０１４年の分析を踏まえつつ、新たな視点として、人口の「自然減対策」（出生率の向上）と「社会減対策」（人口流出の是正）の両面からの分析を行っている。各地方自治体や地域の人口の実情と課題を考える上で、参考にしていただければ幸いである。

## 1　本分析の考え方

### ・2014年の分析手法を拡充

２０１４年の分析は、「日本の地域別将来推計人口」における「20～39歳の女性人口」（以下、若年女性人口）の将来動向に着目したものであった。この若年女性人口が減少しつづける限り、出生数は低下しつづけ、総人口の減少に歯止めがかからない。人口減少のスピードを考えると、若年女性人口が２０１０年から２０４０年までの30年間に50％以上のスピードで急減する地域では、70年後には2割に、１００年後には1割程度にまで減っていくことになる。このような地域は、最終的には消滅する可能性が高いのではないか、と推測したものである。今回も、こうした前回の考え方を基本的には踏襲し、若年女性人口が２０２０年から２０５０年までの30年間で50％以上減少する自治体を「消滅可能性自治体」としている。

加えて今回は、各自治体が深刻な人口減少を回避するにはいかなる対策を講ずるべきか、という視点からの分析も行った。なぜ、このような分析を行ったか。２０１４年の分析結果は各自治体に大きな影響を与えたが、各自治体の人口減少対策は、どちらかと言えば人口流出の是正という「社会減対策」に重点が置かれ過ぎているきらいがある。東京圏への人口流出の防止はともかく、若年人口を近隣自治体間で奪い合うかのような状況も見られる。こうしたゼロサムゲームのような取り組みは、結果として出生率向上に結びつくわけでなく、日本全体の人口減少の基調を変えていく効果は乏しい。

## ●「封鎖人口」を用いて自然減を分析

そこで今回は、「日本の地域別将来推計人口」で公表されている「封鎖人口」を仮定した推計結果データ（各自治体において人口移動がなく、出生と死亡だけの要因で人口が変化すると仮定した推計結果）を活用して、別途分析を行った。封鎖人口の分析と、移動傾向が一定程度続くとの仮定（移動仮定）のもとでの推計を比較することにより、若年女性の人口動向に影響を与えている要因が構造的に分かり、地域特性に応じた人口減少対策の重要性が明らかになるからである。

たとえば、封鎖人口において若年女性人口が急減する地域では、出生率の向上という「自然減対策」が重要な課題となることが分かる。逆に、封鎖人口では人口減少は緩やかだが、移動仮定の分析では人口が急減する地域では、人口流出の是正といった「社会減対策」が重要となる。このように地域によって、取り組むべき対策が異なってくる。

## 2 「消滅可能性自治体」の状況

- 「消滅可能性自治体」は744自治体

分析の結果、移動仮定の若年女性人口の減少率が2020年から2050年までの間に50％以上となる自治体（消滅可能性自治体）は744自治体である。2014年の896自

**図1-1　「消滅可能性自治体」数の動き（前回との比較）**

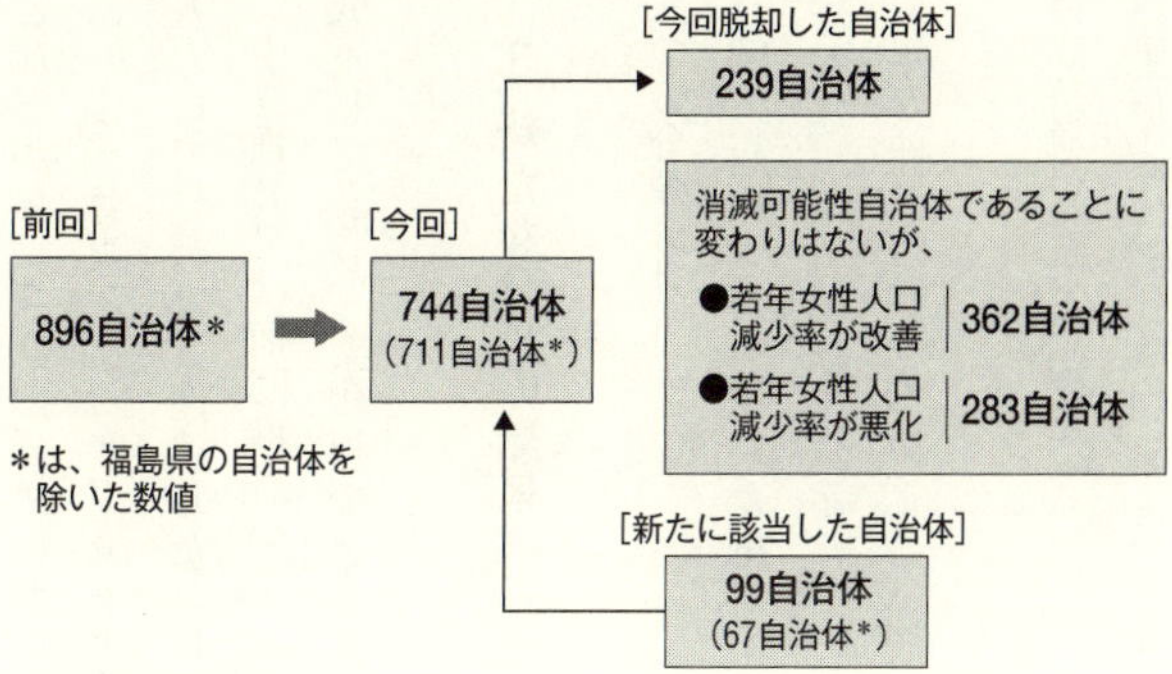


治体と比べると若干改善が見られる。[*1] このうち、前回対象としなかった福島県の自治体を除くと、711自治体となる。今回、消滅可能性自治体を脱却したのは239自治体だった。744自治体のうち、今回新たに該当したのは99（うち福島県の自治体が33）、前回、今回ともに消滅可能性自治体であることに変わりはないが、若年女性人口減少率が改善したのは362、悪化したのは283である（図1-1）。

### ・少子化の基調は変わっていない

今回の分析結果は、昨年12月公表の「日本の地域別将来推計人口」、さらには、そのベースである昨年4月公表の「日本の将来推計人口（令和5年推計）」の推計結果を反映している。これらの将来推計人口では、前回に比べ外国人の入国超過数が大きく増加していることなどから、今回の分析においては人口減少傾向が改善する結果となっている。

しかし、実態としては、少子化基調が全く変わっていないことに留意する必要がある。日本人人口で見れば、前述した「日本の将来推計人口」においても、日本人女性の出生率仮定値（中位推計）は前回推計の1・40（2065年時点）より低い1・29（2070年時点）まで低下しており、楽観視できる状況にはない。

## 3　新たな分析の結果

### ●九つの分類分け

今回、封鎖人口を用いた推計も加味した新たな分析手法として、次のように九つの分類を設定した。縦軸は移動仮定における若年女性人口減少率による分類、横軸は封鎖人口における若年女性人口減少率による分類である（表1-1）。

#### (1)自立持続可能性自治体（A）

移動仮定、封鎖人口ともに若年女性人口の減少率が20%未満の自治体は、「自立持続可能

**表1−1　自治体の人口特性別9分類（自然減対策と社会減対策）**

A 自立持続可能性自治体：65
B ブラックホール型自治体：25（B−①：18、B−②：7）
C 消滅可能性自治体：744（C−①：176、C−②：545、C−③：23）
D その他の自治体：895（D−①：121、D−②：260、D−③：514）

| 封鎖人口＼移動仮定 | 減少率<br>20%未満 | 減少率<br>20〜50%未満 | 減少率<br>50%以上 |
|---|---|---|---|
| 減少率<br>20%未満 | A<br>自立持続可能性 | D−①<br>自然減対策が必要 | B−①<br>自然減対策が極めて必要 |
| 減少率<br>20〜50%<br>未満 | D−②<br>社会減対策が必要 | D−③<br>自然減対策が必要<br>社会減対策が必要 | B−②<br>自然減対策が極めて必要<br>社会減対策が必要 |
| 減少率<br>50%以上 | C−①<br>社会減対策が極めて必要 | C−②<br>自然減対策が必要<br>社会減対策が極めて必要 | C−③<br>自然減対策が極めて必要<br>社会減対策が極めて必要 |

注：縦軸および横軸の「減少率」は、若年女性人口（20〜39歳）の減少率

性自治体」として位置付けている。減少率が20％未満であれば、100年後も若年女性が5割近く残存しており、持続可能性が高いと考えられるからである。

(2)ブラックホール型自治体（B−①、B−②）

移動仮定における若年女性人口の減少率が50％未満である一方、封鎖人口における減少率が50％以上の自治体は、人口の増加分を他地域からの人口流入に依存しており、しかも当該地域の出生率が非常に低い。いわば人口の「ブラックホール型自治体」と呼ぶことができる。

(3)消滅可能性自治体（C−①、C−②、C−③）

前回と同様に、移動仮定における減少率が

50％以上の自治体である。[*2]

(4)その他の自治体（D－①、D－②、D－③）

上記の分類にあたらない自治体で、そのほとんどで若年女性人口が減少する見込みである。[*3] 減少状況によって、必要な対策が異なることに留意する必要がある。

• 全体の状況

九つの分類の該当自治体の分布は図1－2のとおりである。

「自立持続可能性自治体」は65で、全1729自治体の4％に満たない。また、「ブラックホール型自治体」は25（全体の1％）である。「消滅可能性自治体」

図1－2　全国1729自治体の９分類の分布

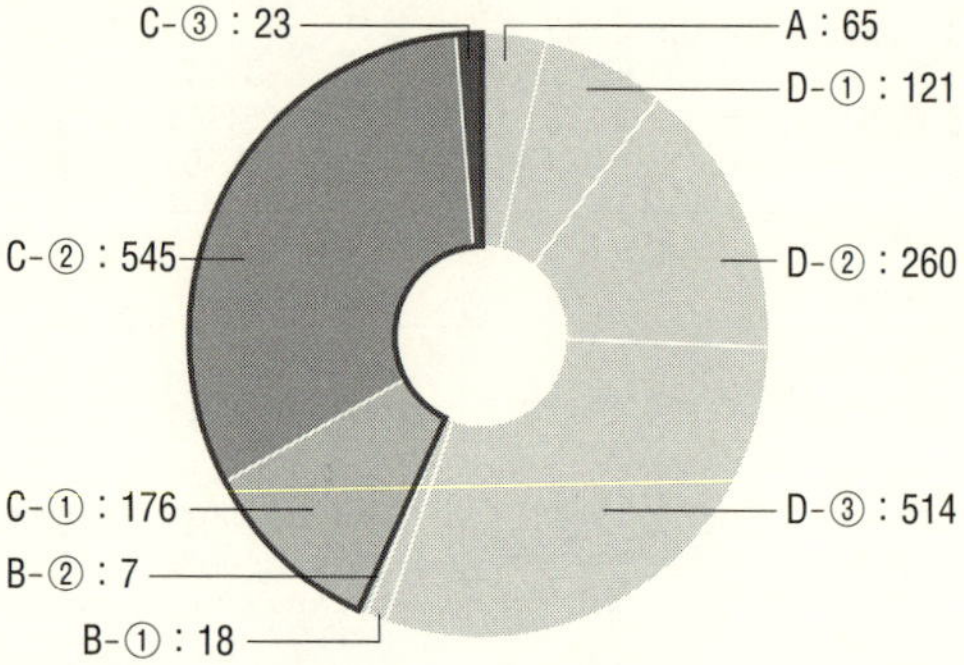


の総数は744（同43％）で、その中でも特に構造的に深刻な自治体（C－③）が23（同1％）ある。また、いずれにも該当しない「その他の自治体」は895（同52％）にのぼる

が、自然減対策と社会減対策がともに必要な自治体（D‐③）が514（同30％）となっている。

### •人口規模別の状況

人口規模別に見ると、50万人以上の自治体では、自然減の深刻な「ブラックホール型自治体」が7、30万～50万人未満の自治体では5存在しており、人口の多い大都市は出生率向上が急務であることが分かる。「消滅可能性自治体」は、5万人未満の自治体で増加し、特に1万人未満では自治体の6割を超えている。一方、「自立持続可能性自治体」は少ないものの、1万～5万人規模を中心に、比較的小規模の自治体に存在している。

全般的に見れば、人口規模の大きい自治体は自然減対策が、また、小さい自治体は社会減対策と自然減対策の両方が必要だと言える。

### •地域ブロック別の状況

地域ブロック別に見ると、状況は大きく異なっている（表1‐2）。北海道は「消滅可能性自治体」が117にのぼる。北海道の自治体の大半は人口流出が激しく、社会減対策が必

表1-2　地域ブロック別の分布

| | 自立持続可能性自治体（A） | ブラックホール型自治体（B） | 消滅可能性自治体（C） | その他の自治体（D） |
|---|---|---|---|---|
| 北海道 | 0 | 2 | 117 | 60 |
| 東北 | 1 | 0 | 165 | 49 |
| 関東 | 8 | 21 | 91 | 196 |
| 中部 | 12 | 0 | 109 | 195 |
| 近畿 | 7 | 2 | 93 | 125 |
| 中国・四国 | 3 | 0 | 93 | 106 |
| 九州・沖縄 | 34 | 0 | 76 | 164 |

要だが、自然減対策も必要な自治体は少なくない。東北は「消滅可能性自治体」が165で、その数も割合も全国最多であり、社会減対策も自然減対策もともに必要な自治体が大半である。関東は「消滅可能性自治体」が91にとどまる一方で、「ブラックホール型自治体」が東京都の17を含め21にのぼる。

中部は「消滅可能性自治体」は109であるが、「自立持続可能性自治体」が12存在する。近畿は「消滅可能性自治体」が93、「ブラックホール型自治体」が2存在しており、自然減対策の必要性が高い。中国・四国は「消滅可能性自治体」は93だが、前回から脱却した自治体が多い。特に、島根県は脱却した自治体が12にのぼり、「消滅可能性自治体」はわずか4に減っている。九州・沖縄は「消滅可能性自治体」が76で最も少ない上に、「自立持続可能性自治体」が34も存在し、全国の総数65の半数以上を占める。中でも、沖縄県が17、福岡県が9、熊本県が7にのぼる。

以上のように、人口規模や地域によって人口特性の違いが浮き彫りとなっている。各自治体には、自らの実情と課題に応じて、人口の自然減対策と社会減対策を適切に組み合わせた対応が求められている。

＊2024年4月24日公表の『令和6年・地方自治体「持続可能性」分析レポート―新たな地域別将来推計人口から分かる自治体の実情と課題―』を全文掲載した。ただし、本誌ではレポート本文中の一部の図表のほか、「封鎖人口」の推計結果を掲載していない。

［注］

＊1　今回の推計における「消滅可能性自治体」は、政令市はすべて1市としてまとめて算出している一方で（前回、政令市は区ごとに算出した）、福島県の自治体の推計（浜通り地域に属する13市町村はひとまとめで推計）を行っているため、前回と対象自治体に違いがあることに留意が必要である。

＊2　C-③において、ごく例外的に若年女性人口の流入があるケースが存在することに留意が

必要である。

＊3　「その他の自治体」は895で、そのうちほとんどで若年女性人口が減少するが、例外的に移動仮定で5自治体、封鎖人口で54自治体は増加の見込みである。

第2章

# 全国1729自治体リストから見えた地域の特性

## 自治体の「人口減少要因」が明らかに

人口戦略会議

「消滅可能性自治体」の数は2014年の896から744へと減少したものの、少子化の基調は変わらず、地域によってはむしろ悪化している――。

10年ぶりに更新された消滅可能性自治体のリスト（巻末参照）を子細に分析すると、地域によってばらつきがあるものの、深刻な人口減少に歯止めがかからない日本の現在地が浮かび上がってくる。さらに、今回のリストは、自治体によって人口減少の要因（自然減と社会減）が大きく異なることを明らかにしている。

### 群馬県南牧村、今回も減少率1位

20～39歳の若年女性人口の減少率が最も高い20市町村のなかで、1位となったのが群馬県南牧村だ。2014年の分析でも1位だった。10年前の減少率上位20自治体のうち、南牧村を含め9市町村が今回も名を連ねている。

道府県別に見ると、北海道は歌志内市（3位）、木古内町（11位）など5自治体、奈良県も黒滝村（5位）、吉野町（8位）など5自治体、青森県は外ヶ浜町（2位）、今別町（4位）など4自治体が入っており、この3道県だけで20自治体中の7割を占める。

**表2-1　減少率が最も高い20市町村（カッコ内は2014年の順位）**

| | | 若年女性減少率（%）移動想定 2020 → 2050 | 2050年 若年女性人口（総人口）（人） | 2020年 若年女性人口（総人口）（人） | 9分類 |
|---|---|---|---|---|---|
| 1（1） | 群馬県南牧村 | -88.0 | 6 (406) | 50 (1,611) | C-③ |
| 2（16） | 青森県外ヶ浜町 | -87.5 | 30 (1,749) | 240 (5,401) | C-③ |
| 3（8） | 北海道歌志内市 | -86.7 | 18 (838) | 135 (2,989) | C-③ |
| 4（3） | 青森県今別町 | -86.0 | 13 (691) | 93 (2,334) | C-② |
| 5 | 京都府笠置町 | -85.7 | 8 (367) | 56 (1,144) | C-② |
| 5 | 奈良県黒滝村 | -85.7 | 5 (183) | 35 (623) | C-② |
| 7 | 青森県佐井村 | -85.2 | 13 (607) | 88 (1,788) | C-② |
| 8（11） | 奈良県吉野町 | -84.9 | 52 (1,952) | 344 (6,229) | C-③ |
| 9 | 三重県南伊勢町 | -83.5 | 82 (3,427) | 498 (10,989) | C-② |
| 10 | 奈良県御杖村 | -83.3 | 9 (422) | 54 (1,479) | C-② |
| 11（5） | 北海道木古内町 | -82.8 | 35 (1,295) | 204 (3,832) | C-② |
| 12（9） | 北海道松前町 | -82.8 | 55 (1,939) | 319 (6,260) | C-② |
| 13 | 奈良県下市町 | -82.2 | 61 (1,737) | 342 (5,037) | C-③ |
| 14 | 北海道上砂川町 | -82.1 | 27 (895) | 151 (2,841) | C-② |
| 15 | 奈良県野迫川村 | -81.8 | 4 (98) | 22 (357) | C-③ |
| 16 | 大阪府能勢町 | -81.4 | 109 (3,838) | 587 (9,079) | C-② |
| 17（12） | 群馬県下仁田町 | -80.7 | 63 (2,268) | 326 (6,576) | C-② |
| 18 | 北海道白糠町 | -80.3 | 102 (2,841) | 518 (7,289) | C-② |
| 19（14） | 高知県室戸市 | -80.2 | 103 (3,777) | 521 (11,742) | C-② |
| 20 | 青森県深浦町 | -80.1 | 69 (2,547) | 347 (7,346) | C-② |

表2-2
2014年に減少率が最も高かった20市町村
(カッコ内は2024年の順位)

| | |
|---|---|
| 1 (1) | 群馬県南牧村 |
| 2 (420) | 奈良県川上村 |
| 3 (4) | 青森県今別町 |
| 4 (84) | 北海道奥尻町 |
| 5 (11) | 北海道木古内町 |
| 6 (181) | 群馬県神流町 |
| 7 (36) | 北海道夕張市 |
| 8 (3) | 北海道歌志内市 |
| 9 (12) | 北海道松前町 |
| 10 (26) | 北海道福島町 |
| 11 (8) | 奈良県吉野町 |
| 12 (17) | 群馬県下仁田町 |
| 13 (27) | 徳島県那賀町 |
| 14 (19) | 高知県室戸市 |
| 15 (738) | 新潟県粟島浦村 |
| 16 (2) | 青森県外ヶ浜町 |
| 17 (86) | 京都府南山城村 |
| 18 (610) | 和歌山県高野町 |
| 19 (22) | 奈良県東吉野村 |
| 20 (147) | 徳島県神山町 |

**青森市、都道府県庁所在地で唯一の「消滅可能性自治体」に**

リスト全体を見ると、東北地方各県の人口減少ぶりがより鮮明になる。注目すべきは、各県の全自治体数に対する「消滅可能性自治体」の割合だ。

消滅可能性自治体の割合順に並べると、全国1~4位を東北4県で占める。秋田県は25市町村のうち24市町村が消滅可能性自治体となった。前回と比べると、秋田市が消滅可能性自治体から抜け出したものの、新たに大潟村が入ったため、総数は変わらなかった。青森県は青森市が都道府県庁所在地で唯一の消滅可能性自治体となったのを含め、40市町村中35が該当。山形県(35中28)、岩手県(33中26)と続いた。東日本大震災の影響で前回は分析の対象外だった福島県は、浜通り地域を除く46市町村中33が消滅可能性自治体に該当した。

## 改善傾向が顕著な島根県　沖縄県は「消滅」自治体ゼロ

今回、新たに「消滅可能性自治体」に該当したのは全国で99自治体。地域ブロック別に今回の消滅可能性自治体744を見ると、北海道が117、東北は全国最多の165にのぼり、北日本が自然減、社会減ともに厳しい状況に直面していることがわかる。

一方、前回と比べて好転傾向を示しているのが中国・四国地方。特に目覚ましいのは島根県で、12市町村が消滅可能性自治体から脱却。4市町はまだ抜け出せていないが、全19市町村で数字は改善していた。

消滅可能性自治体数が76と全国で最も少なかったのが九州・沖縄地方。沖縄県は消滅可能性自治体数はゼロだった。「西高東低」の傾向がはっきりうかがえる。

## 65自治体が「自立持続可能性自治体」

今回は、新たに「自立持続可能性自治体」という分類も導入された。これは、自然減も含めて若年女性人口の減少率が非常に低く、持続可能性が高いと見込める自治体だ。

表2-3　新たに消滅可能性自治体に該当した99自治体

| 地域 | 自治体 |
| --- | --- |
| 北海道 | 北海道登別市／伊達市／北斗市／鹿部町／長万部町／今金町／京極町／赤井川村／上富良野町 |
| 東北 | 青森県藤崎町／六ヶ所村／秋田県大潟村／山形県長井市／山辺町／高畠町／福島県会津若松市／白河市／喜多方市／二本松市／田村市／伊達市／桑折町／国見町／川俣町／天栄村／下郷町／檜枝岐村／只見町／南会津町／北塩原村／西会津町／猪苗代町／会津坂下町／三島町／金山町／会津美里町／泉崎村／棚倉町／矢祭町／塙町／鮫川村／石川町／玉川村／平田村／浅川町／古殿町／三春町／小野町 |
| 関東 | 茨城県鉾田市／八千代町／栃木県矢板市／益子町／市貝町／群馬県藤岡市／富岡市／板倉町／埼玉県神川町／松伏町／神奈川県中井町 |
| 中部 | 新潟県小千谷市／糸魚川市／阿賀野市／富山県入善町／福井県南越前町／越前町／山梨県都留市／西桂町／長野県阿南町／平谷村／大桑村／高山村／小川村／岐阜県山県市／池田町／静岡県御前崎市／牧之原市／愛知県津島市 |
| 近畿 | 滋賀県高島市／京都府宇治田原町／大阪府門真市／泉南市／阪南市／太子町／兵庫県西脇市／奈良県三宅町／和歌山県御坊市／広川町／白浜町 |
| 中国・四国 | 岡山県井原市／久米南町／山口県田布施町／徳島県鳴門市／愛媛県四国中央市／高知県安芸市／奈半利町／本山町／佐川町 |
| 九州・沖縄 | 熊本県産山村／大分県杵築市 |

全国で65自治体が該当しているが、その中では、沖縄県が17でトップ。続いて福岡県9、熊本県7と、九州・沖縄地方で34と半数以上を占める。その他には、千葉県流山市や印西市、

**表2-4　自立持続可能性自治体65**

| 東北 |
| --- |
| 宮城県大衡村 |
| **関東** |
| 茨城県つくばみらい市／群馬県吉岡町／埼玉県滑川町／千葉県流山市／印西市／東京都八丈町／神奈川県葉山町／開成町 |
| **中部** |
| 石川県川北町／山梨県忍野村／長野県原村／南箕輪村／岐阜県美濃加茂市／静岡県長泉町／愛知県大府市／日進市／東郷町／飛島村／阿久比町／幸田町 |
| **近畿** |
| 三重県朝日町／滋賀県守山市／栗東市／京都府木津川市／大山崎町／大阪府島本町／奈良県葛城市 |
| **中国・四国** |
| 鳥取県日吉津村／岡山県早島町／広島県府中町 |
| **九州・沖縄** |
| 福岡県太宰府市／福津市／那珂川市／志免町／須恵町／新宮町／久山町／粕屋町／苅田町／熊本県合志市／大津町／菊陽町／南阿蘇村／御船町／嘉島町／益城町／鹿児島県宇検村／沖縄県宜野湾市／浦添市／豊見城市／うるま市／南城市／宜野座村／金武町／読谷村／嘉手納町／北谷町／北中城村／中城村／与那原町／南風原町／八重瀬町／多良間村／竹富町 |

山梨県忍野村など、積極的な子育て支援対策や地元企業による若年雇用の好影響がみられる自治体の名前が並ぶ。

**表2-5　ブラックホール型自治体25**

| 北海道 |
| --- |
| 北海道喜茂別町／占冠村 |
| **関東** |
| 埼玉県蕨市／毛呂山町／千葉県浦安市／酒々井町／東京都新宿区／文京区／台東区／墨田区／品川区／目黒区／大田区／世田谷区／渋谷区／中野区／杉並区／豊島区／北区／荒川区／板橋区／練馬区／青ヶ島村 |
| **近畿** |
| 京都府京都市／大阪府大阪市 |

## 新宿区、豊島区は「ブラックホール」
## 近畿では京都市、大阪市も

一方、その自治体自体の出生率は低く、若年女性人口は大幅な自然減だが、他地域からの人口の流入によって人口減がカバーされている自治体を「ブラックホール型自治体」として分類。全自治体数の1％程度にあたる25しか存在しないが、うち21が関東地方に集中している。

東京23区では、新宿区や豊島区など16区が当てはまった。豊島区は23区で唯一該当していた消滅可能性自治体から、今回は脱却したが、転入増加傾向から「ブラックホール型自治体」とされた。近畿地方では、京都市と大阪市が「ブラックホール型」に該当した。

人口規模が大きいものの、自らの人口の再生産力は弱く、地方からの若者の転入に依存し続けている大都市の出生率改善が、人口減対策のカギを握っている。

## 人口減少の要因は何か　「自然減」と「社会減」が明らかに

今回のリストは、自治体ごとの人口減少の要因は何なのかを明らかにしている。そのために用いられている指標は二つ。一つは、自治体間の人口移動が一定程度続くという「移動仮定」であり、他の一つは、人口移動がなく出生数と死亡数だけで推計する「封鎖人口」。二つの推計結果を比較すると、自治体ごとの人口減少の要因と講ずるべき対策の方向性が明らかになる。

一例として、巻末のリストから長崎県の幾つかの自治体の状況をみてみよう（図２－１～３参照）。

長崎市について、２０２０年から２０５０年の若年女性人口の変化をみると、「封鎖人口」の数値から自然減はマイナス31・1％であり、そして、「移動仮定」の数値から自然減を控除したマイナス７・０％が社会減であることが分かる。長崎市では自然減が社会減よりはるかに大きく、出生率向上といった自然減対策が重要となる。

同様の手法で分析すると、佐世保市は、自然減マイナス18・5％、社会減マイナス19・3％なので、自然減対策とともに人口流出の是正といった社会減対策も重要。さらに、島原

図2-1　長崎県の自治体の例：長崎市

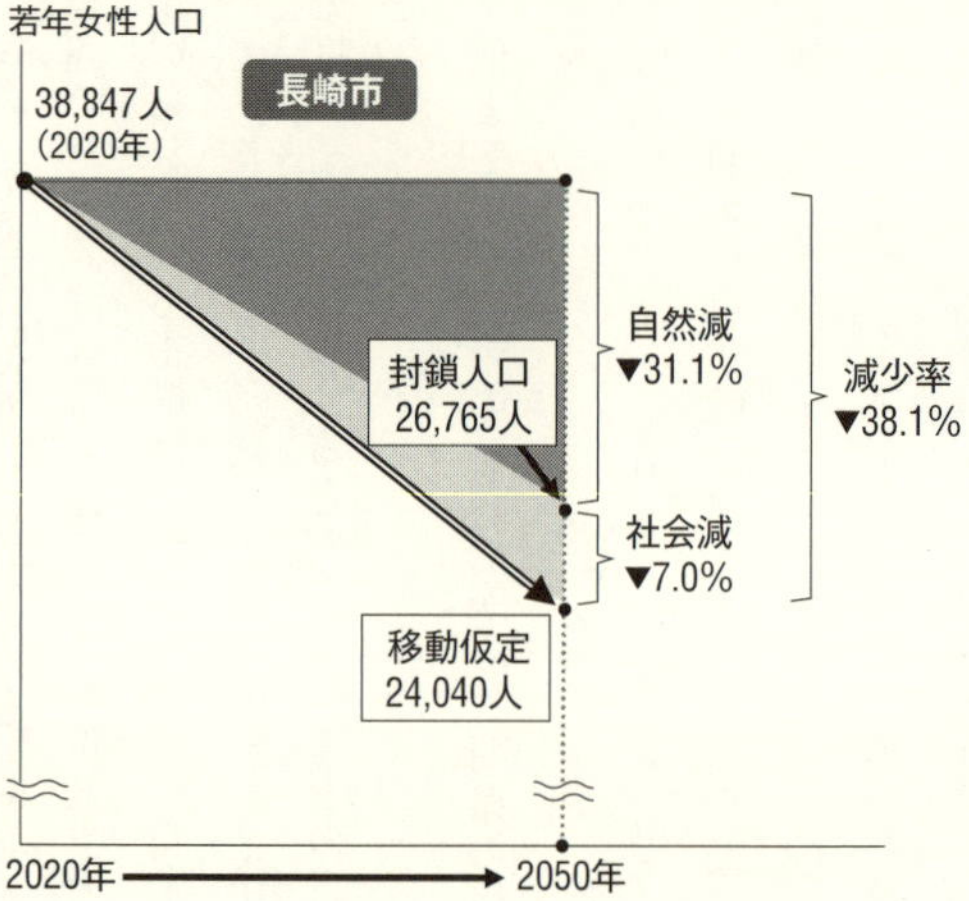


図2-2　長崎県の自治体の例：佐世保市

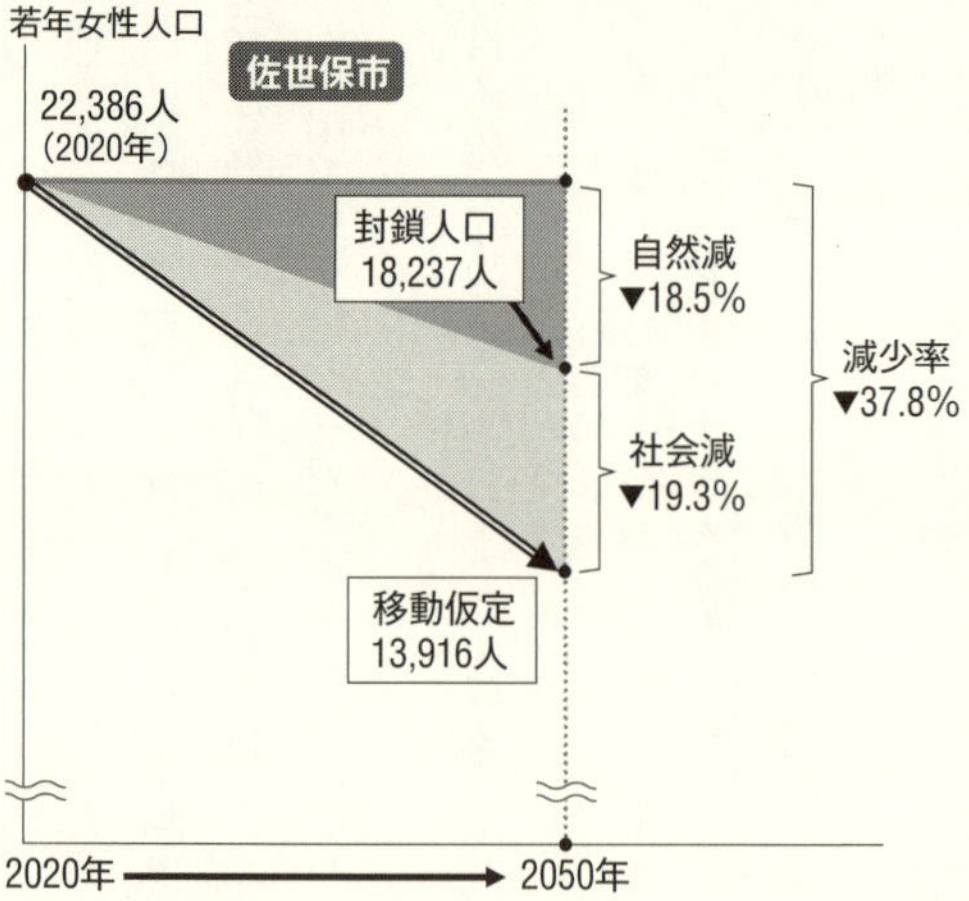

図2−3　長崎県の自治体の例：島原市

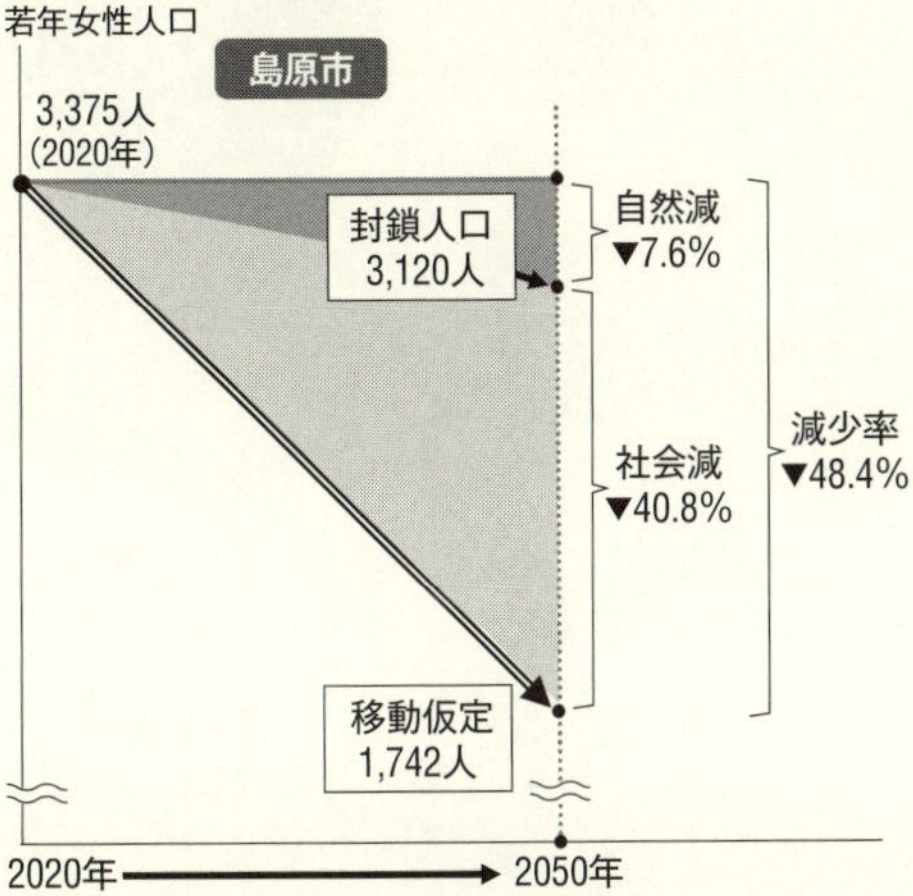


資料：国立社会保障・人口問題研究所「日本の地域別将来推計人口（令和５年推計）」に基づき人口戦略会議が試算

市は、自然減マイナス７・６％に対し社会減はマイナス40・８％にも達することから、社会減対策の重要性が非常に高いことが分かる。

このように、今回のリストで明らかになった人口減少の要因が「自然減」なのか、それとも「社会減」なのか——それによって、自治体が講ずるべき対策の方向性が導き出される。人口減少と一口に言っても、自治体や地域によって状況は大きく異なっていることが理解できると思う。

# 第3章

## 人口減を止められなかった10年

### 外国人・寄合・デジタルは救いとなるか

宇野重規　東京大学社会科学研究所所長
×
増田寛也　日本郵政社長

## ゼロサムゲームの10年

――2014年に有識者グループの日本創成会議が発表した論文では、全国約1800の自治体のうち896が、人口減少により2040年までに持続不可能になりうる「消滅可能性都市」にリストアップされ、名指しされた自治体のみならず社会全体に衝撃が走りました。

それから10年が経ち、民間の有識者により昨年結成された人口戦略会議は、分析方法に改良を加えた最新版のレポートを発表し、消滅可能性都市は744に減っています。日本創成会議では座長を、人口戦略会議では副議長を務めておられる増田さんは、この10年の変化をどのように見ていますか。

**増田** 10年間で大きく変わったのは、外国人入国者の増加です。入国者数は各市町村ではなく、国全体での数字でしかないので確実なことは言えませんが、おそらく消滅可能性都市数の減少に寄与しているものと思われます。ただしこれをもって、日本の人口減少に歯止めがかかったとは言えない、というのが率直なところです。

**宇野** レポートを拝読しましたが、まったく同感です。国立社会保障・人口問題研究所（社人研）が昨年公表した「日本の将来推計人口（令和5年推計）」では、推計方法にいくつかの改訂がなされていましたが、特に大きかったのが外国人人口の増加を見込んだものになっている点でした。

それによれば総人口に占める外国人の割合は20年の２・２％から、70年には10・８％、２１２０年には17・１％にまで上昇するとされています。これにより総人口が１億人を割るタイミングも少し先送りになるなど、見かけでは改善したようにも映ります。消滅可能性都市数の減少も、この推計を反映したものなのだと思いました。

**増田**　今回のレポートでは、自治体間で若年人口の奪い合いが生じていることも指摘しています。10年前に「消滅可能性都市」という強い言葉で表現したことに対しては、賛否がありました。特に自治体職員の方々や地方議員の皆さまにはお叱りも含めて、さまざまなご意見をいただきました。

ただ、関心を呼んだことは間違いなく、政府も「まち・ひと・しごと創生総合戦略」を策定しています。地方創生担当大臣が新設され、石破茂さんが任命されましたし、地方創生の掛け声のもと、多くの自治体で人口減少対策が進められました。その施策の多くが結果として、人口という限られたパイを奪い合うゼロサムゲームに陥ってしまったことは、否めないと思います。

人口減少には死亡数よりも出生数が下回る自然減と、転入よりも転出が上回る社会減の二つの要因があります。ここ10年の政策は、自然減を打ち返す、つまり出生数を増やす政策はなかなか効果を発揮できなかったと言えます。

厚生労働省が公表した人口動態統計では、23年の合計特殊出生率が、過去最低の1・20となりました。出生率のトレンドが変わらない限りゼロサム状況は続きますので、消滅可能性都市数が減ったからといって楽観はできません。

## 人口減少が引き起こす最大の危機

**宇野**　10年前の論文で革新的だったのは、出産年齢にある女性人口に着目し、この層の減少に歯止めがかからない限り、地域の人口減少も止まらないと明らかにしたことでした。そこにフォーカスした意義は明らかですが、同時にむしろ見えにくくなった部分もあります。人口の取り合いで、自治体の施策が自然増対策よりも社会増対策に向かってしまった逆効果もあったのではないかと思います。

今回のレポートで特筆すべきは、令和5年推計で仮定推計として挙げられていた「封鎖人口」を使い、自然減の分析をされたことですね。

**増田**　まさにそこがこのレポートの肝と考えています。封鎖人口は、転入出がなく出生と死亡だけを変動要因と仮定し、人口変化を推計したものです。移動が一定程度続く条件での仮定推計と比較することで、若年女性の移動要因を地域ごとに把握することを目指しました。

**宇野**　自然減が加速している地域、社会減が深刻な地域、両面で減少が進む地域。それから、東京周辺に見られるような他地域から人口を吸い上げてしまう自治体、つまり自然減を社会増で補う「ブラックホール型自治体」といった、地域ごとの特徴や違いがクリアに示されたのは大きいと思います。消滅可能性都市数が減ったことからもわかる通り、地域単位では施策がうまく機能しているところもあるわけですが、日本全体ではやはり状況は悪化していると言うべきですね。

**増田**　はい。それが今後の日本社会に二つの対立を生じさせるのではないかと、私たちは懸念しています。

一つは世代間対立、現役世代と高齢世代の対立です。これまでは出生率の上昇で、相対的に多数の現役世代が少数の高齢者を支えるピラミッド型の年齢人口構成が成立していましたが、現在は少数の現役世代が多数の高齢世代を支える逆ピラミッド型になりつつあります。日本は世界に冠たる社会保障制度を構築してきましたが、逆ピラミッド型では論理的に成立せず、どこかで崩壊してしまいます。だから高齢者であっても負担能力のある人には医療費や介護費を自己負担してもらうというように、少しずつ切り替わりつつあるわけです。利害をうまく調整しながら制度を変えていかないと激しい世代間対立が起こりますし、そのためにも人口の減少スピードを緩和させる必要があるでしょう。

もう一つは地域間対立です。現時点で社会増はほぼ東京周辺だけで起こっていて、名古屋や大阪の圏域でも転出超過になっています。東京への機能集中は是正されていませんし、それによって労働力も集まり、企業の納税額も東京が他を圧倒する構図となっています。これは東京とその他の都市の財政格差を拡大し、地域間対立をより激化させてしまうのではないかと懸念しています。

**宇野** 人口減少は三つのタイムスパンで捉えるべき問題だと考えています。

短期的にはすでに多くの地方自治体が、文字通り存続の危機に瀕しています。市役所や町村役場の職員も足りない状況で、必要な行政サービスを提供することができなくなりつつあります。広がりつつある傷口の応急処置がまずは急務です。

中期的には、増田先生がおっしゃったように、社会保障の維持が困難になっていくでしょう。人口減少の加速を受けて社会保障財政が繰り返し見直されてきましたが、実際の減少スピードが予測を上回ってしまう悪循環に陥っています。

しかし最大の危機は、長期的なスパンで起こっていると思います。つまり、再び人口増加に転じることはないにせよ、どこかのタイミングで人口減少が社会的に許容できるペースに落ち着くのかどうか、その見通しがまったく立っていないのです。制度や財政を変えるにも、どこかで人口が安定しないと持続可能なモデルを構築できません。

かつては人口１億人を死守することが目標として掲げられていましたが、すでに過去のものとなりました。人口戦略会議が「２１００年に８０００万人の規模で安定させて成長力のある社会を構築する」ことを目指すべきだと提言したことは、非常に重要な問題提起だったと思います。しかし、社人研では２１００年の人口は６３００万人、外国人を除くと６０００万人を割り込むと予測しており、現実の進行はこの予測すらも上回りつつあります。

今後、日本に定住する外国人が増えるとしても、その増加分で人口減少を補うことは不可能です。あくまでも減少スピードを緩やかにするものでしかありません。

## 外国人流入の光と影

**増田**　日本に移り住む外国人の多くは労働目的で、アメリカやＥＵ諸国のように家族を帯同するケースは少ないです。欧米の場合は人種対立の激化や、高齢世代の移民の福祉コストや子供の移民への教育コストの高まりを受けて、移民政策に消極的になりつつあります。

ですが、日本の場合はそれ以前に、技能実習制度で東南アジアの若者をきわめて安い賃金や劣悪な労働環境で働かせていることが、国際機関からも非難されているという恥ずかしい状況にあります。また低コストの労働力が供給されるために、構造改革で生産性を上げなければならないはずのゾンビ企業が温存されてしまうという問題もあります。

**宇野**　外国人労働者の人権問題は、非常に恥ずべき状況が長く続いてしまっていますね。この是正を個々人の意識改革に委ねるのでは限界があるので、制度改革が死活的に重要だと思います。私は住民の5分の1を外国人が占めるという群馬県大泉町《おおいずみまち》の方々にお話を伺ったことがあります。行政を含めて現場では大変な努力をされて、コミュニティの分断を乗り越えてきた歴史がありました。

移民の方々が日本で家族を持ち、子供を育てていくケースはまだ少ないですが、日本の将来にとって大きな意味を持ちます。これには教育や行政に多言語対応するためのリソースが必要で、自治体単位ではなく国を挙げて根本的な対策を打たないとできないことだと思います。

経済発展を遂げつつある東南アジアを中心に、母国で高等教育を受けた若者たちが留学先として日本を選び、そのまま就職する例もどんどん増えています。米中関係の緊張から、中国の優秀な学生たちもアメリカではなく日本に留学するという現象が、ここ数年で多くなってもいます。日本が今も勉強や研究、労働の場として選ばれているという事実は、ポジティブに考えるべきだと思います。優れた外国人労働者の方々が日本に定着し、家族を持ちたいと思うような制度や仕組みを作ることは、日本にとっても外国人の皆さんにとってもお互いにメリットになるはずだと考えています。

**増田**　私もつい最近まで東京大学の公共政策大学院で教えていたのですが、やはり留学生の数は多くて、私のゼミにも数名の学生がおりましたし、皆とても優秀でした。そうした人たちに受け入れの門戸をさらに開いていくことは、とても重要ですね。

**宇野**　外国人労働者への目を覆いたくなるような悲惨な人権侵害と、留学生と日本人学生がお互いに高め合うような学びの場が共存する、それが現在の日本なのだと思います。

### 「西高東低」の謎

――今回のレポートを見ていると、状況の改善が見られる自治体は東日本よりも西日本に多い傾向が見て取れます。何か要因があるのでしょうか。

**増田**　理由は十分に分析できていませんが、都市の消滅可能性に大きく影響するのは近年の出生率で、出生率向上の背景には地域での子育て支援があるようです。昔から出生率は西高東低で、沖縄、鹿児島が最も高く、北海道、東北は非常に低いんです。生活や労働環境、コミュニティの開放性も関係しているようです。いずれにせよ、「地域」としての努力が大きく反映されますので、それぞれの自治体が分析結果を政策に反映するよう期待しています。

**宇野**　私も十分リサーチできていないのですが、興味深い現象だと思います。やや飛躍ぎみかもしれませんが、宮本常一の『忘れられた日本人』は、東日本では「イエ」単位でコミュニティが形成されるのに対し、西日本ではイエが異なる人たちの「寄合」が早くから形成されていたことを指摘しています。あるいは「若衆宿」のように、イエを横断した年齢別の組織も西日本には多くありました。農家を中心とした「イエ」社会が弱体化してしまった東日本よりも、伝統的にコミュニティ機能が強い西日本のほうが、男女の出会いの機会も多いのかもしれません。それがおそらく地域で子育てをすることにもつながり、相対的には人口減少への歯止めがかかっている可能性もあります。ここは社会科学の観点からも重要な研究課題となりそうですね。

――注目しておられる地域や事例はありますか？

**増田**　自然増と社会増がうまく連関していないと成功とは言えないと思うので、その意味で東京周辺は軒並み落第という印象です。

一方、その中でも子育て世代への施策が成功し、流入も出生も増えている千葉県流山市は注目すべき自治体だと思います。また企業や研究所などの移転先となった地域は、やはり両面での増加傾向が見て取れます。グーグルなどのデータセンターが置かれている千葉県印西《いんざい》市《し》、世界有数のロボット企業であるファナックのある山梨県忍野村《おしのむら》、いくつかの大企業や研究所が拠点を置く神奈川県開成町《かいせいまち》などは自立持続可能性のある65の自治体に入っています。

沖縄県では島嶼部も含め地域ごとに子育て支援の取り組みがなされていて、人口のボリュームとしては小さくても健闘していると思いますね。

**宇野**　私は島根県海士町《あまちょう》ファンなのでどうしても贔屓目が入ってしまうのですが（笑）、多くのＩターンの若者に活躍の機会を与え、隠岐島前《おきどうぜん》高校を中心に島留学も盛んです。島根県全体の出生率も改善していますし、消滅可能性都市も減少していて、地域単位での少子化対策、現役世代の子育て支援に非常に力を入れたことが窺えます。

**増田**　前回の消滅可能性都市に、東京23区で唯一リストアップされたのが豊島区でした。当時の高野之夫《ゆきお》区長は1999年の就任以来、長く財政再建に取り組んでこられたこともあり、大変ショックを受けられて、区の会議にも何度か呼んでいただきましたし、一緒に分析もしました。若年女性の転出超過への対策も積極的に行ってこられたのですが、新型コロナウイルス感染症に罹患されたことがきっかけとなり、在任中の2023年、惜しくもお亡くなりになりました。今回のレポートで豊島区は、他の多くの区と同様に、自然減を社会増で補うブラックホール型自治体に分類されています。高野前区長も改革は道半ばだとお考えだったと思いますので、返す返すも残念です。

都市部を中心にブラックホール型自治体はいくつも存在しています。政令指定都市を中心に、もう少し事態の改善に取り組んでもらいたいです。

## 人口減少と民主主義

――人口減少のペースが加速することで、行政の機能不全が起き始めているというご指摘がありましたが、政治についてはどうでしょうか。地方の議会制民主主義は維持可能なのでしょうか。

**宇野**　まず確認しておきたいのは、人口サイズの大小は民主主義にとってプラスでもマイナスでもなく、直接関係していないことです。大国には大国の、小国には小国の民主主義がありますし、政治学では伝統的に、市民が互いの顔を見ながら対話を重ねられる小国のほうが民主主義に向いていると考えられてきました。フランスからアメリカに着いたトクヴィルが「こんな大国でなぜ民主主義が可能なのか」と驚いたのは有名な話です。

しかしながら、急激な人口減少は話が別です。民主主義の根本には、一緒にいる人たちと中長期的にこの社会を作っていくという暗黙の合意があります。そうであればこそ、税金や社会保障の負担など、短期的な損得を乗り越えていけるわけです。

急激な社会変化のさなかにあり、未来像が描けない、あるいは社会的公正がいつまで担保されるかわからない状況では、短期的な損がいつまでも損として残る可能性を拭い去ることができません。そうなると、民主的な議論の土俵には乗りたくなくなる。特に若者がそう思うことは無理もないことです。実際にいま、若い世代にシルバー世代への反発や、議会制民主主義への不信が見られるのは、そのような社会状況の反映とも言えると思います。

**増田**　先行きの不透明さが、民主主義の前提を崩してしまうわけですね。

**宇野**　そうですね。一部の経済学者が提唱している選挙制度に「世代別選挙区」というものがあります。つまりは選挙区を地域ではなく世代で作って、世代ごとの代表を議会に送り込む仕組みです。人口の少ない20代も、定員は少なくても、世代代表を一定数は必ず送り込むことができます。実現は容易でなく、一種の思考実験の域をなかなか出ませんが、これが若い世代には強くアピールしています。若者の声が通らない、自分たちの世代の政治家が出てこないことへの閉塞感や不満が高まっていることと表裏一体であることは明らかです。

**増田**　行政サービスの維持や選挙区とも関わってくることですが、維持不可能な自治体を市町村合併するやり方には、どの地方も疲労感ばかりが溜まっていて、もう有効な解決策にはならないと思っています。約1700の市町村数を維持して、どうやって広域連携していくかが重要です。住民が1000人を割り込むような自治体では選挙制度ではなく、住民集会で直接話し合って、投票で意思決定をしても良いのではないかと思っています。そうなると現行の地方自治法を厳格に適用するばかりではなく、人口サイズによっては直接民主主義で決められるような法改正も必要ではないかと考えています。

**宇野**　同感です。サービスごとにさまざまな地域と広域連携したり、民間の参入を拡大したりすることが必要で、いわばサービスが連携の単位になっていくだろうと私も思います。

そうであれば、自治体内のことを当該地域の議会だけで決定できないケースも増えてくるでしょう。サービスや施策ごとに連携する相手と話し合い、ルールを作る仕組みが必要になります。国会改革も重要ですが、地域の多様な声を反映させるための地方議会改革はそれにも増して喫緊の課題で、難しい政治課題にリーズナブルな解決を導き出すための仕組みや制度設計が求められます。

## テクノロジーの可能性

**増田**　今はデジタル技術でいろいろなことができるので、ふるさと納税で納税地を選ぶように、納税地が2ヵ所ならば選挙権も0・5票ずつになるとか、そういう選択肢もあったほうが良いと思いますね。

**宇野**　地方議会改革については、我々は思い切り頭を柔らかくして、全員集会や複数地域選挙権なども考えていくべきだと、私も思います。

**増田**　大阪府の村と北海道の村がサービスで連携するということも、ネットの発達が可能にしてくれそうですね。

――宇野先生は『実験の民主主義』で、兵庫県加古川市のオンラインプラットフォームを取り上げていらっしゃいました。

**宇野**　スペインのバルセロナで開発された「デシディム」を導入して、市民参加型の民主主義が行われています。市民がまちづくりについて意見を述べたり、プロジェクトの進捗を確認したりすることができます。何よりも、問題意識が共有され市民の政治参加が促進されていることが、最大の成果だと思います。ただしテクノロジーは打ち出の小槌ではないので、デジタル化さえすれば十分なのではなく、議論や対話を促す仕組みや雰囲気づくりが重要です。

デジタル化は、地域の情報やノウハウがその地域だけで囲い込まれず、横連携で共有されていくためには必須の条件です。日本の行政や企業は、どうしても自分たち固有のシステムをワンセットで構築して、情報を外に出したがらない傾向があります。一方、デジタルの根幹は、物事をパーツに小分けするモジュール化にあって、モジュールに互換性がなければサービスごとの連携は不可能です。ですので、デジタル化が日本の組織原理自体も変えてくれるならば、それはとても大きな改革ですね。

**増田**　自治体ごとに閉じているからこそ、ゼロサム状況が加速してしまう側面は拭い難くあります。閉じている限りはその自治体だけの部分最適を求めるのは当然ですが、モジュールごとに多様な自治体が連携するようになれば、人口減少への対策にも違った視点が入ってくるはずですし、新しいアイデアも出てくると思います。

**宇野**　特に自然減については、自治体ごとに有効な対策を打つことには限界があります。新しい形の地域連携が広がることで、健全な民主主義にふさわしい安定した人口へのソフトランディングも、実現可能性が高まると思います。

（構成／柳瀬徹）

**うのしげき**
１９６７年東京都生まれ。東京大学法学部卒業。同大学大学院法学政治学研究科博士課程修了。博士（法学）。専門は政治思想史、政治哲学。『民主主義とは何か』（石橋湛山賞）、『日本の保守とリベラル』など著書多数。

**ますだひろや**
１９５１年東京都生まれ。東京大学法学部卒業。77年建設省（現・国土交通省）入省。岩手県知事、総務大臣などを歴任し、２０２０年より現職。編著書に『地方消滅』（新書大賞２０１５）、『東京消滅』、共著に『地方消滅　創生戦略篇』など。

# Ⅱ部　２１００年への提言篇

# 第4章

# 緊急提言
# 「人口ビジョン2100」

## 安定的で、成長力のある「8000万人国家」へ

人口戦略会議

# Ⅰ　はじめに――今なぜ「人口ビジョン2100」を提言するのか

## ●人口は半減、4割が高齢者に

日本は、ついに本格的な「人口減少時代」に突入しました。すでに数十年前から、子どもの数が減っていく少子化は始まっていましたが、それでも総人口は増えつづけ、2008年をピークに減少に転じた後も減少幅は大きくはありませんでした。しかし、これから事態は大きく変わっていきます。

生産年齢人口とされる15歳から64歳の人口は、2023年時点で約7400万人ですが、それが2040年までに約1200万人減少し、その後もさらに減りつづけます。現在1億2400万人の総人口も、このまま推移すると、年間100万人のペースで減っていき、わずか76年後の2100年には6300万人に半減すると推計されています。

100年近く前の1930年の総人口が同程度でしたので、単に昔に戻るかのようなイメージを持つかもしれませんが、それは事態の深刻さを過小評価するものです。当時は、高齢化率（総人口のなかで65歳以上の高齢者が占める割合）が4・8％の若々しい国でしたが、2100年の日本は高齢化率が40％の「年老いた国」です。

このような急激な人口減少を前にして、日本の社会は、経済は、そして、地域は持続可能なのだろうかと、これからの行く末に不安を抱く国民は多いでしょう。このまま少子化に慣れてしまい、流れに身を任せるだけならば、日本とその国民が、人口減少という巨大な渦のなかに沈みつづけていくことは明らかです。

• 遅れを挽回するラストチャンス

「これまで少子化対策を講じても成果があがらなかったのだから、もはやどうしようもない」といった諦めに近い意見もあります。しかし、これまでの取り組みは、適切かつ十分なものだったのでしょうか。翻って、過去10年間の対応を見てみましょう。

10年前の2014年は、人口問題をめぐり大きな動きがあった年でした。2014年5月に民間組織の日本創成会議（議長：増田寛也）が、人口減少をストップさせ、地方を元気にしていく「ストップ少子化・地方元気戦略」を提言するとともに、このままでは将来消滅する可能性がある896自治体を発表しました。11月には、経済財政諮問会議の「選択する未来」委員会（会長：三村明夫）が、政府に対して「人口急減・超高齢化を克服し、人口が50年後においても1億人程度の規模を有し、将来的に安定した人口構造を保持することを目指すべきである」と提言しました。人口問題に正面から取り組むべきだとする、これらの提言は大きな反響を呼びました。

一方、現実の動きはどうだったでしょうか。出生率（合計特殊出生率）は2015年に1・45まで上昇した後、再び下降しはじめ、2022年は過去最低の1・26まで低下しています。年間出生数も、2016年に100万人の大台を割った後、一気に77万人（2022年）まで低下し、少子化の流れには全く歯止めがかかっていません。「地方消滅」の要因の一つとされている、若年男女が東京圏へ流入する「東京一極集中」の傾向も、依然として変わっていません。

この間、政府が取り組んできた少子化対策は、待機児童の解消や不妊治療の保険適用など一定の効果をあげた施策はあるものの、概して単発的・対症療法的だったと言わざるを得ません。前述の「選択する未来」委員会は、少子化対策予算（家族関係支出）が他のOECD（経済協力開発機構）諸国に比べると低水準にあることを問題視し、「2020年頃を目途に早期の倍増を目指す」ことを提言しました。その後、政府は予算を増加させてはきたものの、家族関係支出の対GDP比（2019年度）は1・7%で、スウェーデン（3・4%）の2分の1にとどまっています。2023年、岸田政権が「次元の異なる少子化対策」として「2030年代初頭までに、国の予算の倍増を目指す」方針を表明しました。この方針は大いに評価できますが、2014年に提言された時期からは10年遅れています。地方創生の取り組みも、少子化の流れを変えるという点では力不足であったことは否めません。

出生率が高い水準にあるスウェーデンやフランスは、これまで何度も出生率が低下する状況に遭遇しましたが、そのたびに家族政策などの強化を図り、回復を果たしてきました。最近では、わが国同様に低出生率であったドイツが、若者世代の仕事と子育ての両立を可能とするような抜本的な働き方改革に取り組み、それもあって2011年に1・36だった出生率は5年間で1・60（2016年）にまで急上昇しました。

少子化の流れを変えることは確かに困難かつ長期にわたる課題ですが、これまでわが国は官民の総力をあげて取り組んできたとは言えないのが実情です。もちろん、遅れはありますが、まだまだ挽回可能です。決して諦めず、世代を超えて取り組んでいかなければなりません。政府も、「2030年までがラストチャンスであり、我が国の持てる力を総動員し、少子化対策と経済成長実現に不退転の決意で取り組まなければならない」（「こども未来戦略」

2023年12月）と、危機感をあらわにしています。

本提言は、このような基本認識を共有する有志28名が個人の立場で自主的に集い、人口減少という事態に対していかに立ち向かい、持続可能な社会をどのようにつくっていくべきかについて議論を重ねた結果を報告するものです。

### ・これまでの対応に欠けていたこと

それでは、一体、これまでの対応において基本的に欠けていた点は、何だったのでしょうか。本提言では、これを「基本的課題」として3点あげています。

第一は、政府も民間も、人口減少の要因や対策について英知を結集して調査分析を行わず、その深刻な影響と予防の重要性について、国民へ十分な情報共有を図ってこなかったのではないか、ということです。わが国では、出生率の向上というテーマは、かつての「産めよ殖やせよ」という人口政策への反省もあり、個人の価値観に関わる領域であることを理由に長らくタブー視され、人口減少の問題は、一部の政府関係者や有識者といった限られた範囲での論議にとどまっていたきらいがあります。しかし人口減少問題は、どのような価値観を持った人にも降りかかり、やがて否応なしに社会全体の持続可能性を崩していくものです。公的年金制度はその典型例です。若者世代が減っていくと、老後も自立した生活を送りたいといくら願っても、全ての高齢者の年金受取額が減少していくことは避けられません。このような人口減少が将来引き起こす〝重大な事態〟について、経済界をはじめ民間へ、さらに国民へ積極的に情報を発信し、意識の共有を進めていく努力が十分になされてきたとは言えません。

第二は、若者、特に育児負担が集中している女性の意識や実態を重視し、政策に反映させるという姿勢が十分ではなかったのではないか、ということです。

そして、第三は、今を生きる「現世代」には、社会や地域をしっかりと「将来世代」に継承していくという点で、後世に対する重い責任があることを正面から問いかけてこなかったのではないか、ということです。

今後は、こうした基本的課題を念頭に置いた上で、取り組んでいかなければなりません。

## •安定的で、成長力のある「８０００万人国家」を目指す

本提言では、今世紀の終わりにあたる２１００年を視野に据えて、私たちが目指すべき目標を提示しています。その第一は、総人口が〝急激〟かつ〝止めどもなく〟減少しつづける

状態から脱し、2100年までに8000万人の水準で安定化させることによって、国民が確固たる将来展望を持てるようにすることです。そして、第二は、現在より小さい人口規模であっても、多様性に富んだ成長力のある社会を構築することです。

これらを通じて実現する、私たちが未来として選択し得る望ましい社会（未来選択社会）とは、国民一人ひとりにとって豊かで幸福度が世界最高水準である社会です。そして、そのような社会では、「個人の選択」と「社会の選択」が両立し、多様なライフスタイルの選択が可能な社会・経済環境が整うこととなります。それは、現世代が社会や地域を将来世代に引き継ぐことができ、世代を超えた連帯があるような、未来に向けて安定した構造を持つ社会であるとも言えます。

また、国際社会のなかで、政治・経済・文化などのさまざまな面で存在感と魅力を有し、国際貢献をなし得る国家として存続しつづけることが期待できます。

• 「定常化戦略」と「強靭化戦略」

2100年の目標と言うと、遠い将来のことのように感じられるかもしれませんが、人口減少の流れを変えていくには非常に長い期間を要するため、今からすぐ有効な施策を実行に移していかなければ達成できません。そのための総合的、長期的な戦略として、本提言は「定常化戦略」と「強靭化戦略」の二つを示しています。定常化戦略は、人口減少のスピードを緩和させ、最終的に人口を安定させること（人口定常化）を目標とする戦略です。そして、質的な強靭化を図り、現在より小さい人口規模であっても、多様性に富んだ成長力のある社会を構築するのが、後者の強靭化戦略です。これらの戦略の内容として、政府や地方自治体、民間、さらに国民が今後取り組むべき論点を取り上げています。

「国難」とも言えるこの課題に対しては、政府が人口戦略の立案・遂行を統括する司令塔の役割を担う体制を整備するとともに、立法府においても党派を超えて取り組んでいくことが重要となります。国会において超党派で本格的に議論することを強く期待します。

また、人口問題には、働き方改革など社会規範をめぐる課題や個人の価値観にも関わるようなテーマが多く、その点で企業をはじめとする民間や地域の取り組み、さらには国民的な論議が重要な意味を持っています。

**• 今こそ総合的な「国家ビジョン」を**

こうした総合的、長期的な「国家ビジョン」を議論する場が存在しない、という問題があります。長らく人口問題を審議する役割を担ってきた内閣の人口問題審議会は、1997年に「少子化に関する基本的考え方について——人口減少社会、未来への責任と選択」と題する報告書を採択し、関係各大臣に報告しました。この報告書は、少子化の原因は主として未婚化・晩婚化にあり、それは女性の社会進出の時代に仕事と家庭が両立しがたいために起こっているとし、両立を妨げているのは、固定的な雇用慣行と男女の役割関係であるとして、企業社会と家庭・地域両面でのシステム変革の必要性を訴えました。

その人口問題審議会は2000年に廃止されました。その際、委員の一人は次のような言葉を残しています。「47年の歴史をもつ人口問題審議会は、第85回総会をもって幕を閉じた。……しかしながら、日本の少子化問題が政府が望む方向に早急に解決されるとはとても思えない。そのことは、とりもなおさず21世紀の日本が必然的に超高齢・人口減少社会に突入していくことを意味する。さらに、そこへ至る過程で補充移民が大きな政策課題となることも容易に予想される。本来は、このような政策課題を総合的に議論する場としての人口問題審議会がこの時代にこそ必要と思えるのであるが、『行政改革』はそのような機会を永遠に奪ってしまった感がある」（阿藤誠「人口問題審議会の最終総会に寄せて」『人口問題研究』2000年12月）。

今こそ、人口減少という未曽有の事態に対して、総合的、長期的な視点から議論を行い、国民全体で意識を共有し、官民あげて取り組むための「国家ビジョン」が、最も必要なのではないでしょうか。本提言は、その一つの素材となることを、心から願って示すものです。

## Ⅱ 三つの基本的課題

### 1 国民の意識の共有

#### ・人口減少がもたらす「重大な事態」

これまでの対応において欠けていた基本的課題は、第一には「国民の意識の共有」です。誰しも事態を正確に理解しない限り、行動は起こしません。したがって、まず人口減少によって将来、一体どのような重大な事態が起き得るのかを、国民が正確に理解することが重要となります。その重大な事態とは次に述べるようなことであり、これらについて、国民の間で意識を共有することに最優先で取り組む必要があります。「人口が減少しても、日本社会は、これまでどおりに続くだろう」というのは、根拠なき楽観論にすぎません。

・果てしない縮小と撤退

第一は、人口減少の「スピード」からくる問題です。このままだと、総人口が年間100万人のペースで減っていく急激な減少期を迎えます(図4-1)。しかも、この減少は止めどもなく続きます。

先般公表された「日本の将来推計人口(令和5年推計)」(国立社会保障・人口問題研究所)では、2070年の人口は8700万人(中位推計)と推計されていますが、これは、一つの通過点における人口規模を示しているにすぎません。出生率が人口置換水準(2・07)に到達しない限り、いつまで経っても人口は減少しつづけます。

人口が減少すると、労働力人口が減っていきますが、それにとどまらず消費者人口も減少し、市場そのもの、社会そのものが急速に縮小していきます。市場が縮小すると、投資が国内に向かわず、その結果、生産性が向上せず、国としての成長力や産業の競争力が低下していくおそれがあります。

この「人口急降下」とでも言うべき状況下では、あらゆる経済社会システムが現状を維持

**図4−1　日本の長期的な人口推移**

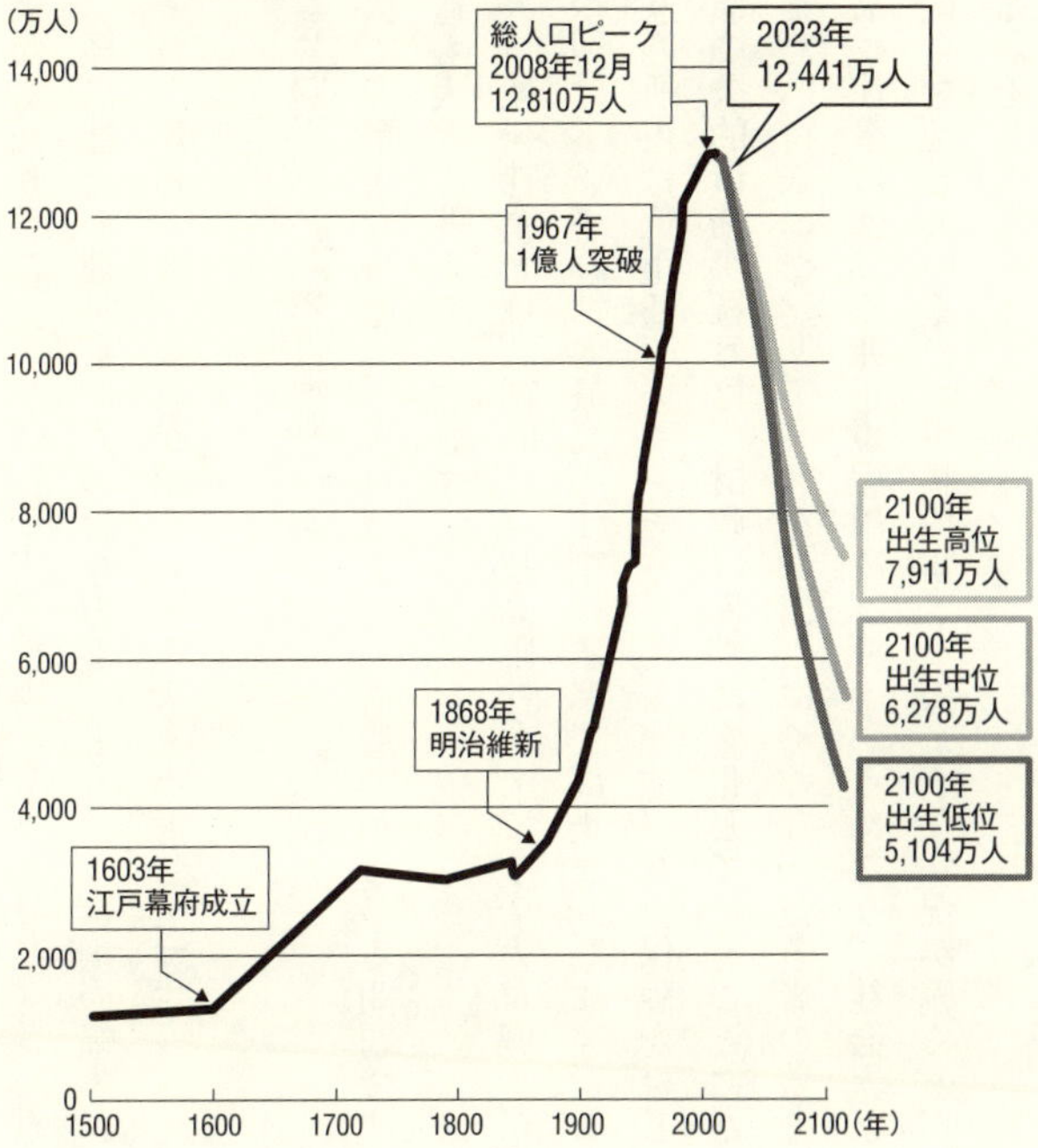


※将来人口は、2023年推計
出典：国立社会保障・人口問題研究所「日本の将来推計人口（令和５年推計）」2023年

できなくなり、「果てしない縮小と撤退」を強いられます。社会全体が縮小と撤退一色となり、経済社会の運営も個人の生き方も、ともに〝選択の幅〟が極端に狭められた社会に陥るおそれがあること、これが第一の〝重大な事態〟です。

## •「超高齢化」と「地方消滅」

第二の重大な事態は、人口減少の「構造」からくる問題です。人口減少は、人口や社会の構造も大きく変えていきます。

人口減少社会とは、同時に「超高齢社会」です。人口減少が進むにつれ、高齢化率は上昇しつづけ、いずれ世界最高の4割の水準で高止まりします。こうした高齢化に伴い、一人当たりの所得は低下していくおそれがあります。社会保障をはじめ財政負担が増大し、それに巨額の公的債務が続けば、財政は極端に悪化していくことになります。

また、将来にキャリアパスを見出しにくくなった若者の多くが、将来の自己確立よりも、容易に仕事に就ける非正規雇用やフリーターになり、社会人としての職業教育を受ける貴重な機会を逸しているのが現状です。このような状況が続くと、社会の格差が拡大し、固定化するおそれがあります。

そして、今日のような「歴史的転換期」には、生まれた年代によって経験する社会環境が全く異なってくることになります。例えば、高度成長やバブル期を経験した年代もあれば、全く知らない年代もあるといったことです。そうした社会の構造を配慮せずに、制度や社会規範をこれまでどおり放置しつづけると、年代・世代間の対立が深刻化します。

さらに、人口減少の進み方には「地域差」があります。先行して人口減少が進む地方においては、このままでは住民を支えるインフラや社会サービスの維持コストが増大し、維持が困難となります。それに伴い、最終的には住民が流出し、「地方消滅」と言うべき事態が加速度的に進むことが想定できます。これが、第二の重大な事態です。

以上述べたような縮小と停滞のスパイラルに陥ると、最終的には進歩が止まり、広範な「社会心理的停滞」が起きてしまいます。こうした重大な事態を国民一人ひとりが自らにとっての問題として認識し、それぞれの立場で課題に取り組む気持ちを持つことが、重要な出発点となります。

## 2　若者、特に女性の最重視

### ・若者や女性が希望を持てる環境づくり

基本的課題の第二は、「若者、特に女性の最重視」です。

少子化の流れを変えるためには、若者世代、特に育児負担が集中している女性が、未来に希望が持てるようになることが重要です。結婚や子どもを持つことは、あくまでも個人の選択であり、その自由な意思は尊重されなければなりません。また、性的マイノリティの人たちにとっても生きづらさを感じるようなことがあってはなりません。そうした基本認識に立った上で、若者世代の意識と実態を踏まえ、結婚や子どもを持つことを希望する若者が、その希望を実現できるよう、社会環境づくりを積極的に進めていく必要があります。

### ・若者世代の結婚や子どもを持つ意欲の低下

さまざまな調査結果やヒアリングによると、若者世代の結婚や子どもを持つことへの意欲が急速に低下している状況が見られます。一方、結婚したくても結婚できる環境にないという男女が多いのも実情です。そこにはさまざまな要因が関わっていますが、なかでも大きいのは、所得や雇用といった「経済的要因」です。

**図4-2　男性の従業上の地位・雇用形態別有配偶率**

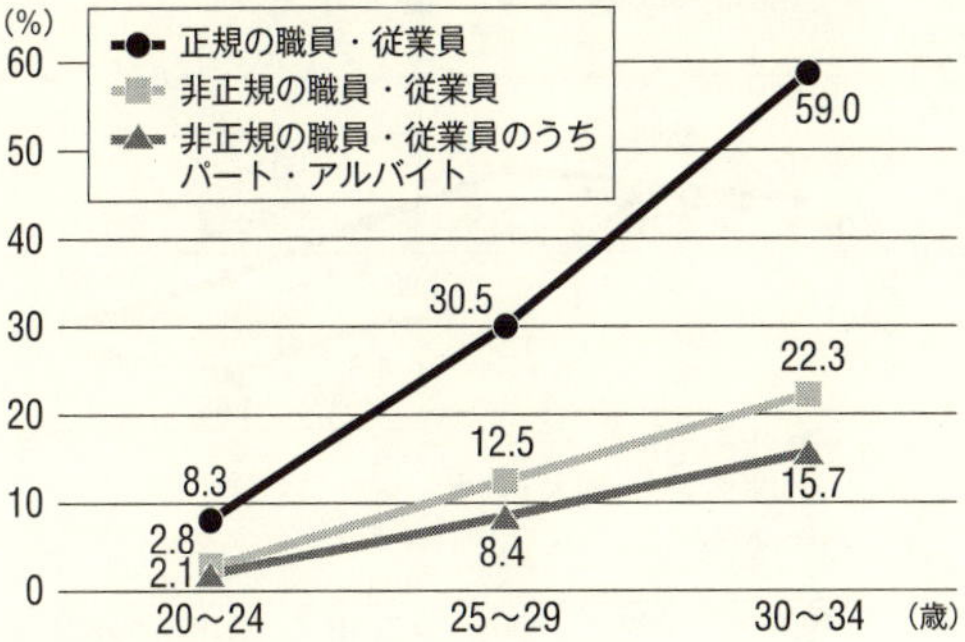


※数値は、未婚でない者の割合
出典：総務省「平成29年就業構造基本調査」より作成

このことは、若者世代における「格差の拡大」という側面も有しています。多くの若者が非正規雇用やフリーランスなど不安定な就労形態にあります。そうした厳しい雇用環境にある若い男性の結婚割合は低いのが実態で、女性についても、非正規雇用や高卒者などの場合は、正規雇用や大卒者に比べて「子どもを持ちたい」という意欲が低く、出産の低下傾向も続いています（図4-2、図4-3、図4-4）。

未婚女性が、自らのライフコースとしてなりそうと考えるのは、「子どもも家庭も持たない〝非婚就業コース〟」がトップで、3分の1を占めています（図5-3も参照）。20代では、「子育ては大変だ」と

図4-3　妻の最終学歴別にみた出生子ども数
（妻45〜49歳の夫婦）

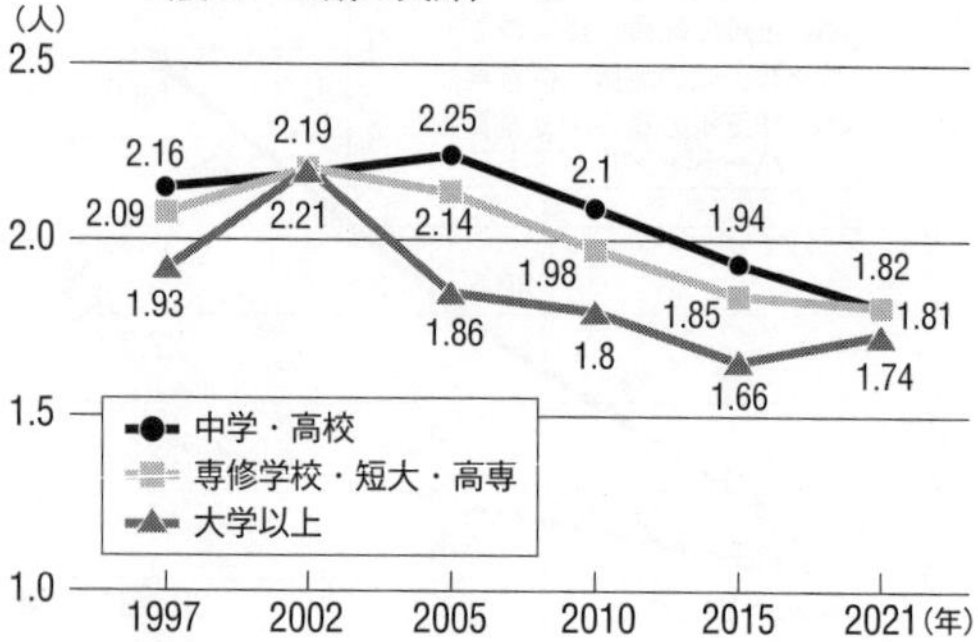


出典：国立社会保障・人口問題研究所「出生動向基本調査」2021年

いうネガティブな見方が多くなっています。また、「離婚リスク」を感じている人が見られますが、これは、ひとり親家庭、特に母子家庭は貧困率が高いことが背景にあると考えられます。

### ・子どもを持つことがリスク、負担

多くの若者世代が子どもを持つことをリスクや負担として捉えている状況があります。その背景の一つには、今や共働き世帯が全体の7割を超えていますが、今なお出産に伴い女性が退職したり、短時間勤務へ切り替えたりせざるを得ないため、収入が大幅に減少することがあります。女性就労において指摘されている「L字カーブ問題」（30歳ごろを境に、女性の正規雇用率が低下し、30〜40代などは非正規雇用が多くなること）につながる問題です（図4-5）。女性が出産退職する理由として多くあげるのは、非正規雇用の場合は「育休な

**図4-4　未婚女性の「子どもを持ちたい」意欲**

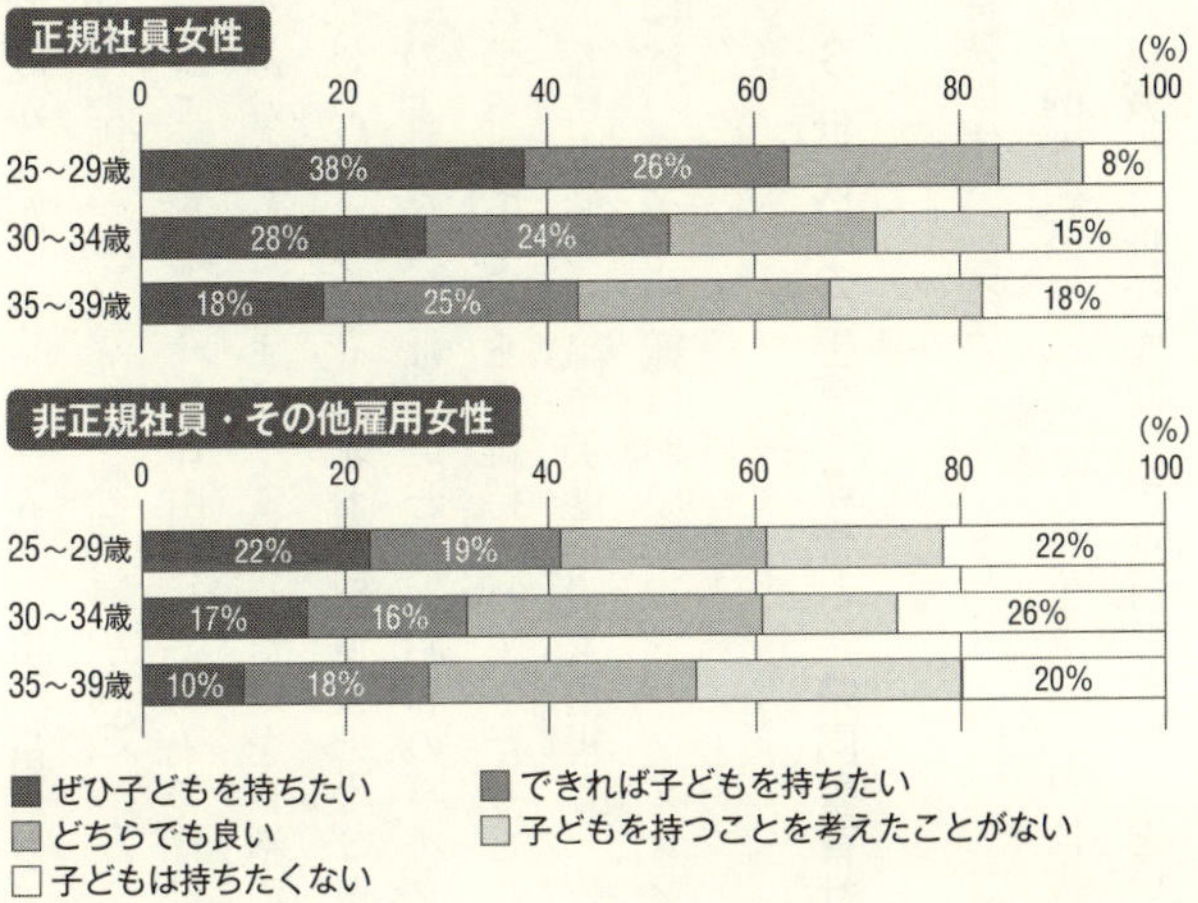


出典：永瀬伸子ほか「独身男女のライフプランと金融リテラシーに関する調査」2021年

**図4-5　女性の就業率と正規雇用率（M字カーブとL字カーブ）**

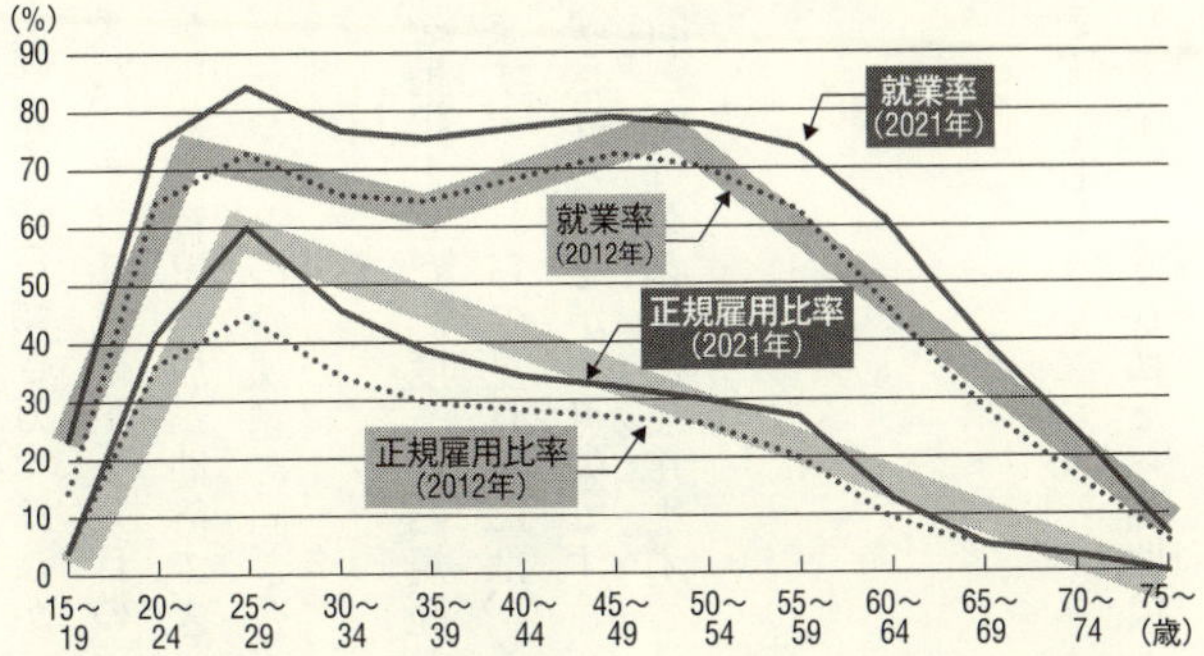


出典：総務省「労働力調査（詳細集計）」より作成。人口に占める就業者または正規労働者の割合

ど制度がなかった」であり、正規雇用の場合は「育児と両立できる働き方ではなかった」「職場に両立を支援する雰囲気がなかった」などです。また、子育て世帯が2人目の子どもを持つことを躊躇する理由として、夫の育児・家事時間が短く、育児参加が期待できないことがあげられています。こうした声を真摯に受け止めて、一つひとつの課題に向き合っていかなければ、少子化の流れは到底変わりません。

このような状況は、いわば〝昭和のライフスタイル〟を前提とした制度や社会規範が、今日に至るまでそのまま維持されてきたことが背景にあります。それらの見直しには、若者世代、特に女性の意識や実態を最も重視し、政策論議に反映させることが不可欠ですし、最終的には、企業や組織において「トップダウン」による決断と実行が必要となります。

## 3 世代間の継承・連帯と「共同養育社会」づくり

### ・将来世代への責任

基本的課題の第三は、今を生きる「現世代」に求められる責任についてです。

人口減少は世代を超えて進行していくという特徴があります。つまり私たち現世代の取り組みが効果をあげるのは数十年先であり、その恩恵を受けるのは将来世代です。逆に、何もしないと、その負の影響を受けるのも将来世代となります。それだけに、安心して暮らしていけるような社会や地域をしっかりと将来世代に引き継ぐ（継承）という点で、私たち現世代の後世に対する責任は重いと言えます。

全ての人々は、子どもを持つ、持たないにかかわらず、社会保障制度を通じた連帯によって支えられています。特に高齢期の生活は、自分一人の所得や貯蓄だけでなく、年金や医療・介護保険制度の給付やサービスが大きな支えとなっていますが、これらの制度は、若者世代、さらには将来世代からの資金拠出や人的支援が見込まれるからこそ成り立っていると言えます。こうした社会全体、そして世代を超えた連帯を維持するためにも、子育て支援は、高齢者を含めた全ての人々によって支えていくことが重要となります。

• 「共同養育社会」を目指す

子育てに多大な労力と時間を要するのは、生物界では人間に特有のことであるとされています。世代間の継承という視点から見ても、母親一人が子育てを担うのではなく、父親はもちろん、家族や地域が共同で参加すること（共同養育）が重要であり、それが子育ての本来の姿ではないかと考えられます。沖縄県の出生率が高い一因も、地域全体で子育てをする意識が強いためではないかとされています。

また、1930年代にスウェーデンが少子化の状況に陥った時、人口減少の危機を訴え、スウェーデンの家族政策を築いた経済学者グンナー・ミュルダールは、「近代社会では親にとって、子どもは労働力などの役割を期待する存在ではなく、むしろ経済的負担を増加させるものであるため、多くの子どもを持とうとしない。これは、親の『個人的利益』と、国民の経済生活という『集団的利益』にコンフリクト（対立）が発生していることを意味している。この問題を解決するには、育児を親のみの責任とせず、すべての子どもの出産・育児を国が支援する普遍的家族政策を確立すべきである」[*1]と提唱しました。

「共同養育社会」やミュルダールの考え方は、国や社会による子育て支援の重要性を強調しています。私たちが社会や地域を将来世代へ継承していくためには、こうした考え方を国民の共通認識とし、それに相応しい社会経済システムを構築することが不可欠です。そして、それによって「子育ては大変だ」というイメージを払拭し、若い世代の出産・子育てに対する安心感を高めていかなければなりません。

## Ⅲ　これから取り組むべき「人口戦略」

### １　二つの戦略による「未来選択社会」の実現

・人口定常化と質的強靭化

ここからは、人口減少という事態にいかに立ち向かい、持続可能な社会をどのようにつくっていくかという、「人口戦略」のあり方を提示します。

これは、２１００年を視野に据えて、「定常化戦略」と「強靭化戦略」の二つの戦略を一体的に推進することによって、未来として選択し得る望ましい社会（未来選択社会）の実現を目指すものです。

**第一の定常化戦略は、人口減少のスピードを緩和させ、最終的に人口を安定させること（人口定常化）を目指す戦略です。**これによって、人口急降下に伴い、社会も個人も選択の幅が極端に狭められるような事態を回避し、国民が、人口減少がどこかで止まるという確固たる将来展望を持てるようにします。

一方、定常化戦略を推進しても、その効果が本格的に表れるまでには数十年を要しますし、仮に人口が定常化しても、その人口規模が現在より小さくなることは避けられません。そうした点を考慮し、各種の経済社会システムを人口動態に適合させ、質的に強靭化を図ることにより、多様性に富んだ成長力のある社会を構築していくのが、第二の強靭化戦略です。

**・「未来選択社会」とは**

二つの戦略の推進によって実現を目指す、未来として選択し得る望ましい社会の姿とは、次のようなものです。

**①一人ひとりが豊かで、幸福度が最高水準の社会**

国民一人ひとりの豊かさや「幸福度」「ウェルビーイング（Well-being）」が世界最高水準の社会です。その指標としてはさまざまなものが考えられますが、例えば、国民一人当たりの「可処分所得」があげられます。また、特に子育て世代にとって重要な、子育てに充てる「可処分時間」が考えられるほか、社会における「格差の小ささ」、さらに、超高齢社会でもあるわけですので、「健康寿命」の長さも指標となり得ると考えます。

**②個人と社会の選択が両立する社会**

結婚や子どもを持つかどうかは、個人が自由な選択によって決めるべきことです。少子化社会とは、その「個人の選択」と、社会経済全体が持続し成長することを目指すという「社会の選択」とが〝対立〟している状況と言えます。少子化の流れが変わるということは、この個人と社会の選択が〝両立〟している社会を実現することにほかなりません。

③多様なライフスタイルの選択が可能な社会

そして、個人の選択という点では、自らのライフスタイル（学び、働き、家庭や子どもを持つこと）を、年齢や環境にかかわらず多様に選択できるような社会です。

④世代間の「継承」と「連帯」を基礎とする社会

また、現世代に求められる責任という視点において、将来世代に社会・地域が確実に引き継がれ（継承）、世代を超えた「つながり（連帯）」がある、未来に向けて安定した構造を有している社会です。

⑤国際社会において存在感と魅力のある国際国家

さらに、国際的な政治・経済・文化などの面で一定の発言力・影響力と魅力を有し、国際貢献をなし得る国家です。

## ・「人口定常化」の四つのケース

ここで、人口定常化が実現するための条件や意義について触れておきます。

まず、人口を定常化させるためには、出生率（1・26、2022年）が2・07の人口置換水準にまで到達し、その後も継続することが条件となります。そして、この出生率への到達の可否や到達する場合の時期によって、将来の社会の姿は大きく異なってきます。人口が定常化しはじめると、人口減少スピードの緩和により改革の時間的余裕が生じ、選択の幅が拡大します。また、定常化時期が早ければ早いほど、定常人口の規模は大きくなります。

さらに、人口が定常化しはじめると、同時に高齢化率がピークに達して低下していく「若返り経路」に乗る効果がもたらされます。高齢化率は、このままだと、2100年には4割の水準で高止まりしますが、それが最終的には現在の水準（28％）にまで低下します（表4-1）。このことは、社会保障や財政、経済に好影響を与えます。

一方、人口の定常化は、現状のままでは決して達成できない、ということも強調しておきます。「日本の将来推計人口」では、高位・中位・低位推計の三つのケースが示されていますが、いずれのケースにおいても人口は定常化しませんし、高齢化率は高止まりしてしまい

**表4-1 「人口定常化」をめぐる4つのケース（独自試算）**

| | 2100年の人口の規模と構造 | | |
|---|---|---|---|
| | 総人口 | 高齢化率 | 外国人割合 |
| Aケース（出生率急回復）<br>2040年までに出生率2.07に<br>2040年以降国際人口移動均衡 | 9100万人 | 28% | 10.4% |
| Bケース（出生率回復）<br>2060年までに出生率2.07に<br>2040年以降国際人口移動均衡 | 8000万人 | 30% | 10.4% |
| Cケース（将来推計人口[中位]）<br>出生率1.36で推移<br>外国人入超（年間16.4万人） | 6300万人 | 40% | 15.5% |
| Dケース（将来推計人口[低位]）<br>出生率1.13で推移<br>外国人入超（年間16.4万人） | 5100万人 | 46% | 15.6% |

資料：国際医療福祉大学人口戦略研究所

ます。

**●目指すべきは8000万人での人口定常化**

人口定常化という「定常化戦略」の目標が実現するのは、この試算ではAケース（出生率急回復ケース）とBケース（出生率回復ケース）です。このうちAケースは、出生率が2040年までに2・07に到達することが条件となりますが、これは実現可能性としては極めて難しいと言わざるを得ません。これに対し、Bケースは、2060年までに2・07に到達することが条件となり、そのためには、2040年ごろに1・6、2050年ごろに1・8程度への到達が望まれることになります。これは容易なことではないものの、総力をあげて少子化対策に取り組むならば、決して不可

図4-6　4つのケースの総人口・高齢化率の推移（独自試算）

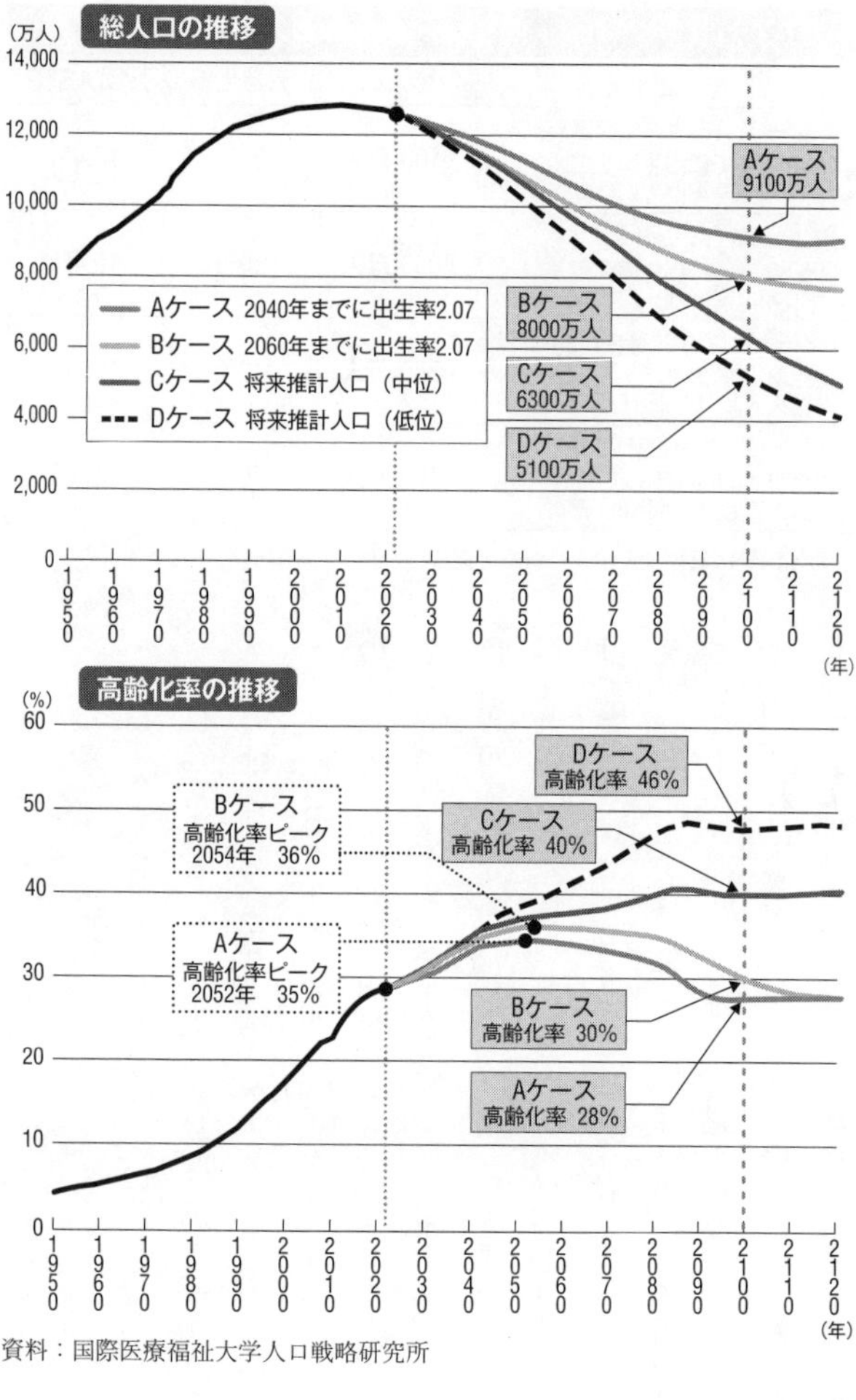


資料：国際医療福祉大学人口戦略研究所

能ではないと考えられます。したがって、定常化戦略が目指すべきシナリオはBケースとし、2100年に総人口8000万人の規模で人口が定常化することを目標とすべきです（図4－6）。

### ●二つの戦略の経済効果

定常化戦略と強靭化戦略が一体的に推進され、それぞれの目標が実現された場合に、日本経済にどのような影響を与えるか、そのおおむねのイメージを試算しました。

この試算では、定常化戦略はBケース（2100年に8000万人で人口定常化）が実現することを、また、強靭化戦略は、生産性（労働生産性）の伸びが内閣府の「中長期の経済財政に関する試算（令和5年7月）」のベースラインケースの水準を達成することを想定しています。[*2]

まず、実質GDP成長率は、このまま無策で推移するケースとしてDケース[*3]（将来推計人口〔低位推計〕）を想定していますが、その場合は2050〜2100年の平均成長率はマイナス1・1%で縮小を続けることになります。一方、定常化戦略が実現すると、同時期の平均成長率は0・9ポイント程度上昇します。定常化戦略の効果はすぐには表れませんが、長

**図4-7　実質GDP成長率および一人当たりGDPの試算**

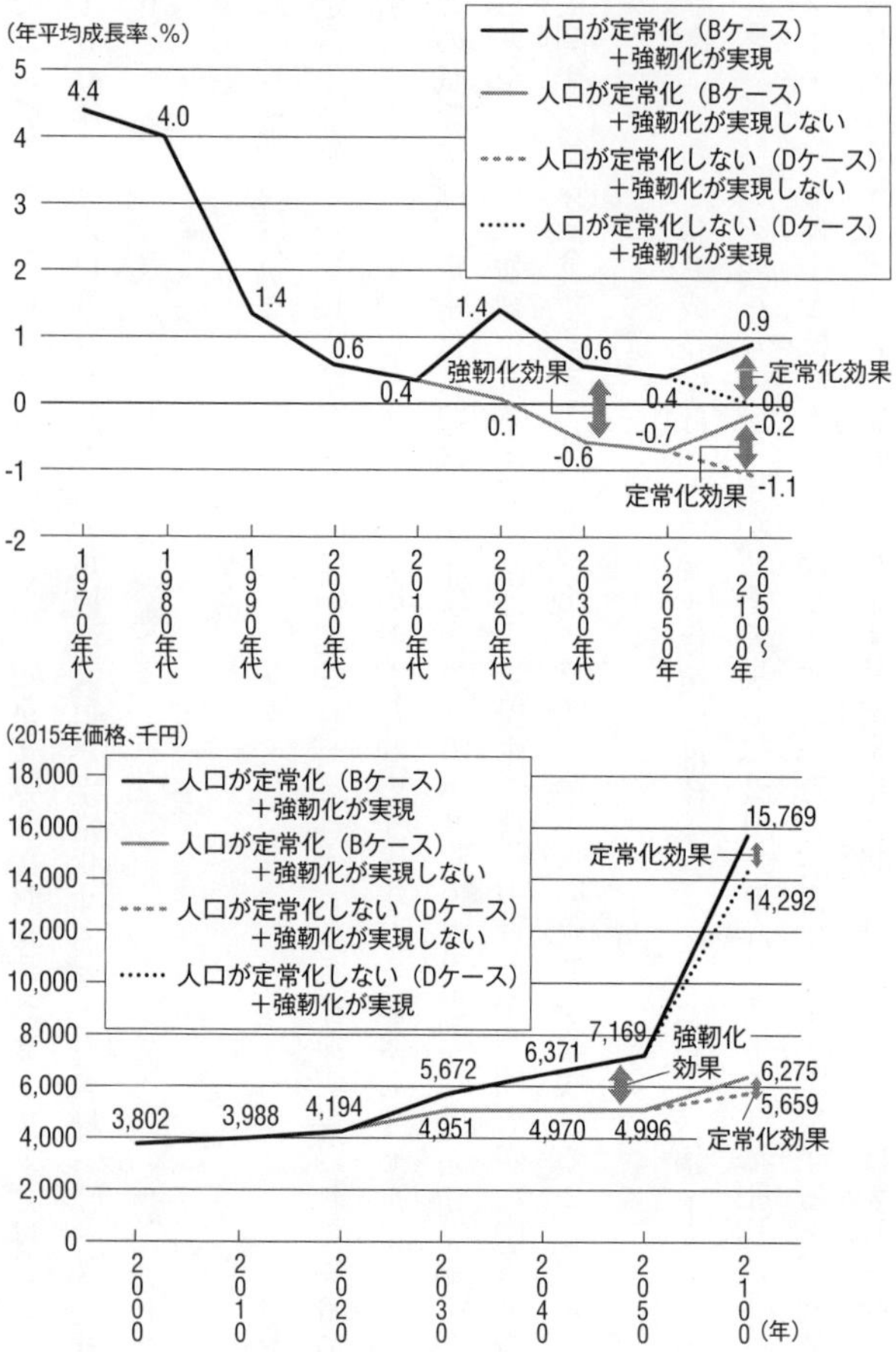


出典：関根敏隆氏（一橋大学教授）による試算（人口動向については国際医療福祉大学人口戦略研究所の試算をベースとしている）

期的、安定的に成長率を引き上げる効果があります。

これに対し、強靭化戦略により生産性の伸び率を高めることができれば、その効果は速やかに顕現し、2020年代以降継続して1ポイント程度引き上げられます。定常化戦略が実現せず強靭化戦略の効果だけだと、2050～2100年の成長率は0%に落ち込みますし、逆に強靭化戦略が実現しないと、2030年代以降の成長率はマイナスで推移します。

そして、定常化戦略と強靭化戦略の両方の効果があいまって、2050～2100年の成長率は0・9%程度を維持することが可能となります。

次に、一人当たりGDPは、Dケースでも定常化戦略によって、2100年時点で60万円程度引き上げる効果がもたらされます。これに対して、強靭化戦略の効果は大きく、2100年時点で2・5倍程度まで引き上げる効果があります。

このように、定常化戦略と強靭化戦略は、効果の発現時期と度合いに違いがあり、この二つの戦略を一体的に推進していくことによって、短・中・長期にわたって安定的な経済効果が期待できます（図4－7）。

## 2 「定常化戦略」における論点

### ・若年世代の「所得向上」と「雇用の改善」

定常化戦略は、少子化の流れを変えていくことを目指します。少子化の現状は、わが国の社会経済のさまざまな動向、なかでも雇用形態・環境の変化と若年世代の意識変化が積み重なった結果と言えます。したがって、結婚や子どもを持つことを希望する人が、希望を実現できるようにするためには、社会経済全般にわたる改革を進めていくことが必要となります。

希望の実現という点では、まず結婚を願う男女の希望を叶えることが重要となります。実際には、結婚したくても結婚できる環境にないという男女が多く存在しています。そうした人たちの希望実現のためには、若年世代の「所得向上」や不安定な就労を解消する「雇用の改善」が、最重要の論点となります。非正規雇用の正規化や雇用改善を実現すべきですし、国もそうした動きを支援していく必要があります。また、フリーターに対する労働法制上の保護や社会保障の整備は喫緊の課題です。さらに、「年功序列」の賃金カーブをめぐる課題や、女性にはいまだに低賃金の非正規雇用が多く、「男女の雇用格差」が依然として大きいといったジェンダー格差の問題は、少子化対策の視点からも改善を要します。

わが国の就業者の約7割は中小企業で働いており、若者の多くも中小企業に就業しています。中小企業における賃金の引き上げや男女を問わず仕事と出産・育児が両立できる環境の整備のためにも、生産性向上と価格転嫁を中心とする取引条件の改善が一層必要です。

また、今なお東京圏へ若い女性が流入している構図は変わっていませんが、その要因には、地方に女性にとって魅力のある職場が少ないこともあげられています。地方企業において賃金や雇用の改善に取り組むとともに、企業の本社機能や、女性にとって魅力のある企業や大学の、地方への移転を一層促進する必要があります。

地方自治体では「非正規公務員」が非常に多く、年収は低く、就労も不安定という実態があります。地方自治体の雇用状況は、地元企業に大きな影響を与えるだけに、正規化の推進や処遇改善などに地方自治体が率先して取り組むべきです。

### •「共働き・共育て」の実現

前述したように、女性の就労をめぐる問題として「L字カーブ問題」があります。これは、出産を躊躇させる少子化の要因となっているとともに、女性のキャリア形成上の障害となっており、人材活用の点でも大きな課題と言えます。

この課題の解消のため、非正規雇用などへの育児給付制度の拡充や就労形態の見直し、社会保険などの被扶養者をめぐる問題など制度面での対応が必要です。そして、それに加えて、出産しても、夫婦がともに仕事を続けながら子育てすることが「当たり前」となるような職場づくり、社会づくりが重要となります。出産・子育てなどで休職した人にとって、子育てがキャリア形成上のペナルティとならないよう、各企業が適切なサポートを行うことも必要です。こうしたことは、これまでの社会規範そのものを変えていくことを意味しています。

また、共働き世帯が仕事と子育てを両立させるのが難しい理由として、長時間労働など働き方の問題があげられます。これは、女性にとどまらず、男性についても大きな問題です。夫の育児参加が期待できないことが、子育て世帯が第2子以降を持つことを躊躇する理由の一つであると指摘されています。

こうした状況が起きている背景として、日本の職場では上司や同僚が抱く固定観念に従おうとする〝同調性〟が強いことが指摘されています。こうした社会規範を見直していくためには、企業のトップや管理職の意識改革と、リーダーシップの発揮が必要となります。

・多様な「ライフサイクル」の選択

20代、30代は「人生のラッシュアワー」（欧州での表現）と呼ばれるほど、ライフイベント（学び、働き、家庭や子どもを持つなど）が短期間に集中しています。まさに「働き盛り期」と「出産・育児期」が時期的に重なっていることが、若い男女の生き方の選択の幅を狭めているとも言えます。

「人生100年時代」とも言われる今日、これからは、20代や30代のうちは子育てや能力形成に多くの時間を充てることができるような、多様な「ライフサイクル」の選択が可能となる社会へ変えていくべきです。そのためには、年齢や環境にかかわらず、学業や就労で多様な選択ができるよう、制度や社会規範を見直していく必要があります。企業は、性別や年齢などにかかわらず、従業員の状況やライフステージに合わせて適切な支援や配慮を行い、活躍の機会が等しくなるようにすることが重要です。

また、高齢期における就労を促進していくことが不可欠であり、実際にわが国では高齢者の就業率は高まっています。これに伴い、社会保障制度などでの高齢者の位置づけや制度における対応についても再検討を進めていくことが重要です。

・若い男女の健康管理を促す「プレコンセプションケア」

最近は晩婚化・晩産化が進んでいますが、男女ともに加齢に伴い妊娠する能力（妊孕性《にんようせい》）は低下するとされています。専門家は次のように指摘しています。「卵細胞の老化現象として、妊娠する力が下がることが挙げられます。ホルモンバランスがよく、子宮や卵巣の問題が少なく、心身、卵巣機能、卵細胞が元気な期間、それが妊娠に適した時期です。その時期は女性にとっては25〜35歳前後です。35歳前後から、だんだんと妊娠する力が下がり始め、40歳を過ぎると妊娠はかなり難しくなります。……「卵子は老化する」こと、「妊娠適齢期は35歳頃まで」というのは厳然たる事実です」（公益社団法人日本産科婦人科学会編著『HUMAN＋――女と男のディクショナリー』）。また、高齢になると、妊娠しても流産率が高くなるとともに、妊娠高血圧症候群といった妊婦のリスク、子どもが障害を持つ確率が高まるという報告もあります。

そうしたなかで、若い男女の選択を支えるためには、自らの健康管理やライフプラン設計の意識を高める「プレコンセプションケア」（男女ともに性や妊娠に関する正しい知識を身に付け、思春期から生涯にわたって健康管理を行うよう促す取り組み）の普及が重要です。

・安心な出産と子どもの健やかな成長の確保

出産・子育て支援としては、妊娠時から出産・子育てまで一貫した伴走型相談支援と経済的支援の充実、周産期医療と母子保健を地域全体で支える体制づくりを進める必要があります。さらに、産後も安心して子育てができる支援体制の整備や、地域での創意工夫を活かした子育て支援の取り組みも重要となります。また、産科医療機関が減少しており、地域によっては出産が事実上困難になってきている一方で、出産費用には地域差があり、出産育児一時金の引き上げが行われても、一部の地域では依然として経済的負担が重い実態が見られます。

こうした課題を解消するため、地域産科医療体制の整備や出産費用（正常分娩）の保険適用に取り組むべきだと考えます。

核家族化が進み、地域のつながりも希薄となるなかで、孤立感や不安感を抱く妊婦・子育て家庭が増加しています。子どもへの虐待も増加しており、児童相談所での相談対応件数は、2021年度には過去最多の20万7660件へと急増しました。「児童虐待死」は、他殺による死亡者数が減少傾向にあるなか、ほとんどの年で50人を超えており、事件の報道は社会に大きな衝撃や不安感を与えています。救えたかもしれない幼い命が奪われる深刻な状況への対策が急務です。さらに、ひとり親家庭、特に母子家庭は、貧困リスクが高いのが実情であり、支援施策の抜本的な拡充を図るべきです。

### ・子育て支援の「総合的な制度」の構築と財源確保

現行の子育て支援制度は、これまでの個別的、対症療法的な対応などによって、制度間の「不整合」（育休と保育の不接合）や「空白」（特に0〜2歳児）、「縦割り」といった多くの課題を抱えています。全ての子ども・子育て世帯を切れ目なく支援していく観点から、一つの制度へ統合し、「総合的な制度」の構築を目指すべきです。

政府は、2024〜2026年度に集中的に取り組む「加速化プラン」によって、「こども・子育て予算」の大幅な増加を図り、子ども一人当たりの家族関係支出をOECDトップ水準のスウェーデン並みに引き上げ、さらに2030年代初頭までに、予算倍増を目指す方針を示しています。

現在の子育て支援制度は、税財源（消費税）と保険財源（医療保険料や雇用保険料）などの組み合わせによって支えられています。今後、予算を増額するにあたっては、社会全体で支えていく「共同養育社会」の視点から、税と保険料のバランスに配慮しながら、安定財源の確保に取り組むことが重要となります。その際にも、支援対象である若者世代の負担が実質的に増加することがないように配慮する必要があります。

また、国と地方の役割分担を見直し、保育や教育分野等における義務づけ・枠づけの規制緩和や地方への権限移譲を加速化することが必要です。さらに、地方財源の均霑《きんてん》化を一層進めるとともに、偏在性の少ない地方税体系を構築し、都市部も地方部もこれまでより充実した子育て支援や教育政策に取り組めるよう、税財源を配分することが重要です。

・住まい、通勤、教育費など（特に「東京圏」の問題）

東京圏に若い男女が流入する「東京一極集中」は、依然として続いています。その東京圏では、住宅費が高騰し、通勤が長時間で苛酷なため、平均年収以下のクラスの若年層や子育て世帯は「可処分所得」と「可処分時間」ともに低水準となる厳しい環境に置かれています。さらに、教育費（特に私学や学習塾）の負担が重いという問題もあります。

東京一極集中を是正し、「多極集住型」の国土づくりを目指すとともに、東京圏が抱える深刻な問題の解決を図ることは、国全体の少子化の流れを変えていく上で、避けては通れない課題です。

## 3「強靭化戦略」における論点

### ・強靭化戦略の基本的な考え方

先に述べたように、定常化戦略を推進しても、その効果が本格的に表れるまでには数十年を要しますし、仮に人口が定常化しても、その人口規模が現在より小さくなることは避けられません。例えば、定常化戦略が目指すシナリオであるBケースでも、2100年時点の総人口は8000万人であり、現在の総人口の3分の2程度の規模です。こうした厳しい条件の下で、各種の経済社会システムを人口動態に適合させ、質的に強靭化を図ることにより、現在より少ない人口でも、多様性に富んだ成長力のある社会を構築していくことが、強靭化戦略の目標となります。

強靭化戦略の本質は、生産性上昇率の引き上げです。これまでもわが国の生産性上昇率は、生産年齢人口一人当たりで見ると国際的に決して低い水準ではなく、むしろ相対的に高い水準であったと言えます。そのことを考えると、生産性上昇率のさらなる引き上げは、決して容易ではなく、まさに総力をあげて取り組まないと実現できない目標です。特に、経済全体の生産性上昇率の引き上げは、スーパースターのような企業の登場より、むしろ生産性の低い企業、産業、地域をいかに構造的に改革していくかが重要な意味を持ってきます。

### ・戦略の〝背骨〟は「人への投資」

強靭化戦略を貫く〝背骨〟にあたる考えは、「人への投資」の強化です。これは、幼児教育・保育から始まり大学などの高等教育に至るまでの公教育や、専門人材の養成なども視野に置いています。人材育成に関するこれまでの発想を見直すという意味で、次のような論点があげられます。

第一に、人材育成のオープン化です。目まぐるしく変化する時代にキャッチアップして人材育成を進めるには、優れたコンテンツに誰もがアクセスできる環境が必要となります。

第二に、教育費用の個人負担軽減（公費による支援）です。現在のように、家庭の経済環境によって受けられる教育に格差が生じたり、若者が社会に出る時点で多額の債務（奨学金）を負っていたりするような状況を改善しなければなりません。

第三に、教育の質的向上です。これには、幼児期・幼保小接続期教育・保育の質的向上から始まり、GIGAスクール構想のようなICT（情報通信技術）を利活用した学びの変革

（必須ツールとしての「1人1台端末」）、産業界と連携したキャリア・職業教育などの取り組みが必要です。

第四に、人への投資は、企業をはじめさまざまな組織においても重要な課題となります。企業は、「学び直し支援」や賃金の構造的な引き上げによって、従業員の能力・資質向上に一層注力することが必要です。人材評価においても、ほかの職場や仕事でも活用できるような「独り立ちできるプロ」を育成する視点が重要です。

第五に、子育て世代にとっては、子育てや学びに使える「可処分時間」を増やすことが、最大の「人への投資」です。企業は、人材育成プログラムの策定のみならず、過去からの惰性とも言うべき非効率な仕事を徹底的に削減して、「生きた時間」を創造することが重要です。また、こうした取り組みを積極的に開示していくべきです。

第六に、教育分野においても新たなイノベーションを起こしていくために、中央集権的、画一的な教育のあり方を変えていくことです。そのため、教育分野の規制改革や地方分権を進めていくことが重要です。

・一人ひとりが活躍する場を広げる

少ない人口でも、成長力のある社会を構築する。その鍵を一言で言えば、一人ひとりが活躍する場を最大限広げていくことです。いくらスキルアップができても、その人材が新しいスキルを活かし、活躍する場が広がらなければ効果はあがりません。

そして、その新たに活躍するフィールドとは、一つは、人口減少が進むさまざまな地域において、コミュニティの各層を巻き込んで持続的発展を支えること（ローカルインクルージョン）であり、ほかの一つは、日本という枠にとどまらずにグローバルな場でイノベーションにチャレンジすること（グローバルチャレンジ）です。

**•「ローカルインクルージョン」における論点**

人口減少地域では、医療・介護、交通・物流、エネルギー、教育など住民に不可欠なサービスを質的に強靭化し、持続性を高めていくことが最も重要となります。

深刻な人手不足に対応しながらサービスを維持する。ここに、新たな人材の活躍が期待される「現場」があります。

そこでは、次のような視点を重視すべきです。

- 少ない担い手でも運営可能なよう、既存の自治体の枠にこだわらず、官民連携で取り組む。
- インフラも人材も「分ける」から「兼ねる」へ発想を転換し、持続性を高める。すでに地方では、人材不足・人口減少の問題が顕在化している。例えば、ＩＴビジネスに従事しつつ、農業やスキー場で働くといった働き方など、「一人多役」の社会をつくり、こうした働き方にも適合した社会保障制度等を構築する。
- 自前主義を排し、共通化可能な要素はデジタルを活用したプラットフォームに官民とも移行する。
- 各地域は共通プラットフォームと、地域固有の課題の解決と独自の挑戦に特化した活動という「二階建て」の発想で取り組む。
- 人口減少が進み、高齢化率が高い過疎地域等を官民あげて支援し、未来を先取りして豊かに暮らせるモデル地域をつくる。

上記の取り組みと並行して、地域社会の「担い手」育成に取り組む必要があります。

- 官民ともに働き方を変え、子育てと女性活躍を支援する環境をつくる。

- 包摂的な「地域共生社会」を目指す観点から、地方自治体の活動を支え、サービスを担う地域組織の再編・基盤強化、新たな担い手の参画や住民参加を促進する。
- デジタル活用を前提とした規制改革を通じて、柔軟なチーム編成を可能にする。

**・「グローバルチャレンジ」における論点**

一人ひとりが活躍するフィールドを広げるためには、日本での活躍が世界での活躍に直結する環境を整備する必要があります。これまでは、日本のエコシステムがグローバルなエコシステムと結びついておらず、孤島化していたため、日本固有の慣行が生まれ、起業や産学連携を担当する部門が各大学、各企業に個別に置かれ、優秀な人材を共通に活かすことができない状況が散見されます。

こうした状況を打開し、日本での挑戦が世界での挑戦に直結するような「イノベーション環境」をつくることが目標となります。そのため、起業、産学連携、人材育成、研究、マーケティング、デザインなどの分野で、イノベーションに不可欠な環境が整っているか、総点検することが必要です。

こうした取り組みを通じて、国内でしか通用しない、日本独特の無駄を排除し、人材の評価も内外直結型とすることで、働き方改革と生産性向上へつなげていくことです。

## 4 「永定住外国人政策」[*4]に関する論点

・「(補充)移民政策」はとらない

かつて国連経済社会局人口部が提起した概念として、「補充移民(Replacement Migration)」があります。

これは、「出生率及び死亡率の低下によってもたらされる人口の減少を補い、高齢化を回避するために必要とされる国際人口移動(移民)」と定義されていますが、国連のレポート(UN Population Division, *Replacement Migration*, 2000)によると、日本が人口減少を回避するシナリオでは、当時の推計で総計1700万人超の移民が必要となり、外国人割合は2050年までに約18%になるだろうと試算されていました。

本提言は、人口を定常化することを目指すべきだと強調してきましたが、仮にそれを外国人の流入によって達成しようとすると、膨大な数が必要となります。[*5]そのような想定は非現実的ですし、仮に実現したとしても、わが国の政治経済社会の将来像を見通すことは非常に難しく、社会としての安定性にも大きな危惧が生じます。

したがって、人口減少を補充するための、いわゆる「(補充)移民政策」はとるべきではないと考えます。すなわち、本提言の「定常化戦略」は、あくまでも出生率の向上によって少子化の流れを変えていくことを基本とし、一方、永定住外国人に関する政策は、「強靭化戦略」の一環として位置づけていくことが適当です。

そこで、「永定住外国人政策」のあり方についてですが、これは、以下のような実態を正確に理解した上で、議論を深めていく必要があります。

第一に、国によって「永住外国人」の属性は大きく異なっています。ドイツやフランスなどEU諸国ではシェンゲン協定に基づきEU内を自由に移動できる「自由移動」や「旧植民地出身」が多く、アメリカは「家族関係」(家族の呼び寄せ、帯同などによる)が大半を占めています。これに対して、日本の永住外国人の過半は「労働目的」(就労を目的)で、カナダなどと同じです。

第二に、国際的に見ると、「労働目的」の外国人の多くが、滞在期間の上限がある「定住外国人」です。ドイツなどでは、EU加盟国からの国外派遣労働者が多く、日本や韓国は主にアジア諸国からの労働者です。労働目的の永定住外国人(いわゆる「労働移民」)の年間受

表4-2 各国別の労働目的の永定住外国人（労働移民）の年間受入数（2018年）

単位：千人

| 順位 | 国名 | 永住 | 定住（一時滞在） | 合計 |
| --- | --- | --- | --- | --- |
| 1 | アメリカ | 65.3 | 723.9 | 789.2 |
| 2 | ドイツ | 64.9 | 458.3 | 523.2 |
| 3 | オーストラリア | 52.2 | 396.7 | 448.9 |
| 4 | カナダ | 95.9 | 245.7 | 341.6 |
| 5 | 日本 | 66.0 | 265.5 | 331.5 |
| 6 | フランス | 40.3 | 285.9 | 326.2 |
| 7 | スイス | 2.1 | 188.6 | 197.7 |
| 8 | 英国 | 36.3 | 151.8 | 188.1 |
| 9 | ベルギー | 5 | 157.8 | 162.8 |
| 10 | オランダ | 21 | 130.0 | 151.0 |

出典：OECD（2020年）、是川夕氏資料より作成

入数は、日本は33・2万人（2018年）で、世界第5位の規模となります（表4－2）。

第三に、アジア諸国からの国際人口移動（約590万人／年、2019年）は、湾岸諸国への移動が最も多く（約282万人／年）、次いでOECD諸国（約230万人／年）ですが、そのなかで日本は約48万人／年と最多です。日本への就労希望はアジアでは依然として強く、高学歴・高技能者では常に上位にランクされるとともに、非高技能者においても底堅いものがあります[*6]。

このように労働目的の永定住外国人については、わが国はすでに世界有数の規模に達しており、アジアの国際労働メカニズムを形成する中心国の一つとなっているのが実態です。それにもかかわらず、永定住外国人に関して、国内および国外を視

野に入れた、経済・労働・社会全般にわたる総合的な戦略は、いまだに策定されていません。いわゆる「(補充) 移民政策」はとらないとしても、労働目的を中心とする永定住外国人に関する総合戦略の策定は喫緊の課題です。

・高技能外国人の受け入れ

「永定住外国人政策」については、まず、マクロ的、長期的な経済成長という視点からの検討が必要となります。

①高技能外国人について

わが国の将来にわたる成長力を高めるという長期的な視点から見ると、労働目的で受け入れる外国人は、「高度または専門的な人材」を基本とすべきだと考えられます。実態としても、こうした高技能外国人(熟練工を含む)は、日本人と遜色のない高い賃金水準で就労し、活躍している人が多く見られます。

政策としては、入り口での規制だけでなく、入国後も技能や日本語能力を高めていくという「人材育成」の視点が重要です。留学生や技能実習修了者は、日本語能力や技能が一定水準まで高められているという点で、将来の高度人材の「卵」として企業のより積極的な採用が期待できます。

## ②非高技能外国人について

一方、非高技能外国人の受け入れについては慎重な検討が必要です。実態から見ると、賃金水準は、日本人の非高技能者と比べて相対的に低く、特に、非高技能外国人のみを雇用している事業所において最も低いのが実情です。その背景として、日本人の従業員も含めて低賃金となっている低生産性企業が、外国人を受け入れているためだとする指摘があります。そうなると、外国人受け入れの議論の前に、DX（デジタルトランスフォーメーション）等の導入も含め、こうした企業や業種の生産性の向上に関する問題が問われてきます。

一方で、人手不足が深刻な地方部では、短期的なニーズが高いという実態もありますが、前述の「強靭化戦略」において指摘したように、将来的に生産性の低い企業、産業、地域をいかに構造的に改革していくか、という根本的な課題に帰着していくことになると考えられます。

また、外国人労働の実態として、悪質で好ましくない事例が散見されます。その是正のため、滞在期間の管理などを徹底する一方で、労働・生活環境については人権保護の観点から国はしっかりとした監視体制をつくるべきですし、相談窓口の整備も必要です。

現在、技能実習制度や特定技能制度の見直しが検討されていますが、結果として、非高技能者の割合が高まるようなことがないよう、留意する必要があると考えます。

### ・社会的統合の視点も必要

永定住外国人政策において検討すべき論点は、経済労働の範疇にとどまりません。

社会的な統合という点では、第一世代における日本語習得や住居の確保にとどまらず、第二世代以降の教育や就労のほか、社会参加の確保など「多文化共生」のための政策も重要となります。こうした政策の検討・実施にあたっては、地方自治体や、地域活動に関わっているＮＰＯなど多様な主体の意見を参考とすることが重要です。

また、社会・文化に及ぼす影響や国際政治との関わりは、決して軽視してはならない、重要な視点です。欧米における移民問題の経緯や現状を十分に参考とし、多角的な視点から、出身国のバランスなどに配慮した対応も考慮すべきであると考えます。

さらに、上記のように労働目的の人口移動が中心となるのは、アジア諸国の特徴であり、そうした意味で、アジア独特の国際労働移動のメカニズムの形成がいま進みつつあります。わが国としては、国内問題としての「受け身」の姿勢ではなく、国際的な行動基準等も踏まえたアジア共通のルールメイキングなど、国際的な人口移動メカニズムの形成に積極的にイニシアティブをとっていくことが重要です。

以上のような視点から、国は、永定住外国人政策に関する総合戦略の立案や遂行、調査分析を行う政府組織・研究機関の設置に早急に取り組むべきです。

そうした新組織が、全ての府省庁を強力に指揮・監督する「司令塔」機能を果たしていくことが必要です。そこでは、国際機関や外国政府との連携も欠かせません。また、中立的で総合的な判断が可能な「永定住外国人政策委員会（仮称）」を設置し、政府に対して助言、提案を行うことも考えられます。

## Ⅳ　どのように人口戦略を進めていくか

### ・EBPMをベースに

人口戦略では、「定常化戦略」と「強靭化戦略」の両者は別個独立のものではなく、相互に密接に関連しあっていますので、一体的な推進が必要となります。定常化戦略の成果は、強靭化戦略の必要性や内容を左右しますし、強靭化戦略を通じて得た経験は、定常化戦略のあり方を考える上で重要な情報です。また、若者世代の働き方改革、子育て・教育支援強化など、両者には通底するテーマも多いと言えます。

このため、両者の一体的・統合的な運用を目指す観点から、「人口戦略立案・遂行プロセス」を5年程度のサイクルで回し、状況の変化や戦略の達成度合いに応じて見直しを行うことが重要です。ただし、人口問題については、効果が表れるのに時間を要する施策も多いことから、頻繁に見直すことも避けるべきです。この政策プロセスにおいては、ターゲット層である若者・女性とのコミュニケーション（彼らの評価や意見を積極的に戦略目標や施策内容に反映させること）が不可欠です。全ての政策決定や予算配分にあたって、子育て世代と子育て環境にプラスかどうかを必須の評価項目とすることが適当です。

こうした政策プロセスのベースとなるのは、ＥＢＰＭ（Evidence Based Policy Making、証拠に基づく政策立案）の考え方です。これまでさまざまな少子化対策が打ち出されてきましたが、実際に効果があったかどうかの検証は十分に行われていません。まず、２０２４年度から着手される「こども未来戦略」などの少子化対策の効果検証研究プロジェクトを立ち上げ、その研究結果を政策立案に活用していくことが急務です。これにより「人口戦略アーキテクチャ（政策体系）」を構築することが重要です。

・二つの戦略を一体的・統合的に推進する体制

政府部内の体制としては、内閣に「人口戦略推進本部（仮称）」を設置し、この本部が、人口戦略（地方創生や永定住外国人政策を含む）の立案・遂行を統括する司令塔の役割を担います。そして、その政策立案を支えるため、人口問題を大所高所から議論する組織として、有識者や各界のリーダーをメンバーとする審議会を設置する必要があります。現在、人口問題を審議している組織は、厚生労働省の社会保障審議会の一部会である人口部会ですが、これを独立させて総理大臣直属とし、さらに政府に対して勧告権を有するような強力な審議会に改組すべきです。

また、人口問題や少子化対策、さらには永定住外国人に関する政策研究を担う強力な研究調査部門を設置し、官民の優秀な人材を登用し、英知を結集することが必要となります。そのため、現在の国立社会保障・人口問題研究所の人口研究部門を抜本的に強化すべきです。

・国会での超党派の合意形成

人口問題は、持続的、長期的に取り組むべきテーマです。そのため、人口戦略の目標や主要施策の内容・実施時期、プロセスや体制を盛り込んだ「プログラム法」[*7]を国会で審議し、超党派の合意形成を図り、それに基づき着実に戦略を推進していくことが重要となります。国会においては、人口減少をめぐる問題を多角的かつ継続的に調査し、人口戦略の策定および実施について審議を行う常設の組織（調査会、委員会など）を設置するべきです。

・民間、地域の取り組みが重要

人口問題には、働き方改革など社会規範をめぐる課題や個人の価値観にも関わるようなテーマが多く、その点で企業をはじめとする民間や地域の取り組み、さらには国民的な論議が重要な意味を持ってきます。

また、出産・子育ては、ややもすると大変といったイメージが先行しがちです。子育ての楽しさや喜びを世の中に伝える明るいイメージづくり、広報にも配慮したいところですし、子どもの健やかな成長に資する書籍・劇・映画といった文化財や地域における身近な遊びの場の提供なども重要です。

こうしたテーマについて政府が「上から指導する」かのような主導的役割を果たすことは、

逆効果となりかねません。したがって、政府とは別の組織として、有識者や経済界や労働界のリーダー、地方自治体などが自主的に参加する「国民会議」を立ち上げ、民間および地域ベースで積極的に取り組んでいくことが必要です。

また、人口減少は、日本企業にとって最大のESG（環境、社会、ガバナンス〔企業統治〕を考慮した投資活動、経営・事業活動）項目とも言えますが、企業にその認識が不足していることは否めません。企業の自主的な行動を促していく観点から、男性育休の推進、長時間労働是正など働き方改革、男女や正規・非正規の賃金格差や子育て支援に関わる企業の情報開示（有価証券報告書での開示など）を促進し、各企業の取り組み状況を年金基金（GPIF）などの投資基準や政府の各種支援・優遇策の選定基準へ反映させることも検討すべきだと考えます。

・地方と東京圏の取り組み

人口動向は地域によって大きく異なるため、地方における人口戦略の立案・遂行が重要となります。若者、特に女性の東京圏への一極集中の是正に向けて、地方での魅力的な職場づくり、男女の役割意識の改革など働き方をめぐる課題や地方移住支援などについて、地域において地方自治体や経済界（特に中小企業）、労働界などが協働して取り組むことが重要です。その際には、国の政策や制度も深く関わることから、国と地方自治体の対話と協働も不可欠であることは言うまでもありません。

また、東京圏については、出生数で見れば今や3人に1人が東京圏で生まれたことになり、日本全体の人口動向への影響度は非常に高まっています。さらに東京圏特有の課題も指摘されています。このため、東京圏の課題解決に向けて、官民あげて取り組む組織（「東京圏人口戦略会議（仮称）」）を設置する必要があります。地方と東京圏の両者の取り組みによって、日本全体の少子化の流れを大きく転換させていかなければなりません。

## Ⅴ　おわりに

この「人口ビジョン２１００」は、人口減少という事態に対していかに立ち向かい、２１００年に向けて持続可能な社会をどのようにつくっていくべきかということが主題です。そして結論として、安定的で、成長力のある「８０００万人国家」という目標を掲げ、その実現のために何をなすべきかを提言しています。

政府のみならず、立法府、企業をはじめとする民間、地域、そして国民へのメッセージを内容としていますが、そのなかで最も訴えたいことは、人口減少という未曽有の事態を国民一人ひとりが自らにとっての問題として認識し、社会経済全般にわたる改革を進め、結婚や子どもを持つことを希望する人が、その希望を実現できるような社会にしていくことです。

そのための課題は山積し、なすべきことは多くありますが、その第一歩としては、国民全体で意識を共有し、官民あげて取り組むための「国家ビジョン」をつくっていくことが最も重要なのではないかと考えます。それとともに、政府は戦略の立案・推進体制を整備し、立法府は国会においてそうした取り組みを法制化し、民間や地域は国民的なレベルでの議論を深め、迅速に対応を進めていくことが重要です。かつて吉田松陰は、「夢なき者に理想なし、理想なき者に計画なし、計画なき者に実行なし、実行なき者に成功なし。ゆえに、夢なき者に成功なし」と述べました。国は「希望の持てる国のビジョン」を国民に提示し、各企業や組織は「希望の持てる展望」を従業員や住民に提示し、それぞれがその実現に向けて取り組むことが重要です。

少子化は、日本にとどまらず、韓国や台湾、シンガポールなど、近年急成長を遂げている東アジア諸国・地域に共通して見られるグローバルな社会事象です。その背景にはこれらの国に通底する課題があると考えられます。少子化、そして人口減少という新たな人口動態上の変化を軟着陸させ、状況の変化をチャンスと捉え、持続可能な社会を構築しようとする本提言は、同様の問題に直面し、同じように悩んでいる国々に対するメッセージでもあります。

本提言が、実際の人口戦略の策定に結びつき、さらに、具体的な政策の実行に結実することを願ってやみません。

〔注〕

＊1　藤田菜々子『ミュルダールの経済学――福祉国家から福祉世界へ』（NTT出版、2010年）を参照した。

＊2　強靭化戦略によって実現する労働生産性については、2030年までは内閣府のベースラインケースより逆算し、それ以降は、内閣府が前提とした「将来推計人口（中位推計）」で同ケースの潜在成長率である0・5％が実現するような労働生産性伸び率（＋1・5％）を逆算し、それを維持することを想定。

＊3　無策で推移する場合の労働生産性については、2022年までは実績とし、2023年以降は2011～2019年（コロナ前）の平均伸び率（＋0・4％）を維持することを想定。

＊4　「移民」という言葉は多義的であり、それゆえに誤解を招く面がある。例えば、国連におけ

る移民の定義は「国境を越えた居住地の変更を伴う移動をする人」であり、そのうち、居住期間が1年以上が「長期移民」、1年未満が「短期移民」とされる。その定義に従うと、日本はすでに〝移民大国〟ということになる。一方、わが国では「移民」はさまざまな文脈で使われるため、議論の混乱を招くことになる。

そこで、ここではできる限り移民という言葉は使わず、政策的な視点から、「永住外国人」(滞在期間の制限がない外国人で、講学上の「永住型移民」にあたる)と「定住外国人」(滞在期間に上限がある外国人で、講学上の「一時滞在型移民」にあたる)を区分した上で、両者を合わせて「永定住外国人」という表現を用いる。

＊5 「日本の将来推計人口(令和5年推計)」(国立社会保障・人口問題研究所)の試算によると、現在の人口規模を将来にわたって維持しようとすると、年間75万人程度の外国人入超が続く必要があり、2100年には外国人割合は44%にまで達する。一方、仮に50万人の外国人入超が続いたとしても、出生率が2・07に到達しない限り、人口は定常化しない。

＊6 是川夕氏および橋本由紀氏からのヒアリングなどに基づく。

＊7 プログラム法の例としては、社会保障・税一体改革関連法である「持続可能な社会保障制度の確立を図るための改革の推進に関する法律」がある。

＊＊ 提言後の状況に応じて、文章の一部を修正している。

第5章

# 人口減少、どう読み解くか

白川方明　青山学院大学特別招聘教授
永瀬伸子　お茶の水女子大学教授
小池司朗　国立社会保障・人口問題研究所人口構造研究部長

# 少子化・人口減の深刻さはなぜ共有されないか
## ――1990年代の不良債権問題との類似性

白川方明　青山学院大学特別招聘教授

私は「人口戦略会議」（三村明夫議長）のメンバーとして、2024年1月に公表された報告書（「人口ビジョン2100」）の作成に関わった。報告書は国難とも言える少子化・人口減少問題について幅広い観点から提言を行っており（第4章参照）、ぜひ多くの人に読んでいただきたいと思っている。そして何よりも国民的な議論が進み、人口減少問題への取り組みが現実に進むことを切に願っているが、そうなるかどうかは多くの人がこの深刻さを「自分ごと」として認識するかどうかにかかっている。そうした思いから、本稿では報告書の個々の提言には入らず、人口減少問題への取り組みの重要性について私見を述べてみたい。

### 日本経済が直面する最大の問題

長期的に見た場合、日本経済が直面している最大の問題は、少子化に伴う人口減少の問題であると思う。日本経済を巨大なボートに喩えると、高齢化は漕ぎ手であった人が次々にオールを置き、一般乗船客になるイメージの問題であるのに対し、少子化はボート内の人がまばらになるという問題である。そのような船の将来イメージを思い描くと、慄然《りつぜん》とする。

少し具体的なイメージで議論してみよう。次の二つのグラフは2000年以降の主要国の実質GDP（国内総生産）の推移を示している。上段のグラフは2000年の水準を100とした場合の実質GDPの推移を示しており、日本のGDPの伸びは最も小さい。下段のグラフは生産年齢人口一人当たりの実質GDPの推移であり、日本の伸びは最も大きい。両者は全く対照的なイメージを伝えている。一方は「失われた日本の○○年」のイメージであり、他方は「健闘する日本経済」のイメージである。ここには示していないが、一人当たりの実質GDPの伸びで見ると、主要国の平均並みである。

この二つのグラフから言えることは、生産や消費活動の核となる生産年齢人口減少の影響がいかに大きいかということである。ちなみに、この期間中に生産年齢人口は約12％も減少した。生産年齢人口一人当たりで見ると日本経済はそれなりに健闘しているが、いかんせん、生産年齢人口の減少は大きい。

**図5-1　主要国の実質GDPの推移**（2000年＝100）

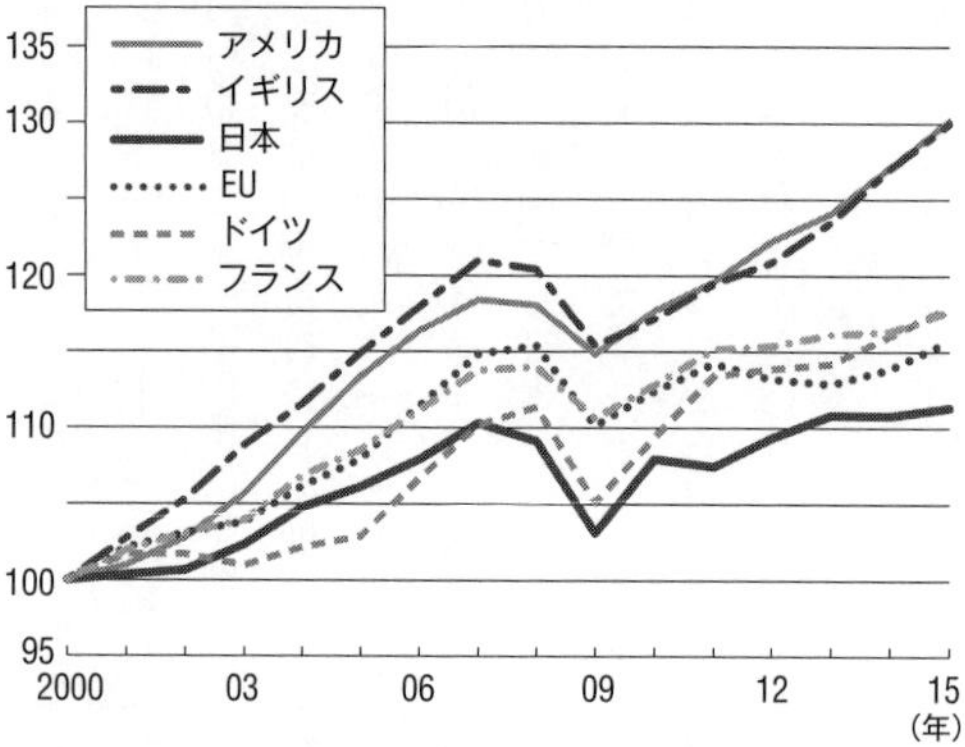


**図5-2　主要国の生産年齢人口1人当たり実質GDPの推移**（2000年＝100）

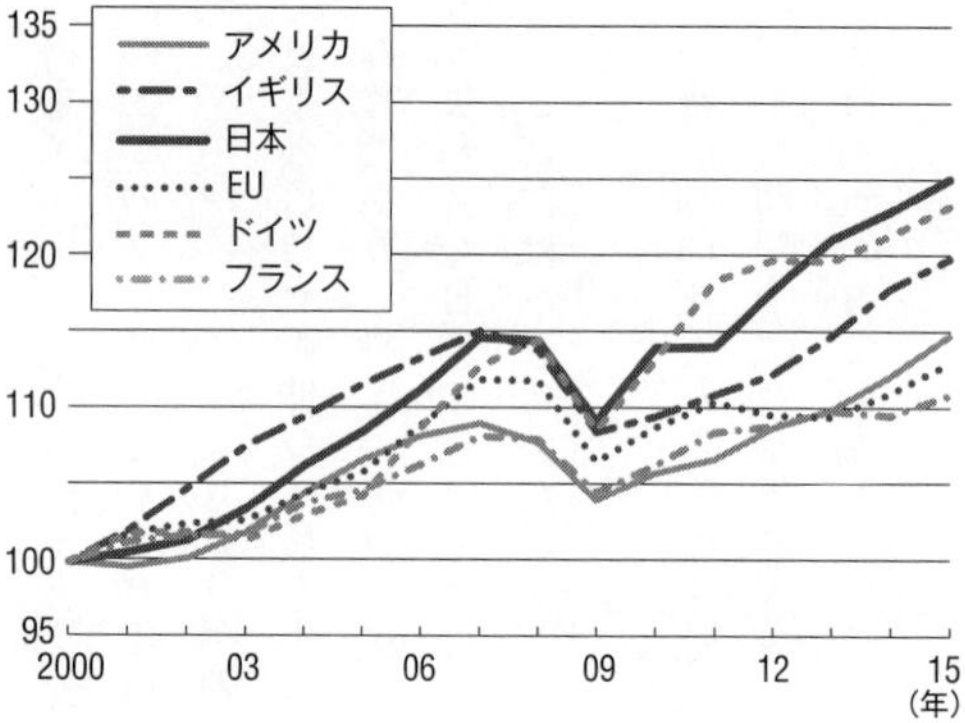

もちろん、健康寿命の上昇を考えると、伝統的な既存の定義での生産年齢人口が真の生産年齢人口の動きを正確に捉えているわけではないだろう。実際、「団塊の世代」が65歳を迎

えた2010年代から労働参加率はかなり上昇し、労働力人口は一時的にむしろ増加した。しかし、そうしたプロセスもずっと続くわけではない。「団塊の世代」も後期高齢者になると、さすがに多くは完全リタイアする。最近、人手不足感が強まっていることはまさにこのことを端的に示している。

これから影響が本格化するのは高齢化というより、人口減少それ自体である。就業率が現在の水準で一定であると仮定して先行きの就業者数の変化率を試算すると、出生率が国立社会保障・人口問題研究所の「日本の将来推計人口」の出生中位推計の場合、2010年代はプラス0・41%だったが、20年代はマイナス0・55%、30年代はマイナス0・94%、そして50年代にはマイナス0・97%と見込まれ、就業者の減少は加速していく。まさに慄然とする現実である。

## 少子化・人口減少問題への認識の遅れ

この少子化・人口減少の問題は、以前に比べると議論されることがさすがに増えてきている。これ自体はよい方向への変化であるが、肝心の日本全体としての取り組みという点では驚くほど進んでいない。その最大の理由は、結局、少子化・人口減少問題が将来の日本社会の存続自体を脅かす死活的問題であるとの危機意識が、社会全体に十分には広がっていないからだと私は思っている。

振り返ってみて、過去20年近くの間、日本経済の最大の課題と言われてきたのは、物価の継続的下落、デフレであった。歴代の総理の国会での施政方針演説や所信表明演説では、「デフレからの脱却」が最大の課題だと言われてきた。ごく最近は物価上昇を背景に数十年ぶりの賃金上昇が実現していることから、日本経済が復活する千載一遇のチャンスであるといった論評を目にすることも増えている。

しかし、緩やかな物価下落が止まり、物価上昇率が2%を安定的に達成できるようになったからといって、あるいは賃金上昇率が高まって物価上昇率並み、ないしはそれ以上になったとしても、人口減少という厳しい現実が変化するわけではない。

どのような社会課題もそうであるが、そこに問題が存在することを認識し、その解決が決定的に重要であると多くの人が理解しないかぎり、解決に向けたエネルギーは生まれず、その結果、課題はいつまでも放置され、その間に事態は悪化する。

## 1990年代の不良債権問題と類似

私はこの人口減少問題への取り組みの遅れという現状を見ると、１９９０年代前半に日本銀行で不良債権問題に取り組んでいたときに痛感した世論との認識ギャップと、人口減少問題をめぐる現在の状況が恐ろしく似ていることを感じ、そのことに焦燥感を覚える。

不良債権問題は放置すると先行き多くの国民の生活に深刻な影響を与えるマクロ経済の問題であるにもかかわらず、そうした理解を得ることが難しかった。当時、不良債権問題はバブル期に無分別な貸出を行った銀行の経営の不始末の問題との認識が強く、世論は金融機関に対する公的資金の投入に対して批判的であった。このため、不良債権問題の解決に向けた施策は非常に遅れ、その後の日本の経済や社会に甚大な影響を及ぼした。今思い出しても、実に残念なことであった。しかし現在、人口減少問題という、不良債権問題よりもさらに深刻な影響を及ぼす問題への取り組みで、全く同じことが進行している。

私は今、少子化・人口減少問題と不良債権問題の類似性を述べたが、重大な違いもある。不良債権問題は問題を先送りしても、一定の臨界値を超えると、金融機関は資金繰りが付かなくなる。その結果、やがて深刻な金融危機という明確な破局が到来する。１９９７年秋は、まさに日本の金融システムがメルトダウンしかけた時期であった。

これに対し、少子化・人口減少問題については近い将来、そうした明確な破局は到来しない。冒頭の人影のまばらなポートのイメージと重なるが、客観的には危機は進行するものの、それはあくまでも静かな危機が確実に深まっていくという性格のものである。静かであるがゆえに、危機意識は高まらず、必要な行動はとられにくい。

## 危機感はなぜ共有されないのか?

それでは、なぜ、少子化・人口減少問題に関する危機感は共有されないのだろうか。

第一の、そして最も大きな理由は、人口減少が止まらない社会への想像力が働きにくいことにある。「明治の初めの人口規模に戻るだけ」といった反応を耳にすることもあるが、そんな悠長な話ではない。もし人口が減少しても、それが静止人口であれば問題はまだ小さいと言えるが、そこで静止しないことが問題の根源である。かなり先ではあっても、どこかで人口減少が止まるという展望が持てないかぎり、絶えざる縮小が続く。

第二の理由は、戦前の「産めよ殖やせよ」への反省もあり、少子化を止める必要があるとの議論を展開することに対し、専門家が躊躇していることである。専門家は個人の価値観の領域に介入しようとしているのではない。専門家が行おうとしているのは社会の持続可能性、サステナビリティーを考えるための問題提起である。

例えば、「子育てに優しくない環境」は育児に従事する若い夫婦に個人的負担をかけるだけでなく、子供の数、ひいては将来の働き手の数の減少を通じて、回り回って、子供を持つ、持たないにかかわらず、将来世代の年金の受給額に影響を与える。つまり個人から見た景色と、そうした個人の集合である社会から見た景色が異なることが、少子化・人口減少問題の本質である。私的費用と社会的費用、私的便益と社会的便益が乖離している問題と言ってもよい。

この点では、少子化・人口減少問題は気候変動への対応の問題と似ている。個々の経済主体の行う活動に伴う二酸化炭素排出の問題を議論したからといって、誰も個人の価値観の領域に入り込んでいるとは言わないと思う。個々の二酸化炭素排出にブレーキをかけないと、地球全体として気候変動の問題を惹起し、社会の持続可能性が脅かされる。

少子化・人口減少問題も同様である。我々自身が社会の持続可能性の観点から、社会の仕組みを再点検することが必要である。少し横道に逸れるが、近年、日本でもESG（環境・社会・ガバナンス）を考慮した取り組みが活発化している。社会として持続可能性への取り組みは非常に重要であるが、現在のところ、人口減少問題への取り組みはESGの具体的な項目の中には入っていない。私は人口減少問題への取り組みは、少なくとも日本では最大の

ESG項目であると思っている。

第三の理由は、「GDPに代表される経済的豊かさを追い求める時代は終わった」という、文明論的な反論である。あるいは、人口減少の深刻な影響を指摘する論者の議論に、生産性至上主義のような「昭和の匂い」を感じ取っているのかもしれない。そうした人たちから見ると、少子化の原因のひとつである非婚化・晩婚化の背後にある貧困の問題に、生産性至上主義者が無理解であるという誤解もあるのかもしれない。

私は経済的豊かさがすべてだとは決して思わないし、貧困の問題が深刻であることも認識しているが、本当に経済力が落ちると、生活インフラの維持も精神的豊かさを追求する余裕もなくなり、精神的豊かさの喪失と経済基盤の崩壊の悪循環が生じる。

第四の理由は、「大事なのは一人当たりGDPであり、この問題はイノベーションや生産性引き上げで解決する」という、エコノミストや経済学者からの反論である。確かに、人口減少の影響を相殺する形でイノベーションや生産性引き上げが行われれば問題は解決するというのは全く正しい。ただし、正しいというのは単に論理的な命題として正しいというだけである。

真に問われているのは、高齢化や人口減少が急激に進む社会の中で、イノベーションや生産性引き上げが本当に進むかどうかである。例えば、人口減少地域が従来と同じように生活インフラの質や量を維持しようとすると、単位当たりのインフラ維持コストは上昇するが、それは言い換えると生産性が低下することを意味する。もちろん、最終的には人口減少に応じたインフラの縮小が図られるが、生身の人間の生活を考えると、当然のことながらその調整には時間がかかる。

もうひとつ例を挙げると、長期的な生産性引き上げという観点からは、基礎的な研究開発や高等教育への公的投資は重要であるが、現実のポリティカル・エコノミーを考えると、人口が減少し高齢化も進む状況では、限られた財政資源の配分はどうしても高齢者に向かい、将来への投資は抑制されがちである。

生産性の上昇とは結局のところ、社会全体として変化に応じて資源を速やかに再配分できる能力とスピードにかかっている。そのように考えると、「人口が減少しても生産性上昇で解決する」とだけ言うのは、厳しい現実から目を逸らした議論のように思える。生産性向上の努力はもちろん重要であるが、それと併行して、少子化・人口減少自体を食い止める取り組みが不可欠である。

第五の理由は、「人口減少は受け入れるしかない」とか、「人口減少を食い止めると言っても有効な手段はなく、もはや手遅れ」といった諦観が広がっていることである。しかし、そうした諦観は少子化・人口減少問題を放置する場合の深刻な帰結を認識し、あらゆる手立てを講じた上でのものだろうか。

私にはそうは思えない。『人口戦略法案』を著した山崎史郎氏の言葉を借りると、このままで行くと日本は「不戦敗」である。まずは、出生率の低下をもたらしている要因を、出会い・結婚・出産・育児・仕事という人生の重要なステージに即して総点検を行って洗い出し、直面している困難の緩和のために社会や行政が支援をすることだ。出生率の引き上げというのは、よりよい社会を作るという努力の結果として実現するものだという感を深くする。

このようにさまざまな理由から、少子化・人口減少問題の深刻さへの認識は現在なお不十分であるが、人口戦略会議が出した報告書も契機となって、認識が改まることを強く期待している。

## 少子化・人口減少問題への取り組み——三つのポイント

最後に、この問題に取り組む際、私が重要と考えていることを三つ述べたい。

①対立の構図を回避せよ

第一は、少子化・人口減少の問題は、高齢者と現役世代とか、結婚をしている人としていない人とか、子供がいる人といない人といった国民の間での対立の図式では、決して議論してはならないということである。自分は誰の助けも借りずに自立して生活していると思っている人も、さまざまな社会的なセーフティネットによって守られている。

例えば、公的年金、医療保険、介護保険をはじめとする社会保障制度は、地域や年齢、健康状態、職歴の如何《いかん》を問わず、また結婚しているか子供がいるかどうかにかかわらず、多くの国民によって支えられている。数年前に、世界的にベストセラーになった本のタイトルを使うと、「我々はお互いに借りがある」（What we owe each other）ことを忘れてはならない（邦題『21世紀の社会契約』ミノーシュ・シャフィク著／森内薫訳、東洋経済新報社、２０２２年）。

②国民的な取り組みこそ重要

第二に、少子化・人口減少対策はもっぱら政府が行う仕事と考えてはならない。今回の報告書の公表後、「政府の取り組みが必要」という、マスコミ各紙の報道や論説を多く目にした。もちろん、政府の取り組みは重要であるが、民間の取り組みも重要というメッセージが十分には伝わっていないことは残念だった。

低い出生率の背景には、子育てに優しくない各種の社会慣行が存在する。例えば、女性はもとより男性にとっても、育児休業を気兼ねなく取れる職場環境になっているだろうか。現在でも日本の育児休業制度は、制度としてはOECD加盟国の中では最も充実しているが、男性の利用率は最も低いグループに属する。この面で民間が自ら取り組むべきことは多い。

③財源確保の問題に向き合え

第三は、財政の持続可能性を確保するための安定的な財源の必要性である。政府が少子化・人口減少対策を講じると、当然、支出は増加するが、それに見合った安定的な財源を確保する努力を怠ると、現状でも著しく高い国債残高の対GDP比は、さらに高まることになる。財政の持続可能性に対する投資家の信認が損なわれると、起こることはインフレか債務不履行（デフォルト）のいずれかである。財政の持続可能性に対する投資家の信認がいつ失われるかについては、事前に予測が付きにくい。

債務残高比率について言うと、金利水準が成長率を下回るという有利なギャップがいつまでも続く保証はない。大規模な自然災害の発生等により、プライマリーバランスが急激に悪化する可能性もある。投資家の信認低下はそうした債務残高比率の上昇によってもたらされる場合もあるだろうし、純粋に予想の変化によってもたらされるかもしれない。投資家の信認低下が起こると、国債金利が上昇する。財政収支の悪化によって国債の格付けが低下すると、民間企業の社債発行金利が上昇する。民間銀行は外貨資金を調達する際、日本国債を担保にしているケースも多いが、格下げにより担保不適格となると、外貨資金調達に困難を来す可能性もある。

そして、何よりも首都直下地震をはじめ財政政策が真に必要な局面で、財政政策を発動できなくなる可能性もある。

少子化・人口減少問題は実に深刻である。それだけに現実から目を背けたくなる。しかし、背けても現実は変わらない。現状を正しく認識し、国家として適切に課題を設定することがすべての出発点である。それによって、人々の知恵とエネルギーを集めて取り組めば、数十年という長いタイムスパンの中で、必ず光が見えてくると信じている。

しらかわまさあき
１９４９年福岡県生まれ。東京大学経済学部卒業、シカゴ大学大学院修了。日本銀行理事、京都大学公共政策大学院教授、日本銀行総裁などを経て現職。著書に『現代の金融政策』『中央銀行』など。

## 正社員とパートの賃金格差解消こそ最重要課題
### ――約4割の未婚女性が子どもを持たないと予想

永瀬伸子　お茶の水女子大学教授

人口戦略会議の一員として提言「人口ビジョン2100」をまとめる中で、私の教え子など20代の大卒女性3名を会議に招き、話をしてもらう機会を設けた。若い女性たちが出産や子育てに感じている不安やリスクなどが赤裸々に語られ、そうした声は今回の提言にも生かされている。

若い女性の少なからぬ割合が、子どもを持つことをリスクと考え、その選択を避けていることは統計からも明らかである。

厚生労働省「人口動態統計特殊報告令和3年度出生に関する統計の概況」によれば、40歳の時点で子どもがいない日本の女性の割合は、1955年生まれでは12・5%、60年生まれでは16・6%、65年生まれでは24・2%、70年生まれでは28・4%、75年生まれでは28・

5%となった。約3割にのぼるこの数字は国際的に見ても高いだけでなく、その上昇も急速である。

しかし、出産と子育ては、個人にとってそれほど痛みを伴うのか、と問われれば、仕事には負担ばかりでなく喜びもあるように、多くの男女にとって生きる拠り所になるものでもある。各種調査からは、子どもを持たない人は子育てへの不安が大きいが、一方で子どもを持った人の多くは、子どもを持つことに幸福を感じると回答することが分かる。人間は、子どもを持つことを大きな喜びと感じるようにつくられているのだろう。とはいえ、子育てを分担しあう環境になく、母親がたった一人で担い、さらに収入も足りなければ、それは大変な苦労であり、虐待も起こりうるだろう。若い女性が、「子どもをいったん持ったら後戻りできない」と思うのも理解できる。

少子化の有効な対策を考えるうえで、まずは若い女性たちが出産や子育てにどういったリスクを感じているのかを正しく見定めることが重要である。本稿では、若い男女の意識の変化やその背景を分析し、どのように支援すればいいのかについて、女性のキャリアと出産、子育てを研究してきた立場から論じたい。

## 非婚就業を予想する未婚女性の増加

はじめに、日本の未婚女性が自身のライフコースをどう考えているのか、代表的な政府統計である国立社会保障・人口問題研究所「出生動向基本調査」の最新の第16回、２０２１年調査の結果で確認しよう。

図５－３下のグラフは、18～34歳の未婚女性が自身がたどると想定した「予想ライフコース」を表している。その中で、21年にもっとも多くを占めた回答が、自分は結婚せずに仕事を続けるだろうという「非婚就業コース」だった。その割合はなんと33・３％にのぼり、３人に１人という結果になった。この数字は、新型コロナウイルスの感染拡大前に行われた15年の調査の21・０％、約５人に１人という結果から大幅に上昇した。

さらに、この数字に子どもを持たない夫婦共働きを選ぶ「ＤＩＮＫｓコース」の４・９％を合わせると、４割近くの女性が子どもを持たない未来を予想していると考えられる。また、家事育児と仕事の「両立コース」の回答28・２％を加えると、７割弱が仕事を持ち続ける未来を予想するようになっていることが分かる。

一方、結婚・出産を機にいったん無職になり、子育て後に再就職をするという「再就職コース」は減少し、15年の31・９％から22・７％となった。また、減少傾向が続いてきた「専業主婦コース」は3・6%にまで低下し、わずかとなっている。この二つのコースは夫に扶養されることを予想するものであるが、その割合は今では3割に満たなくなった。

では、このように子どもを持たないことが「理想ライフコース」なのかといえば、そうでもない。図5-3上のグラフによると、21年の調査で「非婚就業」と「DINKs」を理想と回答した、子どもを持たないだろう女性は合わせて約2割で、15年の約1割から上昇して

**図5-3　調査別に見た、女性の理想・予想ライフコース**

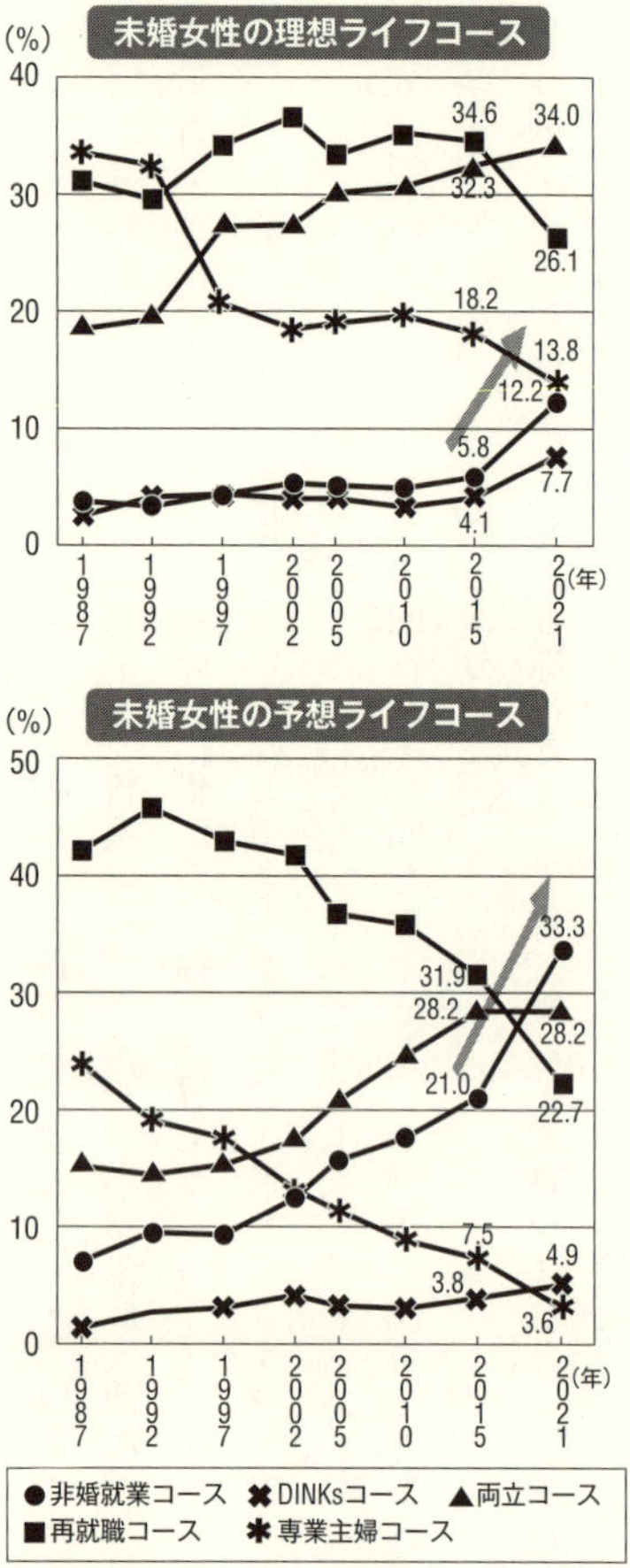


出典：国立社会保障・人口問題研究所「第16回出生動向基本調査」(2021年調査)

はいるものの、残りの約8割の女性は何らかの形で子どもを持つことを望んでいることが分かる。

また、「再就職」が26・1％、「専業主婦」も13・8％にまで下がったため、仕事を持ち続けるライフコースを「理想」と回答した18〜34歳の未婚女性は5割強にのぼっている。

一方で、男性がパートナーに期待するライフコースはどうなっているのか。図5-4のグラフによれば、18〜34歳の未婚男性がパートナーに望むライフコースは「両立」が39・4％、「再就職」が29・0％と、結婚・出産を経ても働き続けることを望む人が7割近くを占めている。対して「専業主婦」は6・8％にまで落ちた。

未婚男女の将来のライフコースについての認識は急速に変わりつつあるのだ。

**図5-4　調査別に見た、未婚男性がパートナーに望むライフコース**

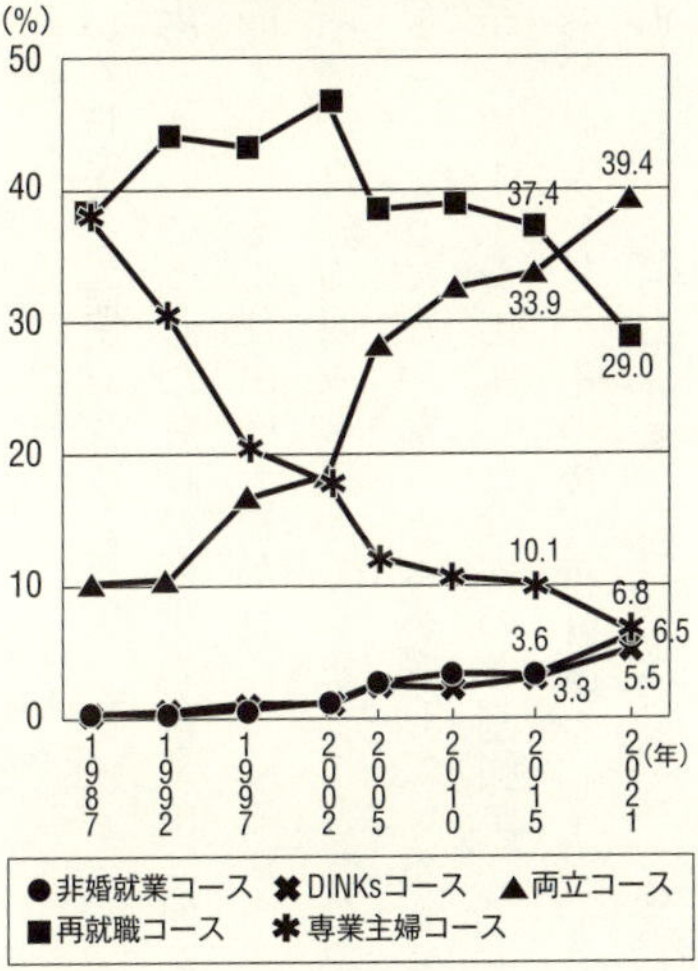


出典：国立社会保障・人口問題研究所「第16回出生動向基本調査」（2021年調査）

## 若い女性たちが語るリスクと不安

未婚女性のこうした意識の変化の背景には何があるのか。女子大学生や若年の就業女性に話を聞くと、その理由の一端が見えてくる。

一つは、自分の収入を失ってしまうことへの懸念だ。これは未婚女性の多くが離婚の可能性を考えるようになったことも影響していると考えられる。前掲の調査によれば、2015～19年に第1子を出産した女性の4割強が、子どもが1歳の時には無職になっている（妊娠前から無職も含む）。その後、再就職をしようとしても、子どもを持つ女性が就ける仕事は「パート」など非正規就業で低賃金であることが多く、「正社員」の仕事に就きにくい。さらに、離婚した場合、日本では父親による養育費支払いの大半が履行されていない。そのため、日本では母子世帯の半数が貧困状態にある。結婚や出産を機に収入源をなくすことを女性がリスクと感じるのも無理はない。

そして、収入があったとしても低所得層にとっては、子どもが「贅沢品」となっていることも挙げられる。実際に、未婚期に非正規雇用に就く男女ほど、子どもを持てていない。これには教育費負担なども影響を与えているだろう。

さらに、結婚生活や子育てに関するネガティブな表現がメディアにあふれていることも大きな理由となっているようである。「結婚ってめんどうくさそう」「育児って大変そう」とのイメージが先行して、わざわざ大変そうなことに手を出したいとは思わないという。これには近年の「おひとりさま」を許容する風潮の影響もあると彼女たちは話していた。

今回の人口戦略会議でのインタビューに出席してくれた20代の未婚女性の一人は、出産や育児をする人が圧倒的に優遇されるような税制・給付金制度・民間サービスと、その徹底的な周知がなければ、簡単に子どもは持てないだろうと述べた。

また、別の一人は、「子どもを産み育てることの不安」として、自分の両親について話し、父親が遅くまで働き、母親が子ども二人を一人で育てる状況、すなわち「父親１００％仕事、母親１００％家事育児」という分業を見て育ったため、自分が仕事も家事育児も両方できるとは思えないという。夫婦で協業できることを示すためにも、産休・育休・時短勤務を経ても昇進できるキャリアの事例を提示することが必要だと語る。

未婚女性の意識の変化にはここで取り上げたこと以外にもさまざまなものがあり、丁寧にその声を聞くことが欠かせない。

## 日本の女性だけ賃金が低いまま

ここまで見たような「仕事を持ち続ける」と考える未婚女性が増加する傾向は、実は日本だけでなく多くの先進国に共通している。

グローバル化の進展やＩＣＴ（情報通信技術）の発達によって、海外の優秀な人材が、国内の人材を代替するようになった。その結果、日本だけでなく欧米においても、男性の中位収入は下落を続けている。一方で、肉体労働が減り、頭脳労働が増えたことで、女性の賃金は上昇する傾向にある。働き続ける未来を女性が予想するようになったのは、こうした経済の変化によるところも大きい。

しかし日本だけ、有配偶女性の賃金はきわめて低いままだ。驚くことに、大卒女性であっても、年収１００万円未満、１５０万円未満が多い。日本の大卒女性の中位賃金が、中年期に年収１７０万円であることを明らかにしたロンドン大学のロレイン・ディアデン教授と筆者による推計は大きな反響を得た。米国では調査当時の２０１８年の為替相場で考えても、大卒女性の中位年収は５００万円、英国は３００万円であった。日本では大卒女性の賃金上昇が限定されてきたのだ。

これにはいくつかの理由がある。まず、日本は長期雇用慣行が根強く、高学歴女性も中途で労働市場に参入する際にはきわめて低賃金の「パート」として働かざるをえない。

また、日本の企業はいったん離職した者の時間あたりの生産性を評価する仕組みが弱く、残業、転勤などの企業都合の指示を受け入れ、全人的に企業にコミットしないと賃金評価の下落が大きい。

その一方で、低収入の有配偶女性には、税金面での優遇や社会保険料の負担免除がなされる制度がつくられてきた。このような雇用慣行や社会保険制度は、夫婦間の分業を奨励する社会的制度である。

現代社会に期待される新しい社会的保護の仕組みは、夫婦の分業ではなく協業、子どもを持っても妻の収入が大きく落ちないような、子育て期の収入下落を社会が補うものであるだろう。

### 正規と非正規の格差解消が改革の一丁目一番地

では、若年層の子育て不安を解消し、子どもを持ちやすくするには具体的にどうすればいいのか。

一番は、世界の中でも特に大きい正社員と非正社員の賃金格差を解消することだ。

戦後日本で形成されてきた、長時間・長期間にわたって企業にコミットした働き方を求められる正規雇用の「正社員」と、社会保険に入らず夫の扶養に入ることを前提とした非正規雇用の「パート」という二つの雇用慣行は、今も基本的には変わっていない。

パートは有配偶女性ばかりでなく、若年男女や中高年シングルにも拡大した。現在も、サラリーマンの被扶養配偶者（第3号被保険者）は社会保険料を免除される（第2号被保険者全体で負担）という社会的保護は持続している。その結果、有配偶女性の年収は150万円未満が多くを占め（図5－5上）、中でも100〜130万円程度に調整されている。労働供給時間が短く、就業調整が行われるために、すでに低いパートの賃金の上昇率をさらに抑制する枷となっている。この課題があるにもかかわらず、政府は抜本的な制度改革の提案を出さない。それはこれまで企業にとって、パートが安価な労働力として歓迎されてきたからでもあるだろう。正社員として働く父親の帰宅時間が遅く、家事や子育ては妻任せであること（総務省統計局「令和3年社会生活基本調査」）は、離婚リスクがある社会では女性が子どもを持つことの機会費用を引き上げ、子どもを持ちにくくする。

母親の多くが就くパートという働き方を、教育や能力や経験が十分に評価されるものに改革することは、変化のきっかけとして一番重要なのではないかと考える。いったん離職した

自分の母親が中年期以降からでも一人前の賃金で働く姿を見れば、子ども世代も、子育てと仕事の両立に自信を持てるようになるのではないか。また、非正規雇用の働き方を人的資本

図5-5　結婚経験の有無で見た性別ごとの年収分布

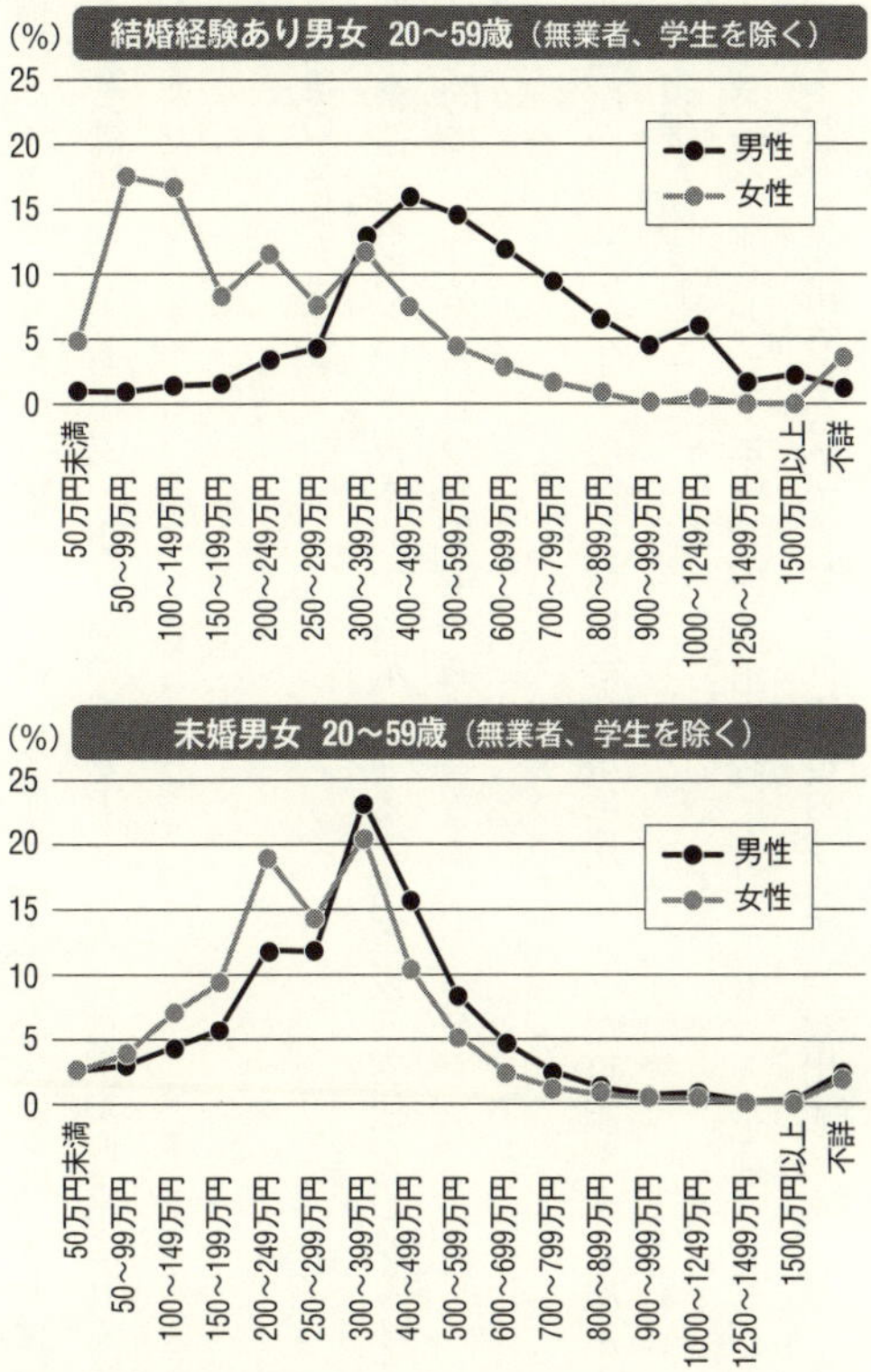


出典：総務省「就業構造基本調査」を基に筆者作成

の構築ができるように改革することは、生産年齢人口が大きく減少していく日本経済にとっても重要課題だ。もちろん、正社員の働き方を個人の選択が尊重されるように変えていくことも重要だろう。

## 出産後の支援を手厚く

雇用格差の解消という抜本的な改革に加え、出産後の支援を手厚くすることも必要になる。具体的に、私は次の三つの施策があると考えている。

①出産から2、3年までは休業後に仕事に戻ることを可能とする雇用ルールをつくる（早い復帰が望ましい）

②休業中少なくとも1年は、どの出産者に対しても（人事部と合意がうまくとれず、離職となった有期雇用者を含めて）賃金低下に対する手当を出す

③社会的なルールとして、職場復帰後も子ども1人あたりで一定の育児時間を両親に賦与する

これらは実際に欧州では行われている政策だ。

日本にも育児休業制度があり、正社員については、2005〜09年の第1子出産女性の24％しか利用できていなかったが、15〜18年の第1子出産女性では43％が利用できるようになった（「第16回出生動向基本調査」）。とはいえ、不安定雇用者は依然取りにくい。また、男性の育児分担を奨励する政策は整いつつあるが、そもそも企業の働き方が育児を行うことを前提として考え直されていない。そのため、子どもを持つことを希望する20〜30代男性の育児休業利用希望率は高いが、なかなか実現されない。

また、妊娠後に離職した者に対して手当は出されていない。妊娠後に離職し子育てをする結果として収入が落ちた者に対しても、社会から手当を出すべきだと私は考える。

## 不妊治療の成功にもプラス

雇用環境の改善は、不妊治療の成功率を上げることにも実はつながる。

日本の不妊治療実施数は世界の中でも多いが、成功率は低い傾向にある。その理由の一つは、生殖補助医療のピーク年齢が日本女性は40歳前後（37〜42歳）と高いことにある。生殖補助医療が出産につながる率（生産分娩率）は、30歳では33％だが、35歳では28％となり、

37歳では23％、治療を受ける人がもっとも多い40歳では14％、42歳では7％に下がる（「中央社会保険医療協議会総会資料総-1」2023年11月17日）。

菅義偉政権下で不妊治療に保険適用がされることになったのは朗報だが、5歳早く治療が始められる雇用環境や医療環境をつくること、そして不妊治療の医療実績に関する医療機関による患者への情報提供の拡充が、女性のメンタルヘルスのためにも重要と考えられる。もちろん不妊の原因の半分は男性にあることも正しく知る必要がある。

いずれにせよ、子育てと競合する自分のための活動（たとえば仕事、趣味など）を、子育てと両立できるような社会にしていくことで、治療を始める時期を早められるのではないか。それには制度も重要だが、企業風土や社会風土の改革、男性の分担を増やすことが必須だ。

## 分配の偏りを解消する

これらの政策を実現していくうえでは、社会全体で子育て世代を支えるという理念のもと、財源の配分も見直さなければならない。よく知られていることだが、日本の社会保障支出は高齢者に偏っている。2021年度の社会保障支出はGDPの26・0％であるが、このうち「高齢」への支出が8・9％、「遺族」が1・2％、「保健」が11・0％だ（国立社会保障・人口問題研究所「令和3年度社会保障費用統計」)。ただし保健支出の約4割は75歳以上の高齢者向けと考えられる。

一方、「家族」への支出は2・5%、「失業」と「住宅」は合わせて0・4%であり、現役世代への給付率は低い。予算は限られているので、その配分のあり方を議論する必要がある。子どもが貧困に苦しまないように、低収入世帯に対しては、子ども手当を傾斜的に、より手厚く出すべきである。

また、大学進学のための日本学生支援機構の奨学金（第一種で平均約250万円、第二種で平均約350万円）の返済負担が若年者には重く、これを所得連動型返済とするような方策を取ることも配分を見直すことにつながるだろう。

## 「自分ごと」として

子育て意欲の減少は、働き方、賃金構造、社会規範、社会保障のあり方など、日本社会全体の問題である。子育ては、個人にとっては未来につながる窓であり、社会にとっては持続的な発展の基盤である。超低出生率の持続は、日本社会の未来を狭め、また若者自身の未来の選択の幅を狭めることになる。なぜ若者が子どもを持つことに臆病になっているのか、若者の声によく耳を傾けることが必要だ。そのうえで、早期に政策を実施することが求められている。

筆者はこれまで30年間、女性の就業と出産、そして雇用システムと社会保障の在り方の研究をしてきた。日本的雇用慣行は、女性の仕事と家庭の両立をきわめて難しくするものである。１９９０年代までは、専業主婦という将来を見通す者が多く、そうした家族形成に向かう女性が多かった。しかし２０００年以降、より多くの女性が両立を目指したものの、それができず、またシングルであっても女性の少なからぬ割合の者が低賃金の非正規雇用になってきた。２０１０年以降、ようやく両立の芽が出てきたが、２０２４年現在、女子学生の多くは、両方は大変だからどちらかしかできないという。人生１００年時代に向けて、男女の働き方と、社会保障の在り方を、分業から、男女協業へ、子育てをしつつキャリアが失われないための社会保障に、変えていく必要がある。

最近、筆者の研究をまとめた永瀬（２０２４）を出した。女性の困難と制約、そして今後の方向性について書いたものだ。お読みいただけると大変嬉しい。

ながせのぶこ
1959年埼玉県生まれ。東京大学大学院経済学研究科修了。博士（経済学）。専門は労働経済学・社会保障論。共編著に『少子化とエコノミー』『少子化と女性のライフコース』、共著に『労働経済学をつかむ』などがある。

［参考文献］
永瀬伸子（2024）『日本女性のキャリア形成と家族——雇用慣行・賃金格差・出産子育て』勁草書房

# 東京出生率0・99の衝撃
# 基本から知る低出生の現実

小池司朗　国立社会保障・人口問題研究所人口構造研究部長

2024年6月5日に公表された、2023年の「人口動態統計月報年計（概数）」において、日本の合計特殊出生率（以下、TFR）が1・20となり、人口動態統計を取り始めて以来、最低となったことが明らかとなった。22年の1・26から0・06ポイントの大幅な低下である。23年は、いわゆるコロナ禍がTFRを押し下げる方向に作用したことはほぼ確実であるものの、TFRの低下傾向自体は05〜15年の短い期間を除いて1970年代から概ね一貫して継続しており、コロナ禍がなかったとしてもTFRが低下していた可能性はきわめて高いと言えよう。

同時に、23年の都道府県別TFRも公表され、全都道府県で22年のTFRを下回った。なかでも東京都のTFRが0・99となり、初めて1を割り込んだことは大きく報道された。言

**表5-1　年齢別出生率、合計特殊出生率、コーホート合計出生率の算出方法**

| | 1985年 | 1990年 | 1995年 | 2000年 | 2005年 | 2010年 | 2015年 | 2020年 |
|---|---|---|---|---|---|---|---|---|
| 15〜19歳 | 85$^{f}$15-19 | 90$^{f}$15-19 | 95$^{f}$15-19 | 00$^{f}$15-19 | 05$^{f}$15-19 | 10$^{f}$15-19 | 15$^{f}$15-19 | 20$^{f}$15-19 |
| 20〜24歳 | 85$^{f}$20-24 | 90$^{f}$20-24 | 95$^{f}$20-24 | 00$^{f}$20-24 | 05$^{f}$20-24 | 10$^{f}$20-24 | 15$^{f}$20-24 | 20$^{f}$20-24 |
| 25〜29歳 | 85$^{f}$25-29 | 90$^{f}$25-29 | 95$^{f}$25-29 | 00$^{f}$25-29 | 05$^{f}$25-29 | 10$^{f}$25-29 | 15$^{f}$25-29 | 20$^{f}$25-29 |
| 30〜34歳 | 85$^{f}$30-34 | 90$^{f}$30-34 | 95$^{f}$30-34 | 00$^{f}$30-34 | 05$^{f}$30-34 | 10$^{f}$30-34 | 15$^{f}$30-34 | 20$^{f}$30-34 |
| 35〜39歳 | 85$^{f}$35-39 | 90$^{f}$35-39 | 95$^{f}$35-39 | 00$^{f}$35-39 | 05$^{f}$35-39 | 10$^{f}$35-39 | 15$^{f}$35-39 | 20$^{f}$35-39 |
| 40〜44歳 | 85$^{f}$40-44 | 90$^{f}$40-44 | 95$^{f}$40-44 | 00$^{f}$40-44 | 05$^{f}$40-44 | 10$^{f}$40-44 | 15$^{f}$40-44 | 20$^{f}$40-44 |
| 45〜49歳 | 85$^{f}$45-49 | 90$^{f}$45-49 | 95$^{f}$45-49 | 00$^{f}$45-49 | 05$^{f}$45-49 | 10$^{f}$45-49 | 15$^{f}$45-49 | 20$^{f}$45-49 |

$t^{f}_{x}$　年齢別出生率（t年x歳出生率）
（濃い網掛け）の合計：合計特殊出生率（TFR：2020年）
（薄い網掛け）の合計：コーホート合計出生率（CTFR：1985年15〜19歳コーホート）

うまでもなく、東京都は都道府県のなかで最も人口規模が大きいことから、全国の出生率に与える影響も多大である。一部には、東京都の出生力は過小に評価されているという論調も見受けられるが、実際のところはどうなのであろうか。本稿では東京都の出生力について、いくつかの指標からその時系列的な変化や全国値との比較を中心に観察してみることとしたい。

### 基本となる二つの指標

本論に入る前に、指標の意味や算出方法等について簡単に説明する。

ＴＦＲは、ある期間（通常１年間）に観察された15〜49歳（再生産年齢）の年齢別出生率をすべて足し上げた値であり、１人の女性が一生のうちに産む子どもの平均的な数を表している。たとえば、表5－1の濃い網掛け部分の総和が2020年におけるTFRである。年齢別出生率の分子は出生数（日本人）、分母は日本人女性人口であり、これまで全国では年齢各歳別、都道府県別等では5歳階級別にそれぞれ算出されてきた。

TFRは、年齢別人口の差異の影響を受けないため時代間・地域間の比較が容易であり、当該期間の出生力の水準を的確に表す指標として広く活用されているが、異なるコーホート（世代）の出生率が重なった値になっているという留意点もある。たとえば20年のTFRの場合、45～49歳の出生率は1971～75年生まれの出生率、15～19歳の出生率は2001～05年生まれの出生率であるように、異なる世代の出生率を同じ期間で足し上げた値となっており、TFRは各世代の出生タイミングの変化の影響を受けることになる。その顕著な例が1966年の「ひのえうま」であり、当該年ではほぼ全年齢にわたって産み控えが生じたことから、TFRは1・58と当時としては記録的な低い値となった。

一方、TFRのようにある特定の期間ではなく、特定のコーホートにおける再生産年齢中の年齢別出生率を足し上げたコーホート合計出生率（以下、CTFR）という指標も存在し、これによれば、各世代が再生産年齢を通して平均的に何人の子どもを産んだかを把握することが可能となる。たとえば、表5-1の薄い網掛け部分を足し上げていけば、1985年時点で15~19歳のコーホートのCTFRが算出できる。

本稿では、TFRとその算出元となっている年齢別出生率、およびCTFRについて東京都と全国との比較を中心にみていく。

## 東京が全国を下回る傾向は変わらず

1970年以降の全国と東京都のTFRの推移を図5-6に示す。TFRの変化は概ね連動しているが、一貫して東京都の値が全国値を下回っている。両者の差に着目すると、80~90年代と比べて近年はやや縮小しているようにもみえるが、その要因としては主に2点が考えられる。

一つは、TFRでみた場合は出生タイミングの変化の地域差の影響を受けるという点である。80年代以降は全国的に晩産化が進行したが、東京都でその程度がより大きかったため、TFRでみれば90年代後半頃まで東京都と全国の差は拡大した。一方、近年においては「団塊ジュニア世代」を中心として30歳代後半以降に東京都では多少の産み戻し（いわゆるキャッチアップ効果）が起こり、差が縮小したと解釈される。

図5-6　全国と東京都のTFRの推移（1970〜2023年）

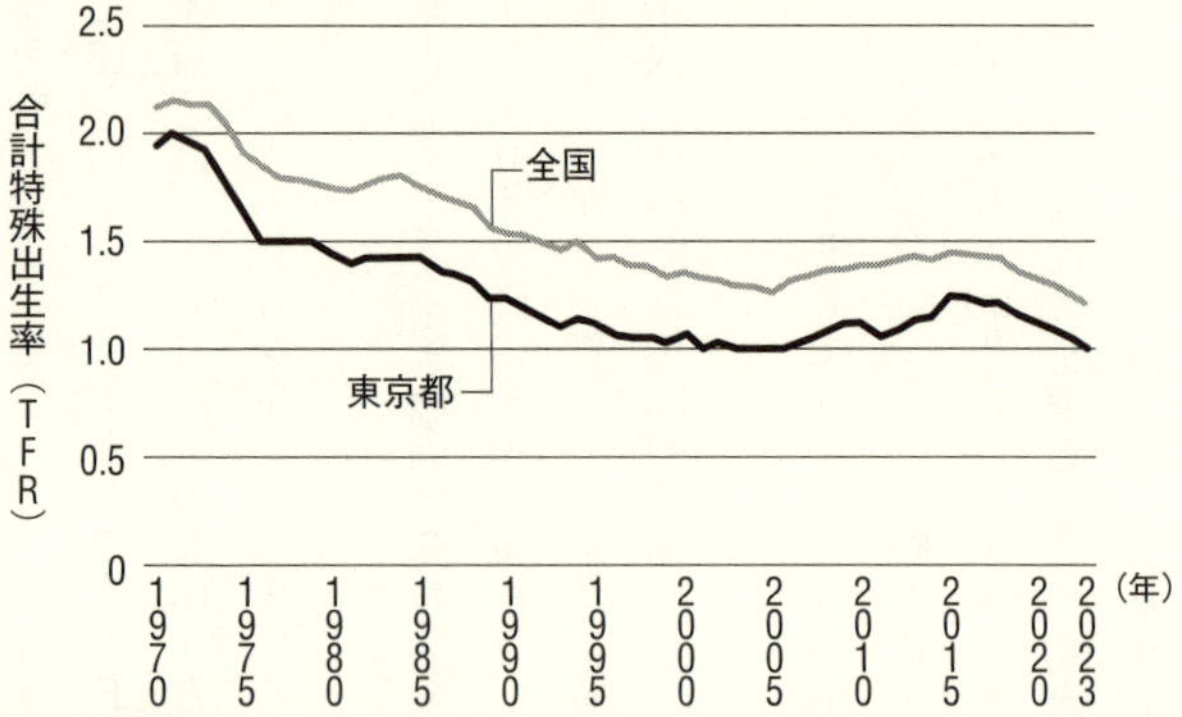


資料：厚生労働省「人口動態統計」

もう一つはさらに単純なことであるが、東京都をはじめとする大都市圏の人口シェアの拡大である。出生率の低い地域となっている東京圏（埼玉、千葉、東京、神奈川）と大阪圏（京都、大阪、兵庫、奈良）の8都府県における15〜49歳日本人女性人口の全国に占めるシェアは、80年の40・7％から2020年には46・3％に上昇しており、以前に比べ全国のTFRが大都市圏のTFRの影響を受けやすくなってきていると言える。結局のところ、全国と東京都の出生率の相対的な関係は大きく変化していないと解釈するのが妥当であろう。

## 34歳以下の出生率が顕著に低い

続いて、2020年の全国と東京都の年齢各歳別出生率を図5-7に示す。20年のTFRは、全

図5-7　全国と東京都の年齢各歳別出生率（2020年）

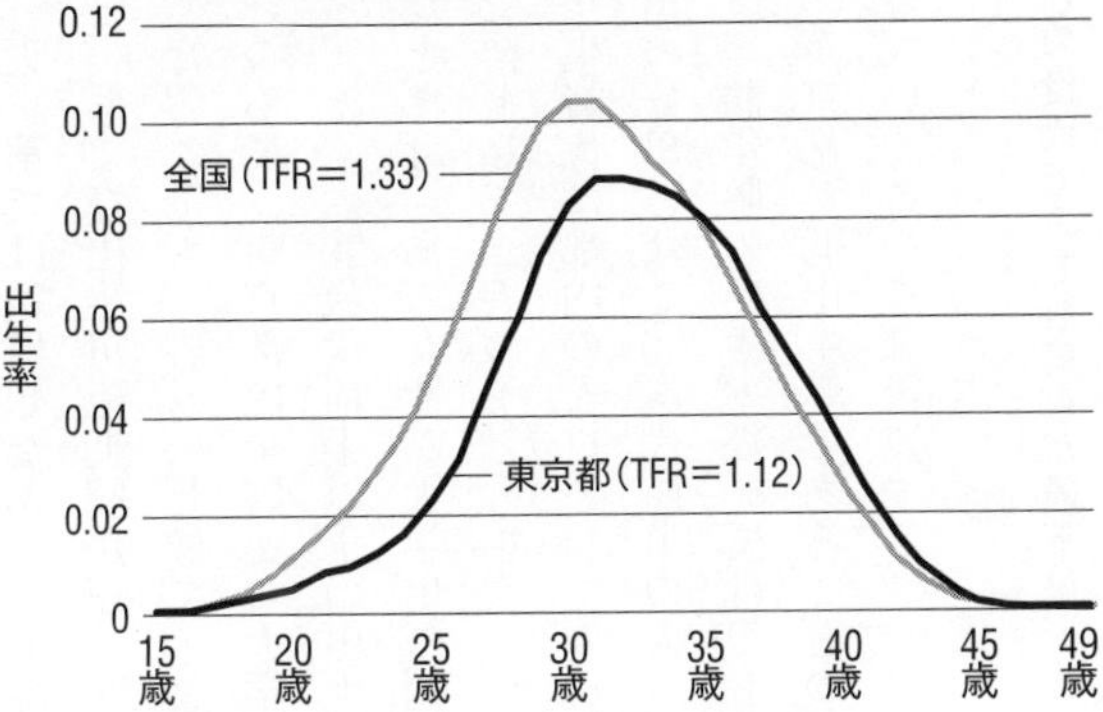


資料：厚生労働省「人口動態統計」、総務省「国勢調査」

国で1・33、東京都で1・12となっている。年齢別にみると、34歳以下では全国の方が一貫して高く、35歳以上では逆に東京都の方が一貫して高くなっている。

日本においては、結婚している夫婦からの出生が全出生の97％以上を占めていることから、結婚の有無がTFRを大きく規定することに加え、母親の出生時年齢分布に強く影響する。結婚の有無について女性の50歳時未婚率でみると、20年で東京都は23・8％（全国は17・8％）となっており、全都道府県で最も高い。東京都では15～49歳の間を未婚で過ごす人の割合が高いことから、東京都でTFRが低いのは必然的である。また女性の平均初婚年齢は、22年で東京都は30・7歳（全国は29・7歳）であり、こちらも全都道府県で最も高い。東京都では結婚したとしても晩婚となる人が多く、母親の出生時年齢分布が高齢化すること、および出生可能期間が短くなるために結婚している夫婦からの平均的な子ども数が少なくなることも、容易に想像できよう。

ところで、東京都は全国から大学生等が集中する地域であり、大学生は未婚率が高いことから、とくに20歳代前半以下の出生率にその影響が含まれることには留意する必要がある。たとえば、ある女性が大学生の期間に都内に居住した後、就職に際して引っ越し、別の地域で結婚して二人の子どもを産んだとすれば、二人の出生数は都外でカウントされる一方で、大学生時代は都内の人口としてカウントされる。このような場合、東京都では年齢別出生率算出の分母となる20歳代前半の人口が膨れ上がり、なおかつ出生は発生しないため、東京都では当該年齢の出生率ひいてはTFRも「不当に」低く算出される可能性がある。TFRでみて東京都が低出生率であることの一因として、人口移動の影響はある程度考慮しなければならない。この点は後述する。

## どの世代でみても東京が最下位

次に東京都の低出生率について、各世代が平均的に何人の子どもを産んだかという観点から検証するために、世代ごとに15～49歳の出生率を合計したＣＴＦＲを都道府県別に算出する。ＣＴＦＲはＴＦＲと異なり出生タイミングによる影響を受けず、各世代が15～49歳の間で平均的に何人の子どもを産んだかを把握することが可能である。ここでは総務省「国勢調査」が実施された年の日本人女性人口を分母、その年を中心とする5年間の出生数を分子として年齢別出生率を算出する。

たとえば、２０２０年の45～49歳日本人女性人口を分母、18～22年の5年間における45～49歳女性からの出生数を分子とした値を20年45～49歳の出生率とする。本稿執筆時点で入手可能な最新の年齢別出生数データは22年であるため、「団塊ジュニア世代」を含む１９９０年15～19歳コーホート（２０２０年45～49歳コーホート）が、ＣＴＦＲが算出可能な最も若い世代となる。

１９７０年、80年、90年時点でそれぞれ15～19歳であったコーホートのＣＴＦＲについて、全国値（70年15～19歳コーホートは沖縄県を除き、80年と90年の15～19歳コーホートは沖縄県を含めて算出）と、都道府県別にみた場合の下位2都道府県の値を表5‐2に記した。全国値では70年15～19歳コーホートから90年15～19歳コーホートにかけて、2・03から1・43へと顕著な低下がみられる。都道府県別にみると、いずれのコーホートでも群を抜いて低い値とな

**表5-2　全国と下位2都道府県のCTFR**

| コーホート | 1970年<br>15～19歳 | 1980年<br>15～19歳 | 1990年<br>15～19歳 |
|---|---|---|---|
| 全国 | 2.03 | 1.69 | 1.43 |
| 下位の2都道府県 | **1.72**<br>（東京） | **1.31**<br>（東京） | **1.15**<br>（東京） |
| | 1.93<br>（北海道） | 1.55<br>（北海道） | 1.28<br>（北海道） |

資料：厚生労働省「人口動態統計」、総務省「国勢調査」を基に筆者算出

**表5-3　全国と東京都の年齢別出生率**
**（1990年15～19歳コーホート）**

| | 全国 | 東京都 | 差 |
|---|---|---|---|
| 15～19歳 | 0.0183 | 0.0132（42） | −0.0051 |
| 20～24歳 | 0.2023 | 0.1090（47） | −0.0933 |
| 25～29歳 | 0.4893 | 0.3280（47） | −0.1613 |
| 30～34歳 | 0.4357 | 0.3803（46） | −0.0554 |
| 35～39歳 | 0.2261 | 0.2484　（2） | 0.0223 |
| 40～44歳 | 0.0534 | 0.0730　（2） | 0.0196 |
| 45～49歳 | 0.0017 | 0.0029　（2） | 0.0012 |
| CTFR | 1.4268 | 1.1548 | −0.2719 |

東京都の欄の括弧内は都道府県別にみた順位
資料：厚生労働省「人口動態統計」、総務省「国勢調査」を基に筆者算出

っているのが東京都である（ちなみに、2番目に低いのはいずれも北海道である）。

90年15～19歳コーホートがたどった年齢別出生率の東京都の数値と、その都道府県別順位

をみると（表5－3）、20～24歳と25～29歳では最下位、30～34歳でも46位であるが、35～39歳以上ではいずれも沖縄県に次ぐ2位となっている。上述のように、東京都では、20～24歳の低出生率には大学生が集中することでの影響があったとしても、最も高い出生率が期待できる25～29歳、30～34歳においても同様に低出生率となっているのは、明らかに大幅な晩婚化による影響と言える。35～39歳以上では晩産化に伴う多少のキャッチアップ効果がみられるものの、そもそも女性の妊孕《にんよう》力（子どもを妊娠し、健康的に出産ができる能力）が低下するなかでは、その程度は限定的とならざるを得ない。

### 大学生が集中することによる出生率の押し下げ効果はほぼ消失

先ほど、地域別に算出したTFRが人口移動の影響を受ける可能性について触れた。コーホート別に10～14歳人口を基準として、ほぼ大学生の年齢に相当する20～24歳にかけて大幅に増加した後、20歳代後半以降に10～14歳人口の水準に戻るような動きがあれば、TFRに人口移動の影響が一定程度あると考えてよいだろう。図5－8は、表5－2と同じ1970年、80年、90年にそれぞれ15～19歳であった日本人女性が10～14歳から45～49歳に至るまでの東京都の全国（沖縄県を除く）に占める人口シェアの推移を示している。とりわけ70年15

**図5−8　東京都の全国（沖縄県を除く）に占める人口シェア（日本人女性）の推移**

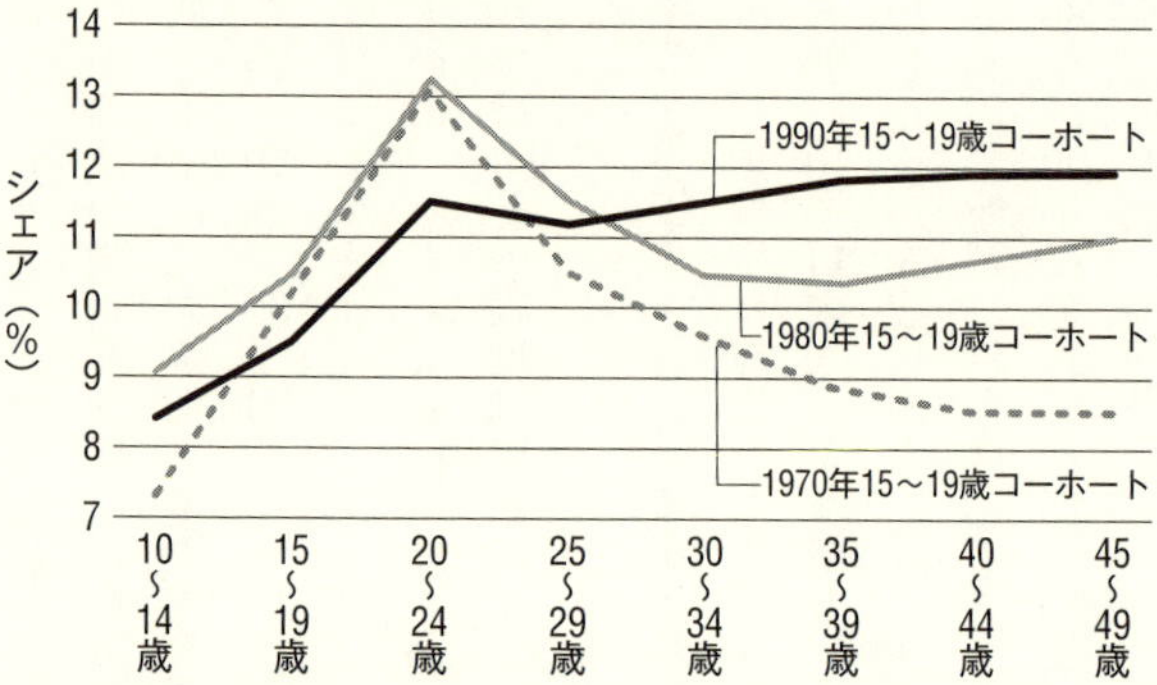


資料：総務省「国勢調査」を基に筆者算出

〜19歳コーホートについては、20〜24歳時点をピークとしてシェアが低下するパターンが明瞭であり、学生時代のみ東京都で過ごしてその後は別の地域に居住する人の割合が高かったことを示唆している。当該コーホートでは、トータルでみて東京都に居住していた人の出生率が低かったことは間違いないが、上述のような人口移動がある程度、東京都のTFRやCTFRを押し下げる方向に作用した可能性は否定できない。一方で、「団塊ジュニア世代」を含む90年15〜19歳コーホートにおいては、20〜24歳以降も概ね人口シェアの緩やかな上昇が続いている。つまり、20歳代後半以降も転出数を上回る転入数が発生しているとともに、大卒後も都内に住み続けた人や新たに都内に転入してきた人を含めた出生率も低迷していることを意味する。後続のコーホートでも概ね同様の人口移動傾向が継続していることから、大学生等の集中によるTFRやCTFRの低下の影響は、近年の東京都ではほぼ消失していると言えよう。

### 結婚した夫婦の出生力も低い

以上、TFR、年齢別出生率、CTFRについて東京都と全国との比較を中心にみてきた。地域別にみれば、TFRは人口移動の影響を受けやすいことに加え、地域人口の男女比の影響も受けやすい（女性人口の方が多ければ未婚女性が多くなりがちとなり、TFRは低くなりやすい）、人口規模の小さい地域では値が不安定になりやすいなどの留意点はあるものの、少なくとも大まかな地域別出生力の把握や出生力の地域間比較を行うには適した指標と言える。ある年の年齢別人口と年齢別出生数だけですぐに算出可能であり、速報性が高いというメリットもある。東京都の出生率はTFRでみてもCTFRでみても全国値より大幅に低く、出生力が低い地域であることは明白と言える。

東京都で晩婚化・未婚化の傾向が強いことは、「国勢調査」から得られる配偶関係別人口等からも容易に把握可能であるが、結婚した夫婦からの出生力（結婚出生力）の水準については、もう少し詳しい検証が必要となる。結婚出生力を測定する指標として真っ先に考えられるのは、ある年の出生数を分子、同年の有配偶（結婚している、または婚姻状態にある）女性人口を分母とした有配偶出生率である。これは一見すると適切にも思えるが、結婚持続期間の違いが考慮されないなどの問題を含んでおり、この指標から結婚出生力を的確に測定することは不可能である。問題点については廣嶋（2001）に詳述されているが、きわめて単純化すれば下記のとおりである。

いま、地域Aと地域Bという2つの地域があり、それぞれ毎年15人の女性が出生して40歳まで域外との人口移動がなく死亡も発生しないという状況を想定する。地域Aでは毎年10人が20歳で結婚して22歳と24歳で子どもを産み40歳まで有配偶で過ごし、地域Bでは毎年10人が30歳で結婚して32歳と34歳で子どもを産み40歳まで有配偶で過ごすと仮定すると、各年齢での人口（有配偶）、人口（有配偶以外）、出生数は表5－4のとおりとなる。当然ながら、両地域における有配偶女性から出生する子ども数は2人で同一である。一方、20～39歳の有配偶女性人口を分母として算出される有配偶出生率は、地域Aでは0・1（＝20／200）、地域Bでは0・2（＝20／100）となり、2倍の差が生じる。これは極端な例であるが、有配偶出生率は、結婚年齢が早い場合には出生行動を終えてから長い期間が経過した人々も

**表5-4　仮想の地域Aと地域Bにおける人口・出生数と有配偶出生率**

地域A

| 年齢 | 人口 | | 出生数 |
|---|---|---|---|
| | 有配偶 | 有配偶以外 | |
| 20 | 10 | 5 | 0 |
| 21 | 10 | 5 | 0 |
| 22 | 10 | 5 | 10 |
| 23 | 10 | 5 | 0 |
| 24 | 10 | 5 | 10 |
| 25 | 10 | 5 | 0 |
| 26 | 10 | 5 | 0 |
| 27 | 10 | 5 | 0 |
| 28 | 10 | 5 | 0 |
| 29 | 10 | 5 | 0 |
| 30 | 10 | 5 | 0 |
| 31 | 10 | 5 | 0 |
| 32 | 10 | 5 | 0 |
| 33 | 10 | 5 | 0 |
| 34 | 10 | 5 | 0 |
| 35 | 10 | 5 | 0 |
| 36 | 10 | 5 | 0 |
| 37 | 10 | 5 | 0 |
| 38 | 10 | 5 | 0 |
| 39 | 10 | 5 | 0 |
| 合計 | 200 | 100 | 20 |
| 有配偶出生率 | | | 0.1 |

地域B

| 年齢 | 人口 | | 出生数 |
|---|---|---|---|
| | 有配偶 | 有配偶以外 | |
| 20 | 0 | 15 | 0 |
| 21 | 0 | 15 | 0 |
| 22 | 0 | 15 | 0 |
| 23 | 0 | 15 | 0 |
| 24 | 0 | 15 | 0 |
| 25 | 0 | 15 | 0 |
| 26 | 0 | 15 | 0 |
| 27 | 0 | 15 | 0 |
| 28 | 0 | 15 | 0 |
| 29 | 0 | 15 | 0 |
| 30 | 10 | 5 | 0 |
| 31 | 10 | 5 | 0 |
| 32 | 10 | 5 | 10 |
| 33 | 10 | 5 | 0 |
| 34 | 10 | 5 | 10 |
| 35 | 10 | 5 | 0 |
| 36 | 10 | 5 | 0 |
| 37 | 10 | 5 | 0 |
| 38 | 10 | 5 | 0 |
| 39 | 10 | 5 | 0 |
| 合計 | 100 | 200 | 20 |
| 有配偶出生率 | | | 0.2 |

分母に含まれることになるため、値が低くなりやすい。2020年の15～49歳の有配偶日本人女性人口を分母として有配偶出生率を算出すると、東京都は全国より少し低い程度、都心3区（千代田区、中央区、港区）に至っては沖縄県以外の全都道府県よりも高い値を示すが、これは上述のような東京都や都心3区における晩婚化が強く影響している。すなわち、晩婚化によって結婚持続期間が短い（出生行動を終えていない）女性が相対的に多く含まれるため、実態に反して値が押し上げられることになる。

そもそも結婚出生力は、基本的には既婚女性1人あたりの平均的な子ども数によって測定されるのが適切であり、1時点のデータのみで把握することは非常に困難である。そこで本稿では、先に述べたCTFRと、国勢調査から得られる当該コーホートの45～49歳時点における未婚率によって都道府県別結婚出生力の把握を試みる。出生はすべて既婚女性から発生すると仮定すれば、CTFRを「1－45～49歳時未婚率」で割ることによって、当該コーホートにおけるおおよその既婚女性1人あたりの平均的な子ども数が算出される（以下、この指標をCMTFRと記す）。CMTFRは、CTFRと同様にある程度人口移動の影響を受けることなどには留意する必要があるが、結婚後の移動は都道府県内の短距離移動が比較的多いことから、一定の信憑性があると考えてよいだろう。

表5-5　全国と下位2都道府県のCMTFR

| コーホート | 1970年<br>15～19歳 | 1980年<br>15～19歳 | 1990年<br>15～19歳 |
|---|---|---|---|
| 全国 | 2.18 | 1.95 | 1.77 |
| 下位の<br>2都道府県 | **1.97**<br>（東京） | **1.68**<br>（東京） | **1.56**<br>（東京） |
| | 2.09<br>（奈良） | 1.83<br>（北海道） | 1.64<br>（北海道） |

資料：総務省「国勢調査」・厚生労働省「人口動態統計」を基に筆者算出

さきほどと同様、１９７０年、80年、90年時点でそれぞれ15～19歳であったコーホートについてＣＭＴＦＲを算出し、その全国値と下位2都道府県の値を表5－5に示した。出生はすべて既婚女性から発生すると仮定しているため、表5－2のＣＴＦＲと比較すると当然ながら値は高くなり、45～49歳時未婚率の上昇とともに若いコーホートほどＣＴＦＲとＣＭＴＦＲの差は拡大している。ただし、ＣＴＦＲと同様、ＣＭＴＦＲも大幅に低下しており、全国的にみれば出生力のみならず結婚出生力の低下も大きいことが確認できる。東京都に着目すると、45～49歳時未婚率が高い分、ＣＭＴＦＲの全国値との較差はＣＴＦＲと比べてやや縮小しているものの、それでも各コーホートにおいていずれも最下位となっている。東京都では、他地域と比べて結婚出生力も著しく低い可能性が濃厚といえよう。

## 迫り来る東京都の人口減少

このように、東京都では全国を大幅に下回る低出生率が長年にわたり継続しているにもかかわらず、実は出生数の減少は緩やかである。たとえば２０００〜22年でみると、出生数の減少率は全国では35・３％であるが、東京都では９・１％であり、減少率は全都道府県で最も小さくなっている。これは、親世代に相当する若年人口が全国から東京都に集中するためであり、地域別出生数の変化に対しては、人口移動の影響が出生率の地域差の影響を凌駕することに留意する必要がある。換言すれば、東京圏一極集中によって東京都の低出生率の問題が覆い隠されてきたとも言えるであろう。

しかしながら、社人研「日本の地域別将来推計人口（令和5年推計）」によれば、東京都においても転入超過による社会増が低出生率に起因する自然減に抗しきれなくなり、２０４０年以降は人口減少に転じる見込みとなっている。国内経済を牽引する東京都の出生率の動向は、東京都ひいては日本の将来を見通すうえできわめて重要である。

このたび東京都のＴＦＲが１を割り込んだことにより、ある意味では、東京都の低出生率について掘り下げて分析するための好機が提供されたと言えるかもしれない。本稿ではその第一歩として、時系列でみた出生率の傾向について基本的な指標により概観した。今後、的確な統計に基づく客観的な分析による、東京都の出生率回復に向けた新たな知見の導出が期待される。

こいけしろう
1971年滋賀県生まれ。東京大学工学部卒業。同大学大学院総合文化研究科広域科学専攻博士課程修了。博士（学術）。2002年国立社会保障・人口問題研究所に入所。18年より現職。専門は地域人口学。共著に『地域社会の将来人口』など。

［参考文献］
廣嶋清志（2001）「出生率低下をどのようにとらえるか？―年齢別有配偶出生率の問題性―」『理論と方法』16巻2号、163～183頁

# 第6章

## 今が未来を選択できる ラストチャンス

三村明夫　日本製鉄名誉会長
×
増田寛也　日本郵政社長

## 危機意識の共有

**三村**　人口問題については２０１４年、経済財政諮問会議の下に設置されて私が会長を務めた「「選択する未来」委員会」で政策提言を行いました。しかしあれから10年が経っても、物事はほとんど進んでいない。危機意識の共有が十分にできなかった。人口は1年放っておくだけでも目に見えて減っていきます。これからの10年で日本の総人口は６００万人以上も減ってしまう。早く始めなければ、取り返しがつかなくなる。できる限り早く危機意識をみんなで共有し、国民的な運動を始めようじゃないかということで、28名が個人の立場で集まりました。

この会議が民間であるということ自体に意味があります。

ポイントは三つあります。一つ目は、人口問題をこのまま放置すると、日本がいかに大変な事態に陥るかという危機意識を国全体で共有する必要がありますが、これは相当に厳しい話です。政府がこうした話をするのはなかなか難しいので、民間が先導しようというわけです。

二つ目は、従来の政府の対応が個別的、対症療法的であり、網羅的でなかったことに対する問題提起です。岸田文雄政権になってようやく「異次元の少子化対策」ということで、これまで積み残した課題を一気に片付けようという方針が打ち出されたものの、これまで何十年もの間、政府は人口問題に全身全霊で立ち向かおうとしてこなかった。民間の立場だからこそ、こうした率直な問題提起ができるのです。

三つ目は、人口問題の解決に伴う痛みは国民全体で分配する必要があるということです。経済が成長しているときは、成長の果実を国民全体に分配することは可能です。しかし経済が停滞し始めると、さまざまな課題が噴出し、その解決にはさらなる財源のための負担が必要になる。そうした痛みの分配は、選挙で選ばれる政治家がもっとも不得意なこと。だから政府は問題の指摘はしても、解決法を示すことはできなかった。そこで、このまま放置すれば大変なことになると、民間から声を上げることが重要となります。

**増田**　私も、今回がラストチャンスだと思っています。10年前の「『選択する未来』委員会」では、50年後に人口1億人を維持しようと提言し、超長期的には9000万人程度で人口を安定させていく試算をしていました。それが今回の試算では、目標となるのは8000万人。成果を見ないまま10年が経ち、目指すべき人口は1000万人も減ったわけです。ここで好転させなければとめどなく落ち込んでいき、次世代、次次世代に背負い切れない負の遺産を残してしまうことになる。ラストチャンスとの危機感を持って取り組もうというのが、三村議長のもとに集まった我々の共通認識です。

## これまでの取り組みは、バラバラで「空回り」だった

**増田**　地方の人口減の要因は、出生率が上がらず死亡者数が上回る「自然減」と、若者が地方から離れていく「社会減」の二つです。2014年、政府が内閣に設置した「まち・ひと・しごと創生本部」の地方創生の施策は、この二つの同時解決を目指すものでしたが、途中で「子ども・子育て本部」が設置されたため、政策や体制が実態として分割されました。

一方、11年に民間で設立し、私が座長を務めた「日本創成会議」の「ストップ少子化・地方元気戦略」は、まさに社会減を防ぐため、アベノミクスを追い風にして地方に仕事を作り、東京への若者の流出を食い止めよう、そうすれば出生数増加にもつながるだろうと提言しました。つまり主眼は人口減少に歯止めをかける社会システムの構築にあった。しかし、「地方消滅」が注目され、市町村それぞれが人口ビジョンを打ち出したせいか、地方自治体は自らの住民数を増やすことに躍起になり、近隣自治体との移住者の奪い合いに終始してしまった感があります。

そして、自然減対策の方は、やはり国が責任を持って取り組むべき問題で、その上で市町村は子育て環境の細やかな改善に取り組むという役割分担がなされるべきでしたが、残念ながらそうならなかった。このように、政策対応が各部門や組織に分割され、バラバラに進められた結果、取り組みが「空回り」したのがこの10年だったと思います。

**三村**　「選択する未来」委員会では、人口減少を真正面から取り上げました。50年後の日本を考える上で、人口問題はもっともわかりやすい論点だし、国民全体で議論ができるだろうと思ったからです。委員会名も、今行動を起こせば望ましい未来を選択できる、という意味を込めてつけたのです。ジャンプ・スタートが重要で、2020年までが勝負だと提言し、メンバーは熱心にやってくれたのですが、危機感は国民全体には広がらず、幅広い運動にはつながらなかった。

率直に言って、政権が真正面から取り上げなかったのが大きな要因です。人口問題は、政策として多額の費用を投入しても成果が上がるのが数十年後という点で、政治的なアピールが期待できないテーマです。長期間にわたって粘り強く、希望を持って取り組み続ける必要があり、相当に強い基盤がなければ難しい。当時の我々では力不足でした。

この10年間を振り返ると、人口は減り続けましたが、女性就労のM字カーブ（結婚、育児期に就業率が大きく低下）については、L字カーブ問題（女性の正規雇用率が20代後半をピークに急低下）は残ったものの解消した。また、高齢者の就業が進んだため、全体としての労働力人口はさほど減らず、人口問題の恐ろしさが牙をむくまでには至っていなかった。ところがコロナが落ち着いたらどうでしょう。建設業、介護現場、観光業……どこも人手不足で大変です。いよいよ人手不足の恐ろしさに誰もが慄《おのの》き始めた。10年遅れではあるものの、今ここで再スタートするのは、決して遅すぎではない。もう一度みんなで気を引き締めて挑戦しようじゃないか、というわけです。

――政府には成果を検証する考えはなかったのでしょうか。

**増田**　もともとが5年戦略で、5年ごとに切り替えようということだったのでしょう。先ほど述べたように、当初は自然減も社会減も、すべて一つの司令塔のもとで対策が行われていましたが、体制が分割されたこともあり、地方創生は交付金を地方自治体へ配ることだけに特化してしまった感じですね。

**三村**　増田さんは謙遜されますが、「地方消滅」のインパクトは大きかったと僕は思うよ。東京でも豊島区など「消滅可能性都市」リストに入った自治体は対策本部を設置して真剣に取り組み、改善を見ている。大きな効果があったと思う。

**増田**　あのデータにショックを受け、必死になって改善させた自治体、手を打たなかった自治体、近隣地域から移住者を集めようとした自治体など、さまざまでした。その意味で検証は必要だったと思います。メインテーマは社会減に対する「仕事づくり」だったのですが、非正規雇用を中心に就業率は上がったものの、地方では十分でなかった。

## ビジョンでは新たな考え方を提言

**三村**　「人口ビジョン２１００」（第4章）では、いくつかの新たな考え方を提言しています。一つは、「定常人口」という概念です。人口が減ること自体は今となっては避けようがない。問題は、最低ラインとして、どこで人口を定常化させるかです。今回我々は、２１００年に人口８０００万人と設定しました。この数字を達成するには、出生率が40年ごろに1・6程度、50年ごろに1・8程度、そして60年までに2・07に到達する必要があります。現在の出生率が1・26であることを考えると、相当な努力を要する高い目標ですが、決して不可能ではないと考えています。

計算上は、10年前に試算した人口９０００万人という目標の達成も可能です。しかしその場合、40年までに出生率2・07となることが必要となります。そうすると、この先16年間で出生率が一気に上がることが必要となり、実行可能性は極めて薄いと言わざるを得ません。それに比べると8000万人はより現実的です。最初の20年ぐらいは非常に厳しいでしょうが、出生率が1・6とか1・8になると人口減少率は相当落ち着いてきます。

二つ目は、「共同養育社会」という考え方です。若い人たちが安心して結婚、出産ができるような、子どもを育てる幸せを嚙み締められるような社会でなければ、人口減少は止まりません。現在の日本では、子どもを持つことは人生におけるリスク要因だと受け取られています。経済的にも負担だし、女性の場合は、出産によってせっかく入った会社を辞めたり働き方を変えたりしなくてはならない。育休明けの職場復帰にも壁がある。一方で、社会全体にとっては子どもを持たないという選択をする人が増えることは大きなリスクとなる。両者のミスマッチを解消するのが、社会全体で子どもを育てる、共同養育社会という考え方です。

三つ目は、将来世代のことを考え、社会や地域を継承していく努力を尽くすのは、今を生きる現在世代の責任であることを強く打ち出したことです。現在世代は将来世代と隔絶して存在するのではなく、年金などの社会保障を通じて支援を受けていますので、両者は深く結びついています。また、人口の増減による利益も不利益も、結局は個人や企業が受けるのですから、これは国民みんなの問題です。一方、やはり世の中の向かうべき方向を指し示すのは、政府の責任である。そうした考え方も提示しています。

## 子どもをみんなで育てる「共同養育社会」へ

**増田**　私も、「共同養育社会」の考え方は非常に重要だと感じます。日本でも地域全体で子どもたちを支えているところはあり、そうした地域では出生率が高い。この伝統をもう一度オールジャパンで広げていこうと打ち出したのは、特筆に値します。

人口減少によって、社会に三つの分断が起きてしまうのではないかと懸念してもいます。一つは、世代間の分断です。出生率の急激な低下により、日本の人口ピラミッドは完全に逆転し、逆三角形になります。もはや若者世代が高齢者を支えるという従来の社会保障の仕組みでは破綻してしまいます。負担能力のある高齢者にも支えてもらう方向に切り替えなければ、世代間対立が起きるでしょう。

地域間対立も心配です。２０００年以降、大都市人口は増え続けています。１万人以下の市町村の人口減少が加速する中、東京圏ではコロナを経ても転入超過なのです。

さらに今後は外国人が非常に増えてくる。こうした点をしっかり認識しつつ、分断が生じないよう、共同養育社会の概念の周知徹底や、社会保障制度の見直し、東京一極集中から多極集住へ、といった方針をわかりやすく説いて、国民の理解につなげていくことが大事だと思います。

**三村** 東京の責任は重いと思いますね。これだけ多くの若者が集まっていながら、出生率は全国最低なのですから。

**増田** 23年の東京の出生率は0・99ですからね。とうとう1を切ってしまいました。

**三村** そう考えると、社会全体で子育てを支援するという共同養育社会の考え方を強く打ち出すことは、ますます重要ですね。

かつてイギリスに住んでいた姪が言っていました。「ロンドンでは、乳母車を引いて地下鉄に乗っていると、「ハーイ、かわいいわね」と見ず知らずの人がみんな声をかけてくれるのに、東京では邪魔者扱いされる」と。子どもは社会全体で育てるという意識を、各々が持たなくては。

**増田** 本来、日本にもそうした意識はあったはずなのです。私が今年訪れた鹿児島県徳之島の伊仙町《いせんちょう》では、高齢者自らが「私たちはもういいから、子育てに使ってくれ」と申し出て、役場から毎年贈られている「敬老祝い金」が減額になったそうです。

**三村** 先日、新幹線で泣き叫ぶ孫に困るお祖母《ばあ》さんに遭遇しました。周囲に気を使っていたので、「子どもは社会の宝ですから」と声をかけたら、ホッとした顔をしていた。子どもへの温かな眼差しや雰囲気を作り上げていくことが、物事の本質ではないでしょうか。

**増田**　本当にそうですよね。若い夫婦がぐずる幼児を慌ててデッキに連れて行くのを見かけるたび、心が痛みます。

## ジェンダーギャップ解消のために

**増田**　若者や女性の声を社会全体に反映させることも今、大いに求められています。

企業の責任者として、日本社会にはびこるジェンダーギャップはお恥ずかしい限りで、真剣に考えるべき課題だと認識しています。女性の正規雇用は増えておらず、L字カーブからも脱しきれていない。

解決には、役員の選考基準や評価体系の大胆な転換が必要です。女性の部下が、男性の上司をその育休取得度合いで評価するくらいのことをしなければ、効果は出ません。ジェンダーギャップ解消は企業の責任でもありますが、政府も率先してメルクマールを開示し、企業や団体に働きかけるべきです。

東京には若い女性が集まる、転入超過になっていると言われます。実際は同年代の転入者数は男性のほうが多いのですが、男性は30代以降に故郷に戻る傾向がある一方、女性はほとんど戻らない。それは、地方に閉塞感を強く感じているからです。実態的には東京は暮らしづらい街です。収入は高くても、家賃も高いし通勤時間もかかるので、可処分所得や可処分時間は多くない。それなのに、故郷には戻りたくないという。若いときに一度上京した人がUターンしたくなる魅力が、地元にあればいいのですが。

**三村**　これはまさに、今回のビジョンの「定常化戦略」のテーマそのものです。若い世代の給料を上げて、かつ女性の非正規労働を減らし、出産後も復帰しやすい体制を整え、安心して子どもを産み育てられるような環境を整備するということです。もちろん、その実現は容易ではありません。

## 人手不足だと人が職場を選ぶようになる

**三村**　今、大企業の労働分配率（付加価値に占める人件費の割合）は50％台、中小企業では80％台です。つまり賃金にそれだけの割合を費やしている中小企業が、その上に若者対策、産休・育休中の人員の手当て、復帰後の環境整備をすれば、それは実質的な賃金増になる。付加価値を増やさなければ立ち行かなくなります。

そのための方法は二つあると考えます。一つはコストを引き下げること、もう一つは取引価格を正常化することです。過去30年間、サプライチェーン全体の取引価格は、最低限にとどまってきました。これだけ長期のデフレです。製品の値上げを消費者が受け入れるはずがありません。企業はコストの上昇分を価格に転嫁できず、仕方なく取引価格を引き下げるという形で対応してきました。

経営者たちは「パートナーシップ構築宣言」（大企業の下請けとしての中小企業という関係性から脱し、共存共栄を目指すことを公に宣言する、2020年に始まった取り組み）など、コストアップ分を公平に負担する運動にも懸命に取り組んでいて、徐々に実を結びつつありますが、それでも状況が厳しいことに変わりはありません。

この30年、日本経済はまったくの停滞の中にありました。賃金も物価も生産性も上がらず、GDP（国内総生産）もほとんど伸びない。こうして染みついたデフレマインドにおいては、実は賃金もさほど上げる必要がありません。

我々はこの間、競争の少ない、奇妙に安定的な世界で過ごしてきたわけです。ところが、かつてルクセンブルクに次ぐ世界2位だった日本の1人当たりGDPは、気がつけば31位に。心地よい停滞のぬるま湯に浸かっていたら、相対的な地位があっという間に下落していたのです。

これからの人口減少は、そうしたぬるま湯を冷水に変えるぐらいの大転換をもたらします。人手不足とはすなわち、職場が人を選ぶのではなく、人が職場を選ぶようになること。力関係が逆転した以上、賃金が高く、子どもを産み育てやすい職場が選ばれるのは当然です。

## 数十年先の安定社会に向けて

**三村**　なにしろ人口8000万人、今より3分の1も人口が減った世界が目標となるわけです。しかも最初は人口減少率が非常に大きい。企業や自治体にとって、厳しい状況がしばらくの間続くことになります。そういう時代を乗り越えていかないと、安定的で成長力のある8000万人の社会は実現できません。

特に中小企業は、環境の変化に応じて自らを変えることで生き延びてきたのです。経営者が環境の変化を敏感に察知し、「それなら我々はこう変わっていこう」と、自らの意思を社内の隅々にまで行き渡らせてきた。人口減少による人手不足がいよいよ表面化し、シビアになっていくことが明らかです。ECの活用など、IT化にいかに対応できるかが勝負になるのではないでしょうか。

**増田**　2040年くらいまでは耐え忍ぶときで、毎年小さな県が一つずつ、その後は政令指定都市が一つずつ消滅するほどの規模で人口が減っていきます。しかし、出生率が向上すれば、安定に近づき、いずれ高齢化率もピークを打った後は低下し、若返りが起きてくる。

**三村**　中小企業は変化に柔軟だと言いましたが、大企業こそ率先して変わらなきゃいけないんですよ。国内マーケットが相当縮小するし、大企業は多くの中小企業に支えられている。単独で生き残れはしないのです。産業界全体として、どう自己変革を遂げるかが問われています。

## いかに運動へつなげるか

**増田**　今回の提言は、将来に向けて今、舵を切ろうという方向性を示し、政府に国家ビジョンを掲げてほしいと要請するものです。ですが、なにより重要なのは、こうした意識をどのように社会の隅々にまで浸透させ、さまざまな主体による具体的な運動につなげていくかということなのです。そのためには、自治体がわかりやすく伝えることも必要です。

自治体は、人口というと、どうも自分たちの街の人口規模のことに終始しがちです。自治体は人口目標の設定や細かな政策の策定だけでなく、住民全体が参画する運動のかすがいになってほしい。

結婚や出産は個々人の価値観の問題であるため、国もこれまではそれに関わることに腰が引けていた。基本はその通りなのですが、個人が集まった集合体である社会全体の問題と捉えれば、世代間対立や地域間対立を引き起こす「人口減少」の問題を見過ごすことはできないはずです。国全体としてどう動いていくかを示すのは、政府の役割です。

２０１４年の「まち・ひと・しごと創生会議」は、総合戦略は立てたものの、国民全体を巻き込む運動論が欠けていた。政府は10年前の教訓を自覚し、もっと大きな構えで組織やビジョンづくりに取り組んでほしいと強く思います。

**三村**　人口減を生産性の向上が上回っていれば、理論上、ＧＤＰは伸びるんですよね。ただし、ＧＤＰとは、一般の人たちが自動車や家電をどれくらい買うか、個人の消費に依存した指数です。人口が減れば消費が減り、国内市場は縮小する。マーケットが縮小すれば、企業はどうしたって設備投資をためらいます。すると、生産性の向上は見込めない。こうしたマイナス要因をすべてはね返しながら、人口減を上回る生産性を獲得するというのは、実際には非常に難しいことなのです。

## 人口問題は超党派で取り組むべし

**三村**　それだけに、政府には覚悟を持って、確固たる意志を示してほしい。政権が代わったら「やーめた」というのでは、誰もついていきません。「共同養育社会」づくりを我々がいくら唱えても、政府や自治体が身をもって実践してくれなければ広まっていかない。

そのためにも、超党派で、国としてこの問題に真正面から取り組む意志を固めること。それが絶対に必要です。意志が固まったら、次は仕組みを作ること。政権がどう変わろうと、長期にわたってみんなで同じ方向を向いて努力し続けられるような仕組みを作る。そのための法制化も必要です。この二つが、国が取り組むべき最大の課題だと思います。

**増田**　人口減対策や社会保障を政争の具にしないことが重要ですよね。おっしゃるように、党派、会派を超えて同じ方向に向かって長期的に取り組まなければならないのですから。ぜひ自らが政権を担っても続けられるよう、円卓テーブルで見識を発揮してほしい。

北欧では、それが政治の知恵として受け継がれていると聞きます。長年の経験から、政権交代のたびに足を引っ張り合っているとのちのち大変になることを、身に沁みてわかっているのです。日本でもぜひそうなってほしいですね。

——民間から声は上げていくが、最後は国の意志ということですね。

**三村**　我々は、国に行動を促す先導者としての役割を果たさなければならないと考えています。もちろん我々自身にも返ってくることなのですが、薔薇色の未来ばかりを謳っていては、国は沈没する。国全体で現実を認識し、危機感を持つべきときはとっくに来ています。

**増田**　現実認識といえば、「日本創成会議」が「消滅可能性都市」を指摘して話題になったデータ「日本の地域別将来推計人口」(国立社会保障・人口問題研究所)の最新版が発表されました。消滅可能性自治体数は10年前より減少していますが、これは外国人入国者数がかなり増加したためで、危機的状況はまったく改善されていません。

**三村**　それが現実ですからね。

**増田**　データを直視した上で、どうプラスの方向に持っていくか。これは民主主義のあり方にも影響します。人口の多さだけ見て東京に選挙区を集中させていいのか。地方にも暮らしている人がいて、企業がある。彼らの声をどう吸い上げていくのか。データを正しく活用してほしいですね。

## 窮地を脱したドイツ

**三村**　企業にとっては人口減＝市場の縮小であり、労働者が減ること。つまり、我々にとって人口を増やすというのは喫緊の、切実な課題です。各地の商工会議所の会議に出ると、いつも「人口問題をなんとかしてください」と詰め寄られます。波が押し寄せるのはまず中小企業ですから。

**増田**　岸田政権が2030年までがラストチャンスと言ったように、今がスタートすべきときであることは間違いありません。しかし厳しい中でも、希望を捨ててはダメだと強調したい。

たとえばドイツは、メルケル政権下で家族・高齢者・女性・青年相や労働・社会相だったフォン・デア・ライエン氏（現・欧州委員会委員長）が尽力した結果、5年間で出生率が急上昇したのです。ナチス政権下での人種主義的、強制的な人口政策への嫌悪と反省から、出産を奨励するような政策は長年タブーだったにもかかわらず、彼女は侃々諤々《かんかんがくがく》の議論を行い、道を切り拓いていった。

大きな国家ビジョンを策定するためには、総理をトップとする強固な司令塔が必要だと感じます。最近、「こども家庭庁」や「デジタル田園都市国家構想」ができましたが、いまだに国民運動的な動きは生みだせていない。中央政府、地方自治体、経済界、労働界が一体となって国民運動の根っこになるビジョンを作り、そこに世代を超えた国民全体が集まれるような仕組みを作らなければならない。

その第一歩は、やはり世論形成です。私も呼んでいただければどこへでもご説明に行きたい。多方面から知恵を借りながら、若い人たちが「自分たちも協力しよう」と思ってくれるような、国民運動につながる方法を見出していきたいと思います。

**三村** 一番怖いのは、「人口問題は難しい」「何をしても無駄だよ」という悲観論が蔓延することです。まだ何もチャレンジしていないのですから、諦めてはいけません。

——今回のビジョンが見据える2100年というのは、今年生まれた赤ん坊なら生きている時代です。

**増田** 2100年というのは、我が子や孫を含めれば、全員に関係する世界ですからね。

**三村** 僕は少なくとも生きていませんよ。(笑)

**増田** いやいや、わかりませんよ(笑)。医療の長足の進歩があれば。ともあれ、これは次次世代ではなく、現在世代の問題として捉えなくてはね。我々には、将来世代につないでいく大きな責務があるということ。これも今回のビジョンの特徴であり、ぜひとも強調しておきたい点です。

**三村** この戦略が軌道に乗れば本当にうれしいですよね。将来に希望さえ持てれば、若者は子どもを持ち始めるし、貯金より消費に向かうでしょう。そしてそれは、企業にとっても国にとっても大きな成長要因になっていくのです。

（構成／高松夕佳）

**みむらあきお**
1940年群馬県生まれ。東京大学経済学部卒業。63年富士製鐵（現・日本製鉄）入社。2018年より同社名誉会長。中央教育審議会会長、経済財政諮問会議の民間議員などの要職を歴任した。

# 全国1729自治体の９分類

- 国立社会保障・人口問題研究所「日本の地域別将来推計人口（令和５年推計）」およびその関連データより作成。
- 福島県「浜通り地域」は、いわき市、相馬市、南相馬市、広野町、楢葉町、富岡町、川内村、大熊町、双葉町、浪江町、葛尾村、新地町、飯舘村の13市町村を含む地域である。
- 推計人口は小数点以下を含むため、個々の「若年女性減少率」の数値が一致しない場合がある。
- 都道府県ごとに、「若年女性減少率」の高い順に並べている。
- アミカケの自治体名は「消滅可能性自治体」であることを示す。▒ は９分類（17頁表1-1参照）のC-①（176）、▒ はC-②（545）、▓ はC-③（23）。
- 「前回比較」は2014年分析との比較。↑は「消滅可能性自治体」から脱却した自治体（239）、↓は「消滅可能性自治体」に新たに該当した自治体（99）。↗は「若年女性減少率」が改善した自治体（893）、↘は「若年女性減少率」が悪化した自治体（484）。
- 「９分類」の列で、罫で囲ったのは「ブラックホール型自治体」（B-①〔18〕、B-②〔7〕）を示す。

| | 前回比較 | 若年女性減少率（%）移動想定 2020→2050 | 2050年若年女性人口（総人口）（人） | | 2020年若年女性人口（総人口）（人） | | 9分類 |
|---|---|---|---|---|---|---|---|
| **北海道** | | | | | | | |
| 歌志内市 | ↘ | -86.7 | 18 | (838) | 135 | (2,989) | C-③ |
| 木古内町 | ↗ | -82.8 | 35 | (1,295) | 204 | (3,832) | C-② |
| 松前町 | ↗ | -82.8 | 55 | (1,939) | 319 | (6,260) | C-② |
| 上砂川町 | ↘ | -82.1 | 27 | (895) | 151 | (2,841) | C-② |
| 白糠町 | ↘ | -80.3 | 102 | (2,841) | 518 | (7,289) | C-② |
| 福島町 | ↗ | -79.1 | 43 | (1,293) | 206 | (3,794) | C-② |
| 上ノ国町 | ↘ | -77.9 | 56 | (1,639) | 253 | (4,306) | C-② |
| 芦別市 | ↘ | -77.8 | 153 | (4,498) | 688 | (12,555) | C-② |
| 夕張市 | ↗ | -77.7 | 75 | (2,154) | 337 | (7,334) | C-② |
| 乙部町 | ↘ | -75.8 | 51 | (1,301) | 211 | (3,403) | C-② |
| 羅臼町 | ↘ | -74.9 | 93 | (2,041) | 370 | (4,722) | C-② |
| 赤平市 | ↘ | -74.9 | 133 | (3,643) | 529 | (9,698) | C-② |
| 妹背牛町 | ↗ | -74.8 | 33 | (988) | 131 | (2,693) | C-② |
| 奥尻町 | ↗ | -72.7 | 33 | (967) | 121 | (2,410) | C-② |
| 当別町 | ↗ | -72.3 | 369 | (9,106) | 1,332 | (15,916) | C-③ |

| | | | | | | | |
|---|---|---|---|---|---|---|---|
| せたな町 | ↗ | -71.8 | 120 | (3,033) | 426 | (7,398) | C-② |
| 由仁町 | ↗ | -71.5 | 78 | (2,188) | 274 | (4,822) | C-② |
| 江差町 | ↗ | -71.2 | 153 | (3,445) | 531 | (7,428) | C-② |
| 留萌市 | ↘ | -71.2 | 433 | (8,955) | 1,501 | (20,114) | C-② |
| 愛別町 | ↘ | -70.5 | 51 | (1,010) | 173 | (2,605) | C-② |
| 知内町 | ↘ | -70.3 | 86 | (1,949) | 290 | (4,167) | C-② |
| 様似町 | ↗ | -70.1 | 78 | (1,706) | 261 | (4,043) | C-② |
| 美唄市 | ↗ | -70.0 | 367 | (8,625) | 1,224 | (20,413) | C-② |
| 上川町 | ↘ | -69.9 | 72 | (1,338) | 239 | (3,500) | C-② |
| 森町 | ↘ | -69.4 | 342 | (6,353) | 1,116 | (14,338) | C-② |
| 岩内町 | ↗ | -68.9 | 264 | (5,353) | 849 | (11,648) | C-② |
| 雨竜町 | ↗ | -68.8 | 40 | (990) | 128 | (2,389) | C-① |
| 白老町 | ↘ | -68.7 | 306 | (7,706) | 976 | (16,212) | C-② |
| 鹿部町 | ↓ | -68.3 | 97 | (1,778) | 306 | (3,760) | C-② |
| 奈井江町 | ↗ | -67.4 | 102 | (2,415) | 313 | (5,120) | C-② |
| 釧路町 | ↗ | -66.7 | 614 | (10,659) | 1,845 | (19,105) | C-② |
| 厚沢部町 | ↗ | -66.7 | 76 | (1,664) | 228 | (3,592) | C-② |
| 平取町 | ↗ | -66.3 | 103 | (2,402) | 306 | (4,776) | C-① |
| 浦幌町 | ↘ | -66.1 | 96 | (2,000) | 283 | (4,387) | C-② |
| 積丹町 | ↗ | -65.9 | 29 | (720) | 85 | (1,831) | C-① |
| 厚岸町 | ↘ | -65.7 | 271 | (4,343) | 791 | (8,892) | C-② |
| 士別市 | ↘ | -65.6 | 372 | (8,012) | 1,080 | (17,858) | C-② |
| 黒松内町 | ↗ | -65.5 | 70 | (1,521) | 203 | (2,791) | C-② |
| 長万部町 | ↓ | -65.5 | 132 | (2,454) | 382 | (5,109) | C-② |
| 弟子屈町 | ↘ | -65.3 | 157 | (3,337) | 452 | (6,955) | C-② |
| 古平町 | ↗ | -65.2 | 62 | (1,169) | 178 | (2,745) | C-② |
| 浜頓別町 | ↘ | -65.1 | 91 | (1,605) | 261 | (3,448) | C-② |
| 池田町 | ↗ | -65.1 | 143 | (3,100) | 410 | (6,294) | C-② |
| 根室市 | ↘ | -64.8 | 716 | (12,344) | 2,034 | (24,636) | C-② |
| 美幌町 | ↘ | -64.3 | 509 | (9,819) | 1,426 | (18,697) | C-② |
| 八雲町 | ↘ | -64.0 | 428 | (8,382) | 1,190 | (15,826) | C-② |
| 佐呂間町 | ↘ | -63.9 | 155 | (2,475) | 429 | (4,875) | C-② |

| | | | | | | | |
|---|---|---|---|---|---|---|---|
| 和寒町 | ↗ | -63.8 | 67 | (1,473) | 185 | (3,192) | C-② |
| 幌加内町 | ↘ | -63.5 | 31 | (596) | 85 | (1,370) | C-② |
| 豊富町 | ↗ | -63.5 | 108 | (2,357) | 296 | (3,974) | C-② |
| むかわ町 | ↗ | -63.2 | 177 | (3,555) | 481 | (7,651) | C-① |
| えりも町 | ↘ | -63.0 | 114 | (2,219) | 308 | (4,374) | C-① |
| 羽幌町 | ↗ | -62.2 | 144 | (3,088) | 381 | (6,548) | C-① |
| 小平町 | ↗ | -62.2 | 87 | (1,370) | 230 | (2,994) | C-② |
| 南幌町 | ↗ | -62.1 | 206 | (4,352) | 544 | (7,319) | C-② |
| 長沼町 | ↘ | -61.8 | 287 | (5,707) | 751 | (10,289) | C-② |
| 北竜町 | ↗ | -61.5 | 40 | (778) | 104 | (1,724) | C-① |
| 広尾町 | ↗ | -61.5 | 159 | (3,158) | 413 | (6,387) | C-① |
| 洞爺湖町 | ↗ | -61.4 | 219 | (4,119) | 568 | (8,442) | C-② |
| 湧別町 | ↘ | -61.1 | 238 | (4,211) | 612 | (8,270) | C-② |
| 泊村 | ↘ | -60.9 | 36 | (786) | 92 | (1,569) | C-① |
| 月形町 | ↗ | -60.6 | 78 | (2,512) | 198 | (3,691) | C-② |
| 小樽市 | ↗ | -60.6 | 3,154 | (55,542) | 7,998 | (111,299) | C-② |
| 増毛町 | ↗ | -60.3 | 110 | (1,746) | 277 | (3,908) | C-② |
| 共和町 | ↗ | -60.0 | 158 | (3,332) | 395 | (5,772) | C-① |
| 稚内市 | ↘ | -59.8 | 1,087 | (17,716) | 2,702 | (33,563) | C-② |
| 日高町 | ↗ | -59.4 | 312 | (5,909) | 768 | (11,279) | C-① |
| 浦河町 | ↗ | -59.2 | 397 | (6,515) | 973 | (12,074) | C-② |
| 津別町 | ↗ | -59.1 | 94 | (1,852) | 230 | (4,373) | C-① |
| 枝幸町 | ↘ | -59.0 | 241 | (3,932) | 588 | (7,565) | C-② |
| 島牧村 | ↗ | -58.9 | 30 | (649) | 73 | (1,356) | C-① |
| 苫前町 | ↗ | -58.9 | 81 | (1,361) | 197 | (2,936) | C-① |
| 上富良野町 | ↓ | -58.9 | 330 | (5,887) | 802 | (10,348) | C-② |
| 富良野市 | ↘ | -58.6 | 760 | (11,574) | 1,835 | (21,131) | C-② |
| 紋別市 | ↗ | -58.4 | 783 | (11,377) | 1,882 | (21,215) | C-② |
| 新篠津村 | ↗ | -58.3 | 90 | (1,718) | 216 | (3,044) | C-② |
| 深川市 | ↗ | -58.2 | 531 | (9,878) | 1,271 | (20,039) | C-② |
| 滝上町 | ↗ | -57.8 | 68 | (1,140) | 161 | (2,421) | C-② |
| 訓子府町 | ↗ | -57.6 | 120 | (2,290) | 283 | (4,677) | C-① |

| | | | | | | | |
|---|---|---|---|---|---|---|---|
| 今金町 | ↓ | -57.4 | 129 | (2,513) | 303 | (5,072) | C-① |
| 余市町 | ↗ | -57.1 | 544 | (9,569) | 1,269 | (18,000) | C-② |
| 利尻町 | ↗ | -56.8 | 60 | (1,016) | 139 | (2,004) | C-② |
| 音威子府村 | ↗ | -56.3 | 21 | (328) | 48 | (706) | C-① |
| 砂川市 | ↘ | -56.2 | 554 | (9,023) | 1,265 | (16,486) | C-② |
| 西興部村 | ↗ | -55.4 | 41 | (745) | 92 | (1,053) | C-② |
| 士幌町 | ↗ | -55.3 | 216 | (3,713) | 483 | (5,848) | C-② |
| 浜中町 | ↗ | -55.3 | 221 | (3,162) | 494 | (5,507) | C-② |
| 遠別町 | ↗ | -55.2 | 77 | (1,183) | 172 | (2,520) | C-① |
| 沼田町 | ↗ | -55.0 | 77 | (1,421) | 171 | (2,909) | C-① |
| 標茶町 | ↘ | -54.9 | 263 | (4,102) | 583 | (7,230) | C-② |
| 雄武町 | ↗ | -54.9 | 190 | (2,298) | 421 | (4,199) | C-② |
| 北斗市 | ↓ | -54.9 | 1,771 | (27,360) | 3,924 | (44,302) | C-② |
| 大空町 | ↗ | -54.7 | 203 | (3,691) | 448 | (6,775) | C-① |
| 新ひだか町 | ↗ | -54.6 | 740 | (11,949) | 1,628 | (21,517) | C-① |
| 本別町 | ↗ | -54.3 | 175 | (3,190) | 383 | (6,618) | C-② |
| 釧路市 | ↗ | -54.1 | 6,618 | (98,544) | 14,403 | (165,077) | C-② |
| 登別市 | ↓ | -53.8 | 1,635 | (26,963) | 3,539 | (46,391) | C-② |
| 中頓別町 | ↗ | -53.7 | 44 | (804) | 95 | (1,637) | C-① |
| 豊頃町 | ↗ | -53.5 | 107 | (1,737) | 230 | (3,022) | C-② |
| 神恵内村 | ↗ | -53.1 | 15 | (325) | 32 | (870) | C-① |
| 赤井川村 | ↓ | -52.4 | 49 | (821) | 103 | (1,165) | C-② |
| 美深町 | ↗ | -52.0 | 118 | (2,096) | 246 | (4,145) | C-② |
| 遠軽町 | ↗ | -51.9 | 669 | (10,769) | 1,391 | (19,241) | C-② |
| 京極町 | ↓ | -51.8 | 106 | (1,739) | 220 | (2,941) | C-② |
| 伊達市 | ↓ | -51.7 | 1,173 | (19,762) | 2,430 | (32,826) | C-② |
| 寿都町 | ↗ | -51.5 | 110 | (1,538) | 227 | (2,838) | C-② |
| 比布町 | ↗ | -51.4 | 108 | (1,976) | 222 | (3,520) | C-① |
| 岩見沢市 | ↗ | -51.3 | 3,029 | (45,761) | 6,216 | (79,306) | C-② |
| 小清水町 | ↗ | -51.2 | 160 | (2,522) | 328 | (4,623) | C-① |
| 清里町 | ↗ | -51.2 | 126 | (2,014) | 258 | (3,883) | C-① |
| 剣淵町 | ↗ | -51.1 | 88 | (1,411) | 180 | (2,926) | C-① |

| | | | | | | | |
|---|---|---|---|---|---|---|---|
| 当麻町 | ↗ | -51.1 | 204 | (3,525) | 417 | (6,319) | C-① |
| 栗山町 | ↗ | -50.9 | 375 | (5,917) | 763 | (11,272) | C-① |
| 函館市 | ↗ | -50.7 | 10,490 | (151,567) | 21,258 | (251,084) | C-② |
| 三笠市 | ↗ | -50.5 | 241 | (3,619) | 487 | (8,040) | C-① |
| 豊浦町 | ↗ | -50.2 | 137 | (2,297) | 275 | (3,821) | C-② |
| 網走市 | ↗ | -50.1 | 1,555 | (21,159) | 3,115 | (35,759) | C-② |
| 別海町 | ↑ | -49.9 | 659 | (9,231) | 1,314 | (14,380) | D-③ |
| 占冠村 | ↘ | -49.8 | 101 | (807) | 201 | (1,306) | B-② |
| 滝川市 | ↑ | -49.6 | 1,638 | (25,364) | 3,252 | (39,490) | D-③ |
| 室蘭市 | ↘ | -49.3 | 3,236 | (46,571) | 6,377 | (82,383) | D-③ |
| 清水町 | ↑ | -49.1 | 354 | (5,667) | 696 | (9,094) | D-③ |
| 鷹栖町 | ↘ | -49.1 | 216 | (4,032) | 424 | (6,567) | D-② |
| 礼文町 | ↑ | -49.0 | 105 | (1,391) | 206 | (2,509) | D-③ |
| 新十津川町 | ↑ | -48.6 | 220 | (3,714) | 428 | (6,484) | D-② |
| 蘭越町 | ↑ | -48.5 | 156 | (2,640) | 303 | (4,568) | D-② |
| 北見市 | ↑ | -48.5 | 5,092 | (76,002) | 9,879 | (115,480) | D-③ |
| 安平町 | ↗ | -48.0 | 269 | (4,209) | 517 | (7,340) | D-③ |
| 秩父別町 | ↑ | -47.7 | 92 | (1,247) | 176 | (2,329) | D-② |
| 中川町 | ↑ | -47.7 | 46 | (766) | 88 | (1,528) | D-② |
| 陸別町 | ↑ | -47.4 | 92 | (1,290) | 175 | (2,264) | D-③ |
| 中富良野町 | ↘ | -47.3 | 178 | (2,708) | 338 | (4,733) | D-② |
| 大樹町 | ↑ | -47.1 | 249 | (3,308) | 471 | (5,420) | D-③ |
| 初山別村 | ↑ | -46.8 | 41 | (482) | 77 | (1,080) | D-③ |
| 美瑛町 | ↑ | -46.6 | 385 | (5,681) | 721 | (9,668) | D-③ |
| 壮瞥町 | ↑ | -46.0 | 100 | (1,568) | 185 | (2,743) | D-③ |
| 七飯町 | ↑ | -45.8 | 1,225 | (19,706) | 2,262 | (27,686) | D-③ |
| 中標津町 | ↘ | -45.6 | 1,182 | (16,552) | 2,171 | (23,010) | D-③ |
| 浦臼町 | ↑ | -45.2 | 46 | (782) | 84 | (1,732) | D-② |
| 新得町 | ↑ | -44.8 | 248 | (3,411) | 449 | (5,817) | D-③ |
| 利尻富士町 | ↑ | -44.6 | 93 | (1,349) | 168 | (2,458) | D-③ |
| 幕別町 | ↘ | -44.0 | 1,161 | (18,386) | 2,074 | (25,766) | D-③ |
| 名寄市 | ↘ | -43.9 | 1,474 | (17,272) | 2,629 | (27,282) | D-③ |

| | | | | | | | |
|---|---|---|---|---|---|---|---|
| 置戸町 | ↑ | -43.6 | 97 | (1,375) | 172 | (2,775) | D-② |
| 興部町 | ↑ | -43.4 | 184 | (2,143) | 325 | (3,628) | D-② |
| 鶴居村 | ↗ | -42.9 | 109 | (1,791) | 191 | (2,558) | D-③ |
| 厚真町 | ↑ | -42.9 | 185 | (2,931) | 324 | (4,432) | D-② |
| 天塩町 | ↑ | -42.4 | 118 | (1,568) | 205 | (2,950) | D-③ |
| 更別村 | ↗ | -41.6 | 149 | (2,242) | 255 | (3,080) | D-② |
| 新冠町 | ↑ | -41.6 | 239 | (3,728) | 409 | (5,309) | D-② |
| 音更町 | ↘ | -41.0 | 2,280 | (33,627) | 3,862 | (43,576) | D-③ |
| 標津町 | ↑ | -40.5 | 244 | (3,233) | 410 | (5,023) | D-② |
| 下川町 | ↑ | -40.3 | 120 | (1,773) | 201 | (3,126) | D-② |
| 足寄町 | ↑ | -40.1 | 270 | (3,759) | 451 | (6,563) | D-② |
| 斜里町 | ↗ | -39.0 | 598 | (6,946) | 980 | (11,418) | D-③ |
| 芽室町 | ↘ | -37.9 | 926 | (13,658) | 1,492 | (18,048) | D-② |
| 留寿都村 | ↗ | -37.9 | 144 | (1,352) | 232 | (1,911) | D-③ |
| 幌延町 | ↑ | -37.6 | 118 | (1,590) | 189 | (2,371) | D-③ |
| 南富良野町 | ↑ | -37.6 | 123 | (1,518) | 197 | (2,376) | D-③ |
| 旭川市 | ↑ | -37.4 | 18,245 | (236,115) | 29,139 | (329,306) | D-③ |
| 真狩村 | ↑ | -37.0 | 85 | (1,333) | 135 | (2,045) | D-② |
| 苫小牧市 | ↗ | -36.9 | 9,910 | (131,140) | 15,702 | (170,113) | D-③ |
| 猿払村 | ↗ | -36.4 | 210 | (1,958) | 330 | (2,611) | D-③ |
| 帯広市 | ↗ | -35.8 | 10,846 | (130,288) | 16,893 | (166,536) | D-③ |
| 江別市 | ↑ | -34.8 | 7,471 | (94,433) | 11,457 | (121,056) | D-③ |
| 喜茂別町 | ↑ | -34.2 | 123 | (1,417) | 187 | (2,156) | B-② |
| 東神楽町 | ↘ | -33.5 | 565 | (8,289) | 849 | (10,127) | D-② |
| 倶知安町 | ↑ | -33.0 | 1,076 | (11,718) | 1,607 | (15,129) | D-③ |
| 中札内村 | ↗ | -33.0 | 242 | (3,106) | 361 | (3,884) | D-③ |
| 恵庭市 | ↗ | -31.3 | 4,870 | (59,483) | 7,085 | (70,331) | D-③ |
| 北広島市 | ↑ | -31.1 | 3,170 | (43,677) | 4,598 | (58,171) | D-③ |
| 石狩市 | ↗ | -30.0 | 3,200 | (42,365) | 4,568 | (56,869) | D-③ |
| 鹿追町 | ↑ | -29.0 | 351 | (3,802) | 494 | (5,266) | D-② |
| 上士幌町 | ↑ | -28.4 | 303 | (3,536) | 423 | (4,778) | D-③ |
| 札幌市 | ↗ | -24.4 | 169,950 | (1,745,608) | 224,756 | (1,973,395) | D-③ |

| | | | | | | | |
|---|---|---|---|---|---|---|---|
| 千歳市 | ↗ | -24.3 | 8,441 | (87,335) | 11,147 | (97,950) | D-③ |
| 東川町 | ↘ | -24.2 | 581 | (7,088) | 766 | (8,314) | D-③ |
| 仁木町 | ↑ | -24.1 | 167 | (1,987) | 220 | (3,180) | D-③ |
| ニセコ町 | ↗ | -21.8 | 362 | (4,852) | 463 | (5,074) | D-② |
| **青森県** | | | | | | | |
| 外ヶ浜町 | ↘ | -87.5 | 30 | (1,749) | 240 | (5,401) | C-③ |
| 今別町 | ↗ | -86.0 | 13 | (691) | 93 | (2,334) | C-② |
| 佐井村 | ↘ | -85.2 | 13 | (607) | 88 | (1,788) | C-② |
| 深浦町 | ↘ | -80.1 | 69 | (2,547) | 347 | (7,346) | C-② |
| 大間町 | ↘ | -79.8 | 64 | (2,062) | 316 | (4,718) | C-② |
| 新郷村 | ↘ | -79.3 | 22 | (837) | 106 | (2,197) | C-② |
| 鰺ヶ沢町 | ↘ | -77.5 | 117 | (3,749) | 519 | (9,044) | C-② |
| 中泊町 | ↗ | -76.3 | 133 | (3,539) | 561 | (9,657) | C-② |
| 大鰐町 | ↘ | -73.4 | 142 | (3,642) | 533 | (8,665) | C-② |
| 東通村 | ↘ | -72.6 | 106 | (2,933) | 387 | (5,955) | C-① |
| 五戸町 | ↗ | -70.5 | 323 | (7,885) | 1,093 | (16,042) | C-② |
| 風間浦村 | ↘ | -69.8 | 26 | (756) | 86 | (1,636) | C-② |
| 板柳町 | ↘ | -69.3 | 286 | (6,034) | 930 | (12,700) | C-② |
| 蓬田村 | ↗ | -69.1 | 47 | (1,150) | 152 | (2,540) | C-② |
| 平内町 | ↗ | -68.9 | 200 | (4,475) | 643 | (10,126) | C-② |
| 田子町 | ↘ | -68.8 | 84 | (2,198) | 269 | (4,968) | C-① |
| 野辺地町 | ↘ | -68.4 | 292 | (6,156) | 925 | (12,374) | C-② |
| 南部町 | ↘ | -68.4 | 349 | (8,464) | 1,105 | (16,809) | C-② |
| 三戸町 | ↗ | -66.9 | 182 | (4,143) | 549 | (9,082) | C-① |
| 七戸町 | ↗ | -66.7 | 309 | (7,212) | 928 | (14,556) | C-② |
| 横浜町 | ↘ | -66.3 | 101 | (2,353) | 300 | (4,229) | C-② |
| つがる市 | ↘ | -66.0 | 750 | (15,262) | 2,206 | (30,934) | C-② |
| 鶴田町 | ↘ | -64.9 | 304 | (5,780) | 866 | (12,074) | C-② |
| 黒石市 | ↘ | -64.3 | 963 | (17,571) | 2,698 | (31,946) | C-② |
| 階上町 | ↗ | -64.0 | 380 | (7,997) | 1,056 | (13,496) | C-② |
| 五所川原市 | ↘ | -63.6 | 1,443 | (28,029) | 3,962 | (51,415) | C-② |
| むつ市 | ↘ | -62.5 | 1,594 | (30,531) | 4,248 | (54,103) | C-② |

| | | | | | | | |
|---|---|---|---|---|---|---|---|
| 東北町 | ↗ | -58.9 | 476 | (9,113) | 1,157 | (16,428) | C-① |
| 平川市 | ↘ | -56.2 | 1,112 | (18,103) | 2,540 | (30,567) | C-② |
| 青森市 | ↗ | -52.7 | 11,473 | (174,205) | 24,265 | (275,192) | C-② |
| 藤崎町 | ↓ | -52.6 | 619 | (9,321) | 1,306 | (14,573) | C-② |
| 十和田市 | ↗ | -51.9 | 2,496 | (38,968) | 5,191 | (60,378) | C-② |
| 弘前市 | ↗ | -51.4 | 7,837 | (108,684) | 16,115 | (168,466) | C-② |
| 六ヶ所村 | ↓ | -51.0 | 427 | (6,916) | 871 | (10,367) | C-② |
| 八戸市 | ↗ | -50.1 | 9,835 | (151,087) | 19,702 | (223,415) | C-② |
| 三沢市 | ↘ | -48.4 | 1,976 | (27,826) | 3,826 | (39,152) | D-③ |
| 西目屋村 | ↑ | -47.3 | 49 | (587) | 93 | (1,265) | D-② |
| 田舎館村 | ↑ | -46.9 | 291 | (4,368) | 548 | (7,326) | D-② |
| おいらせ町 | ↘ | -43.3 | 1,271 | (19,121) | 2,242 | (24,273) | D-② |
| 六戸町 | ↗ | -37.2 | 521 | (8,100) | 830 | (10,447) | D-② |
| **岩手県** | | | | | | | |
| 普代村 | ↘ | -78.6 | 30 | (1,057) | 140 | (2,487) | C-② |
| 洋野町 | ↘ | -75.4 | 231 | (6,821) | 939 | (15,091) | C-② |
| 西和賀町 | ↗ | -74.4 | 62 | (1,940) | 242 | (5,134) | C-② |
| 田野畑村 | ↗ | -70.2 | 50 | (1,388) | 168 | (3,059) | C-① |
| 岩手町 | ↘ | -69.8 | 241 | (5,464) | 799 | (12,285) | C-② |
| 一戸町 | ↘ | -69.6 | 221 | (4,956) | 727 | (11,494) | C-② |
| 軽米町 | ↘ | -69.4 | 166 | (4,007) | 543 | (8,421) | C-② |
| 山田町 | ↘ | -69.0 | 315 | (6,703) | 1,016 | (14,320) | C-② |
| 八幡平市 | ↗ | -68.3 | 524 | (11,349) | 1,654 | (24,023) | C-② |
| 久慈市 | ↘ | -68.0 | 893 | (17,896) | 2,786 | (33,043) | C-② |
| 岩泉町 | ↗ | -67.4 | 158 | (4,099) | 484 | (8,726) | C-① |
| 葛巻町 | ↗ | -66.4 | 89 | (2,389) | 265 | (5,634) | C-② |
| 大槌町 | ↗ | -63.9 | 301 | (5,394) | 834 | (11,004) | C-② |
| 九戸村 | ↘ | -62.3 | 109 | (2,550) | 289 | (5,378) | C-② |
| 釜石市 | ↗ | -61.8 | 881 | (16,363) | 2,307 | (32,078) | C-② |
| 遠野市 | ↘ | -61.7 | 668 | (13,201) | 1,746 | (25,366) | C-② |
| 陸前高田市 | ↗ | -61.7 | 458 | (9,617) | 1,195 | (18,262) | C-② |
| 雫石町 | ↗ | -61.6 | 428 | (8,112) | 1,113 | (15,731) | C-② |

| | | | | | | | |
|---|---|---|---|---|---|---|---|
| 宮古市 | ↘ | -61.5 | 1,418 | (26,633) | 3,684 | (50,369) | C-② |
| 二戸市 | ↘ | -61.4 | 748 | (13,701) | 1,936 | (25,513) | C-② |
| 一関市 | ↘ | -60.0 | 3,281 | (61,196) | 8,204 | (111,932) | C-② |
| 大船渡市 | ↗ | -59.8 | 1,007 | (19,269) | 2,503 | (34,728) | C-② |
| 住田町 | ↗ | -59.4 | 130 | (2,475) | 320 | (5,045) | C-② |
| 平泉町 | ↘ | -59.1 | 199 | (3,790) | 487 | (7,252) | C-① |
| 野田村 | ↗ | -58.4 | 116 | (2,104) | 279 | (3,936) | C-① |
| 奥州市 | ↘ | -54.3 | 4,047 | (69,375) | 8,860 | (112,937) | C-② |
| 花巻市 | ↘ | -48.5 | 3,938 | (60,720) | 7,642 | (93,193) | D-③ |
| 矢巾町 | ↑ | -41.7 | 1,873 | (22,283) | 3,215 | (28,056) | D-③ |
| 紫波町 | ↗ | -41.7 | 1,620 | (23,581) | 2,778 | (32,147) | D-③ |
| 金ケ崎町 | ↘ | -40.1 | 747 | (11,516) | 1,247 | (15,535) | D-② |
| 北上市 | ↘ | -39.8 | 5,292 | (73,928) | 8,784 | (93,045) | D-③ |
| 滝沢市 | ↘ | -37.9 | 3,582 | (44,032) | 5,765 | (55,579) | D-③ |
| 盛岡市 | ↗ | -35.0 | 19,611 | (225,333) | 30,189 | (289,731) | D-③ |
| **宮城県** | | | | | | | |
| 丸森町 | ↘ | -75.6 | 188 | (4,974) | 769 | (12,262) | C-② |
| 南三陸町 | ↘ | -74.9 | 205 | (5,095) | 818 | (12,225) | C-② |
| 七ヶ宿町 | ↘ | -68.4 | 24 | (599) | 76 | (1,262) | C-② |
| 川崎町 | ↘ | -67.2 | 228 | (4,525) | 696 | (8,345) | C-③ |
| 涌谷町 | ↘ | -66.0 | 395 | (7,895) | 1,163 | (15,388) | C-② |
| 気仙沼市 | ↗ | -63.9 | 1,469 | (31,848) | 4,072 | (61,147) | C-② |
| 大郷町 | ↘ | -63.2 | 238 | (4,278) | 646 | (7,813) | C-② |
| 女川町 | ↘ | -62.7 | 208 | (3,062) | 557 | (6,430) | C-② |
| 栗原市 | ↗ | -61.1 | 1,758 | (33,929) | 4,515 | (64,637) | C-② |
| 村田町 | ↗ | -60.9 | 339 | (6,200) | 866 | (10,666) | C-② |
| 加美町 | ↘ | -60.7 | 651 | (11,808) | 1,656 | (21,943) | C-② |
| 角田市 | ↗ | -60.1 | 871 | (16,575) | 2,184 | (27,976) | C-② |
| 白石市 | ↘ | -59.5 | 1,049 | (18,669) | 2,590 | (32,758) | C-② |
| 蔵王町 | ↘ | -57.7 | 371 | (6,916) | 878 | (11,418) | C-② |
| 登米市 | ↘ | -57.6 | 2,517 | (43,781) | 5,933 | (76,037) | C-② |
| 七ヶ浜町 | ↘ | -56.9 | 644 | (11,250) | 1,493 | (18,132) | C-② |

| | | | | | | | |
|---|---|---|---|---|---|---|---|
| 石巻市 | ↘ | -54.8 | 5,562 | (86,785) | 12,309 | (140,151) | C-② |
| 色麻町 | ↘ | -54.1 | 255 | (3,954) | 556 | (6,698) | C-② |
| 松島町 | ↗ | -53.3 | 463 | (7,674) | 991 | (13,323) | C-② |
| 塩竈市 | ↑ | -48.6 | 2,436 | (34,782) | 4,741 | (52,203) | D-③ |
| 美里町 | ↑ | -47.9 | 1,004 | (15,734) | 1,928 | (23,994) | D-③ |
| 東松島市 | ↘ | -47.2 | 1,994 | (27,332) | 3,778 | (39,098) | D-③ |
| 大崎市 | ↘ | -47.2 | 6,259 | (87,340) | 11,856 | (127,330) | D-③ |
| 亘理町 | ↗ | -45.9 | 1,616 | (24,117) | 2,985 | (33,087) | D-③ |
| 柴田町 | ↗ | -39.6 | 2,275 | (28,553) | 3,768 | (38,271) | D-③ |
| 山元町 | ↑ | -39.5 | 521 | (7,911) | 861 | (12,046) | D-③ |
| 利府町 | ↘ | -31.3 | 2,477 | (30,650) | 3,606 | (35,182) | D-③ |
| 多賀城市 | ↗ | -30.8 | 4,825 | (51,958) | 6,975 | (62,827) | D-③ |
| 岩沼市 | ↗ | -30.2 | 3,236 | (35,985) | 4,637 | (44,068) | D-③ |
| 大河原町 | ↗ | -29.4 | 1,704 | (19,966) | 2,415 | (23,571) | D-③ |
| 仙台市 | ↗ | -25.6 | 103,135 | (998,832) | 138,549 | (1,096,704) | D-③ |
| 富谷市 | ↘ | -25.2 | 3,817 | (46,867) | 5,105 | (51,651) | D-② |
| 大和町 | ↗ | -24.5 | 2,483 | (26,953) | 3,289 | (28,786) | D-③ |
| 名取市 | ↘ | -17.8 | 7,201 | (77,071) | 8,761 | (78,718) | D-① |
| 大衡村 | ↑ | -15.2 | 470 | (5,697) | 554 | (5,849) | A |
| **秋田県** | | | | | | | |
| 男鹿市 | ↘ | -77.4 | 315 | (9,456) | 1,391 | (25,154) | C-② |
| 上小阿仁村 | ↘ | -77.3 | 17 | (760) | 75 | (2,063) | C-② |
| 藤里町 | ↘ | -76.6 | 32 | (1,064) | 137 | (2,896) | C-② |
| 三種町 | ↘ | -74.6 | 218 | (6,284) | 857 | (15,254) | C-② |
| 八郎潟町 | ↘ | -74.2 | 88 | (2,548) | 341 | (5,583) | C-② |
| 湯沢市 | ↘ | -72.2 | 735 | (19,552) | 2,645 | (42,091) | C-② |
| 八峰町 | ↗ | -72.1 | 95 | (2,831) | 341 | (6,577) | C-② |
| 井川町 | ↘ | -72.1 | 70 | (2,151) | 251 | (4,566) | C-② |
| 小坂町 | ↗ | -72.1 | 71 | (2,059) | 254 | (4,780) | C-② |
| 五城目町 | ↗ | -70.6 | 139 | (3,571) | 473 | (8,538) | C-② |
| 仙北市 | ↘ | -68.0 | 499 | (11,201) | 1,558 | (24,610) | C-② |
| 北秋田市 | ↗ | -67.2 | 552 | (13,934) | 1,683 | (30,198) | C-② |

| | | | | | | | |
|---|---|---|---|---|---|---|---|
| 羽後町 | ↘ | -67.1 | 309 | (6,704) | 938 | (13,825) | C-② |
| 能代市 | ↘ | -65.9 | 1,096 | (24,973) | 3,209 | (49,968) | C-② |
| 東成瀬村 | ↘ | -64.0 | 49 | (1,404) | 136 | (2,704) | C-② |
| 美郷町 | ↘ | -62.8 | 472 | (9,336) | 1,268 | (18,613) | C-② |
| にかほ市 | ↘ | -62.4 | 539 | (12,265) | 1,435 | (23,435) | C-② |
| 鹿角市 | ↘ | -61.9 | 682 | (14,230) | 1,789 | (29,088) | C-② |
| 由利本荘市 | ↘ | -59.7 | 2,240 | (42,387) | 5,564 | (74,707) | C-② |
| 大館市 | ↘ | -58.4 | 2,100 | (39,696) | 5,047 | (69,237) | C-② |
| 大潟村 | ↓ | -58.0 | 97 | (1,772) | 231 | (3,011) | C-② |
| 大仙市 | ↘ | -57.3 | 2,473 | (44,243) | 5,793 | (77,657) | C-② |
| 横手市 | ↘ | -56.9 | 2,651 | (47,878) | 6,148 | (85,555) | C-② |
| 潟上市 | ↗ | -55.4 | 1,124 | (19,363) | 2,522 | (31,720) | C-② |
| 秋田市 | ↑ | -42.0 | 16,720 | (220,767) | 28,830 | (307,672) | D-③ |
| **山形県** | | | | | | | |
| 戸沢村 | ↘ | -75.1 | 73 | (1,848) | 293 | (4,199) | C-② |
| 西川町 | ↘ | -72.4 | 81 | (1,987) | 293 | (4,956) | C-② |
| 大蔵村 | ↗ | -70.6 | 57 | (1,346) | 194 | (3,028) | C-① |
| 尾花沢市 | ↘ | -70.0 | 279 | (6,207) | 929 | (14,971) | C-② |
| 金山町 | ↘ | -69.1 | 112 | (2,317) | 362 | (5,071) | C-② |
| 朝日町 | ↘ | -68.2 | 119 | (2,835) | 374 | (6,366) | C-② |
| 遊佐町 | ↗ | -65.8 | 258 | (6,160) | 755 | (13,032) | C-① |
| 鮭川村 | ↗ | -65.8 | 78 | (1,776) | 228 | (3,902) | C-① |
| 大石田町 | ↗ | -65.7 | 144 | (3,082) | 420 | (6,577) | C-② |
| 舟形町 | ↘ | -65.2 | 105 | (2,436) | 302 | (5,007) | C-② |
| 真室川町 | ↘ | -63.8 | 162 | (3,176) | 448 | (7,203) | C-① |
| 最上町 | ↗ | -62.6 | 186 | (3,830) | 497 | (8,080) | C-① |
| 白鷹町 | ↘ | -62.5 | 327 | (6,660) | 873 | (12,890) | C-② |
| 村山市 | ↘ | -62.5 | 593 | (11,556) | 1,581 | (22,516) | C-② |
| 小国町 | ↘ | -61.7 | 155 | (3,298) | 405 | (7,107) | C-① |
| 上山市 | ↘ | -61.7 | 833 | (15,550) | 2,172 | (29,110) | C-② |
| 川西町 | ↗ | -61.6 | 406 | (7,107) | 1,058 | (14,558) | C-② |
| 庄内町 | ↘ | -60.4 | 581 | (10,773) | 1,468 | (20,151) | C-② |

| | | | | | | | |
|---|---|---|---|---|---|---|---|
| 大江町 | ↘ | -60.4 | 203 | (4,059) | 512 | (7,646) | C-② |
| 新庄市 | ↘ | -59.0 | 1,164 | (19,662) | 2,842 | (34,432) | C-② |
| 中山町 | ↘ | -57.3 | 363 | (6,417) | 850 | (10,746) | C-② |
| 飯豊町 | ↗ | -56.1 | 215 | (3,508) | 490 | (6,613) | C-② |
| 酒田市 | ↗ | -56.0 | 3,412 | (60,768) | 7,745 | (100,273) | C-② |
| 長井市 | ↓ | -51.9 | 1,055 | (16,881) | 2,192 | (26,543) | C-② |
| 河北町 | ↘ | -51.3 | 639 | (10,671) | 1,312 | (17,641) | C-② |
| 鶴岡市 | ↗ | -51.1 | 4,761 | (76,968) | 9,744 | (122,347) | C-② |
| 高畠町 | ↓ | -50.9 | 906 | (13,826) | 1,845 | (22,463) | C-② |
| 山辺町 | ↓ | -50.3 | 559 | (8,978) | 1,124 | (13,725) | C-② |
| 南陽市 | ↑ | -49.6 | 1,324 | (19,390) | 2,626 | (30,420) | D-③ |
| 米沢市 | ↘ | -48.8 | 3,655 | (53,112) | 7,141 | (81,252) | D-③ |
| 寒河江市 | ↗ | -40.9 | 2,189 | (29,014) | 3,702 | (40,189) | D-③ |
| 天童市 | ↑ | -36.0 | 3,951 | (49,037) | 6,171 | (62,140) | D-③ |
| 三川町 | ↑ | -34.1 | 397 | (5,848) | 602 | (7,601) | D-② |
| 山形市 | ↗ | -31.9 | 17,410 | (198,986) | 25,570 | (247,590) | D-③ |
| 東根市 | ↘ | -25.0 | 3,605 | (41,769) | 4,808 | (47,682) | D-③ |
| **福島県** | | | | | | | |
| 川俣町 | ↓ | -78.1 | 175 | (5,072) | 798 | (12,170) | C-② |
| 平田村 | ↓ | -75.7 | 101 | (2,824) | 415 | (5,826) | C-② |
| 鮫川村 | ↓ | -74.2 | 53 | (1,275) | 205 | (3,049) | C-② |
| 三島町 | ↓ | -74.0 | 19 | (528) | 73 | (1,452) | C-② |
| 南会津町 | ↓ | -72.7 | 234 | (6,369) | 856 | (14,451) | C-② |
| 下郷町 | ↓ | -72.4 | 78 | (2,331) | 283 | (5,264) | C-② |
| 古殿町 | ↓ | -71.9 | 87 | (2,180) | 310 | (4,825) | C-② |
| 金山町 | ↓ | -70.3 | 22 | (715) | 74 | (1,862) | C-② |
| 小野町 | ↓ | -69.4 | 200 | (4,747) | 653 | (9,471) | C-② |
| 国見町 | ↓ | -68.5 | 187 | (4,185) | 594 | (8,639) | C-② |
| 田村市 | ↓ | -67.5 | 884 | (18,087) | 2,720 | (35,169) | C-② |
| 会津美里町 | ↓ | -67.3 | 436 | (9,218) | 1,335 | (19,014) | C-② |
| 西会津町 | ↓ | -66.2 | 109 | (2,587) | 322 | (5,770) | C-① |
| 猪苗代町 | ↓ | -65.4 | 326 | (6,670) | 942 | (13,552) | C-② |

| | | | | | | | |
|---|---|---|---|---|---|---|---|
| 石川町 | ↓ | -65.4 | 361 | (7,213) | 1,042 | (14,644) | C-② |
| 塙町 | ↓ | -64.1 | 217 | (4,323) | 604 | (8,302) | C-② |
| 北塩原村 | ↓ | -63.9 | 69 | (1,259) | 191 | (2,556) | C-② |
| 天栄村 | ↓ | -63.3 | 152 | (2,829) | 414 | (5,194) | C-② |
| 檜枝岐村 | ↓ | -62.2 | 14 | (279) | 37 | (504) | C-② |
| 喜多方市 | ↓ | -60.9 | 1,374 | (24,846) | 3,514 | (44,760) | C-② |
| 浅川町 | ↓ | -60.8 | 174 | (3,376) | 444 | (6,036) | C-② |
| 二本松市 | ↓ | -59.7 | 1,820 | (31,803) | 4,517 | (53,557) | C-② |
| 玉川村 | ↓ | -59.7 | 223 | (3,820) | 553 | (6,392) | C-② |
| 伊達市 | ↓ | -59.5 | 1,858 | (33,578) | 4,586 | (58,240) | C-② |
| 会津坂下町 | ↓ | -58.7 | 483 | (8,641) | 1,169 | (15,068) | C-② |
| 三春町 | ↓ | -58.5 | 566 | (10,419) | 1,363 | (17,018) | C-② |
| 矢祭町 | ↓ | -57.3 | 160 | (2,987) | 375 | (5,392) | C-① |
| 桑折町 | ↓ | -57.1 | 372 | (6,783) | 867 | (11,459) | C-② |
| 只見町 | ↓ | -56.4 | 85 | (2,084) | 195 | (4,044) | C-① |
| 棚倉町 | ↓ | -54.5 | 512 | (7,834) | 1,124 | (13,343) | C-② |
| 泉崎村 | ↓ | -54.2 | 252 | (4,173) | 550 | (6,213) | C-② |
| 会津若松市 | ↓ | -53.0 | 5,057 | (76,262) | 10,749 | (117,376) | C-② |
| 白河市 | ↓ | -50.3 | 2,700 | (40,370) | 5,429 | (59,491) | C-② |
| 本宮市 | | -47.3 | 1,524 | (22,760) | 2,890 | (30,236) | D-③ |
| 湯川村 | | -47.2 | 131 | (2,021) | 248 | (3,081) | D-② |
| 中島村 | | -45.8 | 225 | (3,535) | 415 | (4,885) | D-② |
| 浜通り | | -45.5 | 20,922 | (307,228) | 38,374 | (452,508) | D-③ |
| 福島市 | | -44.8 | 14,891 | (209,049) | 26,996 | (282,693) | D-③ |
| 須賀川市 | | -43.8 | 3,910 | (53,951) | 6,959 | (74,992) | D-③ |
| 柳津町 | | -42.9 | 88 | (1,636) | 154 | (3,081) | D-② |
| 郡山市 | | -41.4 | 19,923 | (256,083) | 33,984 | (327,692) | D-③ |
| 鏡石町 | | -41.3 | 712 | (9,333) | 1,213 | (12,318) | D-③ |
| 昭和村 | | -38.7 | 38 | (670) | 62 | (1,246) | D-③ |
| 磐梯町 | | -38.3 | 150 | (2,035) | 243 | (3,322) | D-② |
| 矢吹町 | | -34.0 | 1,008 | (12,749) | 1,528 | (17,287) | D-③ |
| 西郷村 | | -32.2 | 1,507 | (18,313) | 2,221 | (20,808) | D-③ |

| | | | | | | | |
|---|---|---|---|---|---|---|---|
| 大玉村 | | -30.0 | 648 | (7,970) | 926 | (8,900) | D-② |
| **茨城県** | | | | | | | |
| 大子町 | ↘ | -76.4 | 200 | (6,231) | 847 | (15,736) | C-② |
| 河内町 | ↘ | -74.7 | 151 | (3,897) | 597 | (8,231) | C-③ |
| 城里町 | ↘ | -71.0 | 370 | (9,218) | 1,276 | (18,097) | C-② |
| 稲敷市 | ↘ | -70.4 | 844 | (19,170) | 2,847 | (39,039) | C-② |
| 桜川市 | ↘ | -66.4 | 1,014 | (20,487) | 3,017 | (39,122) | C-② |
| 常陸太田市 | ↘ | -65.4 | 1,214 | (25,696) | 3,506 | (48,602) | C-② |
| 高萩市 | ↘ | -65.0 | 765 | (14,824) | 2,188 | (27,699) | C-② |
| 五霞町 | ↘ | -62.0 | 246 | (4,534) | 648 | (8,093) | C-② |
| 常陸大宮市 | ↗ | -61.8 | 1,137 | (22,313) | 2,978 | (39,267) | C-② |
| 美浦村 | ↗ | -60.9 | 434 | (8,377) | 1,109 | (14,602) | C-② |
| 北茨城市 | ↘ | -59.7 | 1,364 | (24,023) | 3,381 | (41,801) | C-② |
| 行方市 | ↘ | -59.6 | 1,039 | (17,726) | 2,572 | (32,185) | C-② |
| 利根町 | ↗ | -59.1 | 381 | (8,023) | 932 | (15,340) | C-② |
| 日立市 | ↘ | -57.2 | 6,072 | (104,391) | 14,181 | (174,508) | C-② |
| 潮来市 | ↘ | -54.2 | 1,099 | (16,865) | 2,397 | (27,604) | C-② |
| 八千代町 | ↓ | -52.7 | 813 | (13,901) | 1,718 | (21,026) | C-② |
| 鉾田市 | ↓ | -50.5 | 1,992 | (31,934) | 4,026 | (45,953) | C-② |
| 石岡市 | ↑ | -49.3 | 3,106 | (49,199) | 6,124 | (73,061) | D-③ |
| 大洗町 | ↘ | -48.5 | 642 | (9,406) | 1,247 | (15,715) | D-③ |
| 筑西市 | ↑ | -48.5 | 4,454 | (67,207) | 8,643 | (100,753) | D-③ |
| かすみがうら市 | ↘ | -47.0 | 1,814 | (27,514) | 3,422 | (40,087) | D-③ |
| 下妻市 | ↗ | -45.8 | 2,174 | (30,931) | 4,014 | (42,521) | D-③ |
| 坂東市 | ↘ | -45.6 | 2,480 | (36,253) | 4,559 | (52,265) | D-③ |
| 笠間市 | ↑ | -45.0 | 3,536 | (49,917) | 6,429 | (73,173) | D-③ |
| 小美玉市 | ↘ | -45.0 | 2,456 | (34,656) | 4,464 | (48,870) | D-③ |
| 龍ケ崎市 | ↘ | -44.0 | 3,991 | (57,774) | 7,120 | (76,420) | D-③ |
| 茨城町 | ↘ | -43.6 | 1,442 | (21,664) | 2,555 | (31,401) | D-③ |
| 常総市 | ↗ | -40.5 | 3,316 | (44,611) | 5,573 | (60,834) | D-③ |
| 境町 | ↗ | -37.6 | 1,410 | (18,102) | 2,259 | (24,201) | D-③ |
| 那珂市 | ↗ | -36.9 | 2,972 | (41,710) | 4,711 | (53,502) | D-③ |

| | | | | | | | |
|---|---|---|---|---|---|---|---|
| 古河市 | ↗ | -36.9 | 8,560 | (107,859) | 13,568 | (139,344) | D-③ |
| 結城市 | ↗ | -34.6 | 3,006 | (39,431) | 4,596 | (50,645) | D-③ |
| ひたちなか市 | ↘ | -32.6 | 10,145 | (132,531) | 15,046 | (156,581) | D-③ |
| 土浦市 | ↗ | -29.8 | 9,953 | (118,991) | 14,173 | (142,074) | D-③ |
| 取手市 | ↗ | -29.7 | 6,360 | (78,828) | 9,050 | (104,524) | D-③ |
| 神栖市 | ↗ | -27.1 | 7,143 | (83,794) | 9,798 | (95,454) | D-③ |
| 鹿嶋市 | ↗ | -26.2 | 4,280 | (56,811) | 5,796 | (66,950) | D-③ |
| 阿見町 | ↗ | -23.3 | 3,859 | (43,596) | 5,032 | (48,553) | D-③ |
| 東海村 | ↘ | -22.4 | 2,730 | (33,173) | 3,518 | (37,891) | D-② |
| 水戸市 | ↗ | -22.4 | 22,258 | (243,760) | 28,665 | (270,685) | D-③ |
| 牛久市 | ↗ | -13.9 | 6,905 | (77,034) | 8,018 | (84,651) | D-① |
| つくば市 | ↗ | -13.3 | 28,398 | (256,124) | 32,770 | (241,656) | D-① |
| 守谷市 | ↗ | 0.3 | 7,482 | (76,203) | 7,462 | (68,421) | D-① |
| つくばみらい市 | ↗ | 4.1 | 5,416 | (56,376) | 5,201 | (49,872) | A |
| **栃木県** | | | | | | | |
| 塩谷町 | ↘ | -75.2 | 171 | (4,587) | 689 | (10,354) | C-② |
| 那珂川町 | ↘ | -73.1 | 282 | (6,986) | 1,048 | (15,215) | C-② |
| 茂木町 | ↘ | -72.2 | 196 | (5,194) | 706 | (11,891) | C-② |
| 那須烏山市 | ↘ | -65.2 | 616 | (12,959) | 1,769 | (24,875) | C-② |
| 日光市 | ↘ | -59.4 | 2,558 | (43,723) | 6,301 | (77,661) | C-② |
| 益子町 | ↓ | -56.4 | 798 | (13,260) | 1,830 | (21,898) | C-② |
| 矢板市 | ↓ | -56.0 | 1,137 | (19,273) | 2,586 | (31,165) | C-② |
| 市貝町 | ↓ | -51.3 | 466 | (7,681) | 957 | (11,262) | C-② |
| 鹿沼市 | ↘ | -47.9 | 4,372 | (64,621) | 8,385 | (94,033) | D-③ |
| 那須町 | ↑ | -47.8 | 813 | (15,893) | 1,557 | (23,956) | D-③ |
| 足利市 | ↗ | -46.0 | 6,601 | (100,047) | 12,226 | (144,746) | D-③ |
| 高根沢町 | ↘ | -43.4 | 1,668 | (22,545) | 2,947 | (29,229) | D-③ |
| 栃木市 | ↗ | -42.2 | 8,026 | (112,915) | 13,874 | (155,549) | D-③ |
| 佐野市 | ↗ | -39.5 | 6,482 | (87,904) | 10,707 | (116,228) | D-③ |
| 大田原市 | ↗ | -38.7 | 4,634 | (52,338) | 7,555 | (72,087) | D-③ |
| 上三川町 | ↘ | -37.7 | 1,868 | (23,977) | 3,000 | (30,806) | D-③ |
| 真岡市 | ↘ | -36.6 | 4,867 | (59,328) | 7,671 | (78,190) | D-③ |

| | | | | | | | |
|---|---|---|---|---|---|---|---|
| 下野市 | ↗ | -36.1 | 4,225 | (48,870) | 6,612 | (59,507) | D-③ |
| 野木町 | ↗ | -34.8 | 1,489 | (18,370) | 2,285 | (24,913) | D-③ |
| 那須塩原市 | ↘ | -33.5 | 7,516 | (95,216) | 11,307 | (115,210) | D-③ |
| 芳賀町 | ↗ | -32.7 | 830 | (11,212) | 1,233 | (14,961) | D-② |
| 壬生町 | ↗ | -29.1 | 2,890 | (31,487) | 4,077 | (39,474) | D-③ |
| さくら市 | ↗ | -23.8 | 3,173 | (38,224) | 4,163 | (44,513) | D-③ |
| 小山市 | ↗ | -23.7 | 13,268 | (150,012) | 17,390 | (166,666) | D-③ |
| 宇都宮市 | ↗ | -22.6 | 41,633 | (455,580) | 53,771 | (518,757) | D-③ |
| **群馬県** | | | | | | | |
| 南牧村 | ↗ | -88.0 | 6 | (406) | 50 | (1,611) | C-③ |
| 下仁田町 | ↗ | -80.7 | 63 | (2,268) | 326 | (6,576) | C-② |
| 片品村 | ↗ | -71.8 | 58 | (1,779) | 206 | (3,993) | C-① |
| 長野原町 | ↘ | -71.2 | 94 | (2,681) | 326 | (5,095) | C-② |
| 東吾妻町 | ↘ | -71.0 | 259 | (6,009) | 894 | (12,728) | C-② |
| 神流町 | ↗ | -68.0 | 16 | (498) | 50 | (1,645) | C-③ |
| みなかみ町 | ↗ | -66.1 | 376 | (8,049) | 1,110 | (17,195) | C-② |
| 中之条町 | ↘ | -63.1 | 395 | (8,347) | 1,069 | (15,386) | C-② |
| 桐生市 | ↗ | -57.6 | 3,424 | (59,785) | 8,075 | (106,445) | C-② |
| 沼田市 | ↘ | -57.3 | 1,552 | (27,210) | 3,633 | (45,337) | C-② |
| 草津町 | ↗ | -57.2 | 201 | (3,386) | 470 | (6,049) | C-③ |
| 安中市 | ↗ | -55.1 | 1,856 | (34,680) | 4,133 | (54,907) | C-② |
| 渋川市 | ↗ | -54.7 | 2,773 | (44,906) | 6,123 | (74,581) | C-② |
| 甘楽町 | ↗ | -54.2 | 471 | (7,905) | 1,028 | (12,491) | C-② |
| 玉村町 | ↗ | -53.9 | 1,835 | (25,742) | 3,984 | (36,054) | C-② |
| 板倉町 | ↓ | -53.1 | 546 | (8,712) | 1,164 | (14,083) | C-② |
| 嬬恋村 | ↗ | -52.2 | 268 | (4,968) | 561 | (8,850) | C-① |
| 富岡市 | ↓ | -52.0 | 1,852 | (30,374) | 3,858 | (47,446) | C-② |
| 上野村 | ↗ | -51.0 | 49 | (589) | 100 | (1,128) | C-② |
| 藤岡市 | ↓ | -50.7 | 2,744 | (42,395) | 5,566 | (63,261) | C-② |
| 川場村 | ↘ | -48.8 | 106 | (2,164) | 207 | (3,480) | D-② |
| 高山村 | ↑ | -47.6 | 144 | (2,330) | 275 | (3,511) | D-③ |
| 邑楽町 | ↑ | -45.6 | 1,166 | (17,848) | 2,145 | (25,522) | D-③ |

| | | | | | | | |
|---|---|---|---|---|---|---|---|
| みどり市 | ↘ | -44.3 | 2,494 | (35,731) | 4,479 | (49,648) | D-③ |
| 千代田町 | ↘ | -43.6 | 558 | (7,874) | 989 | (10,861) | D-③ |
| 明和町 | ↗ | -40.4 | 622 | (8,238) | 1,043 | (10,882) | D-③ |
| 館林市 | ↗ | -39.7 | 4,056 | (56,971) | 6,724 | (75,309) | D-③ |
| 昭和村 | ↘ | -36.5 | 435 | (4,997) | 685 | (6,953) | D-③ |
| 前橋市 | ↗ | -31.3 | 22,215 | (271,548) | 32,323 | (332,149) | D-③ |
| 榛東村 | ↗ | -30.4 | 958 | (12,270) | 1,377 | (14,216) | D-② |
| 大泉町 | ↑ | -29.1 | 3,151 | (35,955) | 4,447 | (42,089) | D-③ |
| 伊勢崎市 | ↘ | -24.8 | 16,559 | (190,997) | 22,012 | (211,850) | D-③ |
| 高崎市 | ↗ | -22.3 | 29,095 | (330,734) | 37,441 | (372,973) | D-③ |
| 太田市 | ↗ | -21.2 | 17,066 | (200,120) | 21,656 | (223,014) | D-③ |
| 吉岡町 | ↘ | -15.6 | 2,021 | (22,164) | 2,395 | (21,792) | A |
| **埼玉県** | | | | | | | |
| 東秩父村 | ↗ | -79.4 | 33 | (1,105) | 160 | (2,709) | C-② |
| 小鹿野町 | ↘ | -74.9 | 184 | (4,907) | 733 | (10,928) | C-② |
| 吉見町 | ↗ | -70.5 | 454 | (9,671) | 1,539 | (18,192) | C-③ |
| 小川町 | ↗ | -69.4 | 641 | (14,269) | 2,097 | (28,524) | C-② |
| ときがわ町 | ↗ | -66.9 | 230 | (5,535) | 695 | (10,540) | C-② |
| 川島町 | ↘ | -62.6 | 574 | (11,022) | 1,536 | (19,378) | C-② |
| 越生町 | ↘ | -62.2 | 319 | (6,206) | 843 | (11,029) | C-② |
| 長瀞町 | ↗ | -62.1 | 159 | (3,685) | 420 | (6,807) | C-② |
| 横瀬町 | ↗ | -58.6 | 252 | (4,779) | 609 | (7,979) | C-② |
| 鳩山町 | ↗ | -58.2 | 354 | (7,290) | 846 | (13,560) | C-② |
| 皆野町 | ↗ | -55.0 | 283 | (5,160) | 629 | (9,302) | C-② |
| 神川町 | ↓ | -54.5 | 528 | (9,260) | 1,160 | (13,359) | C-② |
| 寄居町 | ↗ | -53.5 | 1,293 | (20,587) | 2,782 | (32,374) | C-② |
| 秩父市 | ↘ | -53.3 | 2,260 | (35,846) | 4,843 | (59,674) | C-② |
| 松伏町 | ↓ | -53.3 | 1,121 | (19,035) | 2,402 | (28,266) | C-② |
| 行田市 | ↗ | -50.9 | 3,501 | (49,980) | 7,130 | (78,617) | C-② |
| 嵐山町 | ↑ | -47.3 | 865 | (12,674) | 1,642 | (17,889) | D-③ |
| 杉戸町 | ↘ | -46.0 | 2,007 | (30,307) | 3,717 | (43,845) | D-③ |
| 幸手市 | ↑ | -45.5 | 2,245 | (33,617) | 4,118 | (50,066) | D-③ |

| | | | | | | | |
|---|---|---|---|---|---|---|---|
| 毛呂山町 | ↗ | -44.5 | 2,028 | (23,847) | 3,653 | (35,366) | B-② |
| 上里町 | ↘ | -44.1 | 1,575 | (23,596) | 2,816 | (30,343) | D-③ |
| 羽生市 | ↘ | -43.6 | 2,870 | (38,541) | 5,087 | (52,862) | D-③ |
| 北本市 | ↑ | -43.6 | 3,237 | (45,682) | 5,734 | (65,201) | D-③ |
| 加須市 | ↗ | -41.2 | 6,242 | (86,600) | 10,620 | (111,623) | D-③ |
| 春日部市 | ↗ | -38.9 | 12,893 | (171,185) | 21,112 | (229,792) | D-③ |
| 美里町 | ↑ | -38.3 | 547 | (8,537) | 887 | (11,039) | D-③ |
| 深谷市 | ↗ | -37.2 | 8,392 | (108,952) | 13,356 | (141,268) | D-③ |
| 入間市 | ↗ | -37.1 | 8,809 | (113,303) | 14,005 | (145,651) | D-③ |
| 熊谷市 | ↗ | -36.3 | 11,667 | (149,959) | 18,308 | (194,415) | D-③ |
| 久喜市 | ↗ | -35.8 | 9,292 | (117,103) | 14,467 | (150,582) | D-③ |
| 狭山市 | ↗ | -34.7 | 8,933 | (110,891) | 13,678 | (148,699) | D-③ |
| 飯能市 | ↑ | -34.3 | 4,772 | (63,609) | 7,259 | (80,361) | D-③ |
| 鴻巣市 | ↗ | -34.1 | 7,536 | (91,849) | 11,441 | (116,828) | D-③ |
| 本庄市 | ↗ | -30.7 | 5,105 | (65,077) | 7,365 | (78,569) | D-③ |
| 鶴ヶ島市 | ↗ | -25.5 | 5,320 | (58,252) | 7,144 | (70,117) | D-③ |
| 宮代町 | ↑ | -25.5 | 2,407 | (28,029) | 3,229 | (34,147) | D-③ |
| 東松山市 | ↗ | -25.3 | 6,948 | (78,779) | 9,304 | (91,791) | D-③ |
| 坂戸市 | ↗ | -22.3 | 7,539 | (84,008) | 9,702 | (100,275) | D-③ |
| 桶川市 | ↗ | -22.0 | 5,667 | (64,820) | 7,261 | (74,748) | D-③ |
| 上尾市 | ↗ | -20.6 | 18,286 | (201,253) | 23,026 | (226,940) | D-③ |
| 日高市 | ↗ | -20.1 | 3,704 | (44,637) | 4,637 | (54,571) | D-③ |
| 蓮田市 | ↗ | -20.1 | 4,673 | (50,194) | 5,850 | (61,499) | D-③ |
| 所沢市 | ↗ | -17.6 | 29,933 | (307,906) | 36,341 | (342,464) | D-① |
| 草加市 | ↗ | -16.7 | 22,457 | (229,624) | 26,958 | (248,304) | D-① |
| 白岡市 | ↗ | -16.6 | 4,504 | (49,395) | 5,400 | (52,214) | D-① |
| 富士見市 | ↗ | -15.8 | 11,731 | (106,340) | 13,929 | (111,859) | D-① |
| 川越市 | ↗ | -15.0 | 31,091 | (331,749) | 36,580 | (354,571) | D-① |
| 蕨市 | ↗ | -14.4 | 8,603 | (72,917) | 10,051 | (74,283) | B-① |
| 越谷市 | ↗ | -13.3 | 33,202 | (330,327) | 38,274 | (341,621) | D-① |
| 三芳町 | ↗ | -12.6 | 2,903 | (34,102) | 3,321 | (38,434) | D-① |
| さいたま市 | ↗ | -12.2 | 138,517 | (1,339,475) | 157,841 | (1,324,025) | D-① |

| | | | | | | | |
|---|---|---|---|---|---|---|---|
| 三郷市 | ↑ | -11.8 | 13,681 | (140,552) | 15,510 | (142,145) | D-① |
| ふじみ野市 | ↗ | -11.1 | 10,602 | (111,025) | 11,923 | (113,597) | D-① |
| 川口市 | ↗ | -8.6 | 63,930 | (599,667) | 69,927 | (594,274) | D-① |
| 八潮市 | ↗ | -8.6 | 10,710 | (102,076) | 11,711 | (93,363) | D-① |
| 伊奈町 | ↘ | -8.3 | 4,053 | (44,770) | 4,420 | (44,841) | D-① |
| 和光市 | ↗ | -7.7 | 11,005 | (84,333) | 11,922 | (83,989) | D-① |
| 新座市 | ↗ | -7.5 | 16,449 | (162,926) | 17,786 | (166,017) | D-① |
| 志木市 | ↗ | -7.5 | 8,045 | (76,611) | 8,694 | (75,346) | D-① |
| 戸田市 | ↗ | -6.7 | 18,408 | (150,760) | 19,729 | (140,899) | D-① |
| 朝霞市 | ↗ | -6.2 | 17,122 | (146,963) | 18,262 | (141,083) | D-① |
| 吉川市 | ↘ | -3.3 | 7,756 | (76,872) | 8,023 | (71,979) | D-① |
| 滑川町 | ↗ | 1.7 | 2,091 | (21,904) | 2,057 | (19,732) | A |
| **千葉県** | | | | | | | |
| 長南町 | ↘ | -72.3 | 117 | (3,192) | 422 | (7,198) | C-② |
| 九十九里町 | ↘ | -69.6 | 305 | (7,210) | 1,003 | (14,639) | C-② |
| 銚子市 | ↘ | -67.5 | 1,409 | (28,770) | 4,331 | (58,431) | C-③ |
| 長柄町 | ↘ | -67.0 | 128 | (3,378) | 388 | (6,721) | C-② |
| 芝山町 | ↘ | -66.2 | 182 | (4,148) | 538 | (7,033) | C-② |
| 鋸南町 | ↗ | -66.1 | 136 | (3,089) | 401 | (6,993) | C-② |
| 山武市 | ↘ | -65.9 | 1,261 | (27,339) | 3,699 | (48,444) | C-② |
| 栄町 | ↗ | -64.5 | 579 | (10,885) | 1,631 | (20,127) | C-② |
| 八街市 | ↘ | -63.2 | 2,176 | (42,276) | 5,912 | (67,455) | C-② |
| 東庄町 | ↗ | -60.8 | 343 | (6,895) | 874 | (13,228) | C-② |
| 富津市 | ↗ | -60.6 | 1,169 | (24,286) | 2,965 | (42,465) | C-② |
| 香取市 | ↗ | -60.1 | 2,186 | (40,605) | 5,481 | (72,356) | C-② |
| 匝瑳市 | ↗ | -58.6 | 1,078 | (20,643) | 2,602 | (35,040) | C-② |
| 大多喜町 | ↗ | -56.5 | 230 | (4,498) | 529 | (8,885) | C-② |
| 神崎町 | ↗ | -55.8 | 187 | (3,697) | 423 | (5,816) | C-② |
| 白子町 | ↗ | -55.4 | 311 | (5,779) | 698 | (10,305) | C-② |
| 多古町 | ↗ | -55.3 | 447 | (8,018) | 999 | (13,735) | C-② |
| いすみ市 | ↗ | -54.6 | 1,011 | (20,218) | 2,226 | (35,544) | C-② |
| 勝浦市 | ↗ | -54.2 | 440 | (8,815) | 960 | (16,927) | C-② |

| | | | | | | | |
|---|---|---|---|---|---|---|---|
| 南房総市 | ↗ | -52.9 | 890 | (19,201) | 1,891 | (35,831) | C-② |
| 横芝光町 | ↗ | -52.8 | 803 | (13,382) | 1,701 | (22,075) | C-② |
| 御宿町 | ↗ | -51.2 | 159 | (4,381) | 326 | (6,874) | C-② |
| 君津市 | ↑ | -48.2 | 3,612 | (54,982) | 6,978 | (82,206) | D-③ |
| 長生村 | ↘ | -47.4 | 598 | (9,847) | 1,136 | (13,803) | D-③ |
| 館山市 | ↑ | -45.3 | 1,672 | (30,710) | 3,058 | (45,153) | D-③ |
| 睦沢町 | ↑ | -44.8 | 271 | (4,108) | 491 | (6,760) | D-③ |
| 茂原市 | ↗ | -42.3 | 4,280 | (63,935) | 7,414 | (86,782) | D-③ |
| 旭市 | ↗ | -41.4 | 3,506 | (45,570) | 5,978 | (63,745) | D-③ |
| 東金市 | ↑ | -40.9 | 3,360 | (43,866) | 5,680 | (58,219) | D-③ |
| 大網白里市 | ↗ | -38.7 | 2,544 | (37,560) | 4,152 | (48,129) | D-③ |
| 市原市 | ↗ | -36.0 | 16,109 | (207,507) | 25,153 | (269,524) | D-③ |
| 酒々井町 | ↗ | -33.4 | 1,395 | (15,329) | 2,095 | (20,745) | B-② |
| 鴨川市 | ↗ | -32.1 | 2,096 | (22,407) | 3,086 | (32,116) | D-③ |
| 富里市 | ↗ | -32.1 | 3,517 | (40,574) | 5,178 | (49,735) | D-③ |
| 佐倉市 | ↗ | -26.7 | 11,011 | (135,752) | 15,019 | (168,743) | D-③ |
| 野田市 | ↗ | -20.7 | 11,105 | (131,593) | 14,000 | (152,638) | D-③ |
| 我孫子市 | ↗ | -20.2 | 9,514 | (112,074) | 11,923 | (130,510) | D-③ |
| 千葉市 | ↗ | -19.0 | 84,458 | (897,073) | 104,261 | (974,951) | D-① |
| 白井市 | ↗ | -18.3 | 4,456 | (55,915) | 5,453 | (62,441) | D-① |
| 袖ケ浦市 | ↗ | -17.2 | 5,444 | (62,246) | 6,577 | (63,883) | D-① |
| 成田市 | ↗ | -15.9 | 14,292 | (127,821) | 16,995 | (132,906) | D-① |
| 松戸市 | ↗ | -15.7 | 48,226 | (476,057) | 57,197 | (498,232) | D-① |
| 市川市 | ↗ | -15.0 | 55,385 | (483,307) | 65,192 | (496,676) | D-① |
| 浦安市 | ↗ | -14.3 | 22,286 | (163,769) | 25,991 | (171,362) | B-① |
| 鎌ケ谷市 | ↗ | -13.1 | 9,937 | (103,245) | 11,433 | (109,932) | D-① |
| 木更津市 | ↗ | -12.7 | 12,065 | (133,860) | 13,819 | (136,166) | D-① |
| 四街道市 | ↗ | -11.4 | 8,105 | (89,822) | 9,150 | (93,576) | D-① |
| 一宮町 | ↗ | -10.4 | 856 | (11,291) | 955 | (11,897) | D-① |
| 習志野市 | ↗ | -10.3 | 18,364 | (175,271) | 20,466 | (176,197) | D-① |
| 八千代市 | ↗ | -9.7 | 19,586 | (195,520) | 21,689 | (199,498) | D-① |
| 柏市 | ↗ | -7.3 | 43,954 | (435,479) | 47,393 | (426,468) | D-① |

| | | | | | | | |
|---|---|---|---|---|---|---|---|
| 船橋市 | ↗ | -6.0 | 70,028 | (651,603) | 74,519 | (642,907) | D-① |
| 印西市 | ↗ | -1.5 | 10,956 | (119,819) | 11,123 | (102,609) | A |
| 流山市 | ↗ | 2.4 | 25,220 | (241,539) | 24,622 | (199,849) | A |
| **東京都** | | | | | | | |
| 檜原村 | ↗ | -58.3 | 35 | (1,037) | 84 | (2,003) | C-① |
| 奥多摩町 | ↗ | -56.9 | 104 | (2,659) | 241 | (4,750) | C-② |
| 瑞穂町 | ↘ | -45.0 | 1,578 | (22,873) | 2,869 | (31,765) | D-③ |
| 青梅市 | ↗ | -43.3 | 6,520 | (100,202) | 11,497 | (133,535) | D-③ |
| 福生市 | ↗ | -33.1 | 4,233 | (44,668) | 6,325 | (56,414) | D-③ |
| 羽村市 | ↘ | -32.8 | 3,324 | (42,473) | 4,947 | (54,326) | D-③ |
| 新島村 | ↑ | -32.5 | 108 | (1,560) | 160 | (2,441) | D-② |
| 利島村 | ↑ | -32.3 | 21 | (256) | 31 | (327) | D-③ |
| 三宅村 | ↗ | -29.8 | 113 | (1,613) | 161 | (2,273) | D-② |
| あきる野市 | ↗ | -26.4 | 5,216 | (66,455) | 7,089 | (79,292) | D-③ |
| 神津島村 | ↑ | -23.6 | 110 | (1,487) | 144 | (1,855) | D-② |
| 日の出町 | ↑ | -23.1 | 984 | (13,241) | 1,280 | (16,958) | D-② |
| 青ヶ島村 | ↑ | -23.1 | 20 | (146) | 26 | (169) | B-② |
| 大島町 | ↑ | -21.6 | 349 | (5,115) | 445 | (7,102) | D-② |
| 八丈町 | ↑ | -19.5 | 387 | (5,196) | 481 | (7,042) | A |
| 八王子市 | ↗ | -17.7 | 50,425 | (532,958) | 61,252 | (579,355) | D-① |
| 昭島市 | ↗ | -15.2 | 10,392 | (107,561) | 12,259 | (113,949) | D-① |
| 日野市 | ↗ | -14.6 | 18,890 | (185,978) | 22,124 | (190,435) | D-① |
| 多摩市 | ↗ | -13.9 | 12,901 | (133,806) | 14,990 | (146,951) | D-① |
| 小笠原村 | ↗ | -13.4 | 252 | (2,563) | 291 | (2,929) | D-① |
| 国立市 | ↗ | -13.3 | 8,192 | (74,905) | 9,445 | (77,130) | D-① |
| 立川市 | ↗ | -12.8 | 18,699 | (178,883) | 21,445 | (183,581) | D-① |
| 小平市 | ↗ | -12.6 | 21,227 | (197,822) | 24,293 | (198,739) | D-① |
| 清瀬市 | ↗ | -12.6 | 7,083 | (72,531) | 8,102 | (76,208) | D-① |
| 町田市 | ↗ | -11.9 | 37,586 | (406,456) | 42,678 | (431,079) | D-① |
| 武蔵村山市 | ↗ | -11.9 | 6,087 | (66,075) | 6,909 | (70,829) | D-① |
| 杉並区 | ↗ | -11.9 | 82,359 | (618,595) | 93,449 | (591,108) | B-① |
| 国分寺市 | ↗ | -10.8 | 15,695 | (130,403) | 17,589 | (129,242) | D-① |

| | | | | | | | |
|---|---|---|---|---|---|---|---|
| 東久留米市 | ↗ | -10.5 | 10,317 | (105,467) | 11,529 | (115,271) | D-① |
| 小金井市 | ↗ | -10.1 | 15,870 | (128,944) | 17,659 | (126,074) | D-① |
| 葛飾区 | ↗ | -9.9 | 48,500 | (451,040) | 53,837 | (453,093) | D-① |
| 板橋区 | ↗ | -9.7 | 77,349 | (605,109) | 85,609 | (584,483) | B-① |
| 東村山市 | ↗ | -9.4 | 14,427 | (147,601) | 15,919 | (151,815) | D-① |
| 江戸川区 | ↗ | -9.4 | 79,937 | (679,003) | 88,180 | (697,932) | D-① |
| 中野区 | ↗ | -9.3 | 52,354 | (361,660) | 57,744 | (344,880) | B-① |
| 東大和市 | ↗ | -9.2 | 7,612 | (79,710) | 8,383 | (83,901) | D-① |
| 北区 | ↗ | -9.1 | 45,321 | (358,782) | 49,872 | (355,213) | B-① |
| 大田区 | ↗ | -8.5 | 97,205 | (768,130) | 106,219 | (748,081) | B-① |
| 足立区 | ↗ | -8.3 | 75,393 | (711,213) | 82,249 | (695,043) | D-① |
| 府中市 | ↗ | -7.7 | 28,814 | (260,163) | 31,229 | (262,790) | D-① |
| 調布市 | ↗ | -7.2 | 30,380 | (253,359) | 32,740 | (242,614) | D-① |
| 練馬区 | ↗ | -7.2 | 99,192 | (755,009) | 106,860 | (752,608) | B-① |
| 墨田区 | ↗ | -6.7 | 38,108 | (297,077) | 40,852 | (272,085) | B-① |
| 新宿区 | ↗ | -6.6 | 55,474 | (364,111) | 59,390 | (349,385) | B-① |
| 武蔵野市 | ↗ | -6.5 | 19,899 | (158,921) | 21,283 | (150,149) | D-① |
| 狛江市 | ↗ | -6.0 | 10,540 | (88,697) | 11,214 | (84,772) | D-① |
| 西東京市 | ↗ | -6.0 | 23,046 | (212,923) | 24,510 | (207,388) | D-① |
| 世田谷区 | ↗ | -5.9 | 127,964 | (987,144) | 135,926 | (943,664) | B-① |
| 品川区 | ↗ | -5.3 | 60,637 | (465,174) | 64,018 | (422,488) | B-① |
| 渋谷区 | ↗ | -5.2 | 37,175 | (267,179) | 39,214 | (243,883) | B-① |
| 台東区 | ↗ | -4.4 | 28,158 | (244,549) | 29,462 | (211,444) | B-① |
| 文京区 | ↗ | -3.1 | 36,416 | (271,626) | 37,582 | (240,069) | B-① |
| 豊島区 | ↑ | -2.8 | 50,075 | (329,403) | 51,536 | (301,599) | B-① |
| 荒川区 | ↗ | -2.3 | 28,808 | (231,170) | 29,497 | (217,475) | B-① |
| 目黒区 | ↗ | -1.8 | 44,248 | (298,596) | 45,077 | (288,088) | B-① |
| 三鷹市 | ↗ | -1.8 | 25,583 | (202,399) | 26,056 | (195,391) | D-① |
| 稲城市 | ↗ | -1.1 | 10,085 | (101,191) | 10,197 | (93,151) | D-① |
| 千代田区 | ↗ | -0.9 | 9,577 | (79,828) | 9,659 | (66,680) | D-① |
| 江東区 | ↗ | 1.1 | 68,855 | (592,669) | 68,094 | (524,310) | D-① |
| 御蔵島村 | ↑ | 2.0 | 52 | (327) | 51 | (323) | D-① |

| | | | | | | | |
|---|---|---|---|---|---|---|---|
| 中央区 | ↗ | 4.2 | 27,416 | (210,897) | 26,321 | (169,179) | D-① |
| 港区 | ↗ | 7.6 | 41,588 | (312,556) | 38,651 | (260,486) | D-① |
| **神奈川県** | | | | | | | |
| 真鶴町 | ↗ | -67.8 | 128 | (3,364) | 398 | (6,722) | C-② |
| 山北町 | ↗ | -65.2 | 230 | (4,762) | 661 | (9,761) | C-② |
| 三浦市 | ↘ | -62.2 | 1,151 | (23,251) | 3,047 | (42,069) | C-② |
| 湯河原町 | ↘ | -61.0 | 601 | (14,614) | 1,541 | (23,426) | C-② |
| 中井町 | ↓ | -51.0 | 330 | (5,995) | 673 | (9,300) | C-② |
| 箱根町 | ↗ | -50.5 | 658 | (6,644) | 1,329 | (11,293) | C-③ |
| 愛川町 | ↘ | -49.8 | 1,691 | (28,573) | 3,371 | (39,869) | D-③ |
| 南足柄市 | ↘ | -46.7 | 1,785 | (27,551) | 3,351 | (40,841) | D-③ |
| 松田町 | ↑ | -45.5 | 507 | (7,399) | 930 | (10,836) | D-③ |
| 二宮町 | ↑ | -44.9 | 1,194 | (18,672) | 2,168 | (27,564) | D-③ |
| 横須賀市 | ↗ | -38.5 | 20,420 | (272,859) | 33,217 | (388,078) | D-③ |
| 秦野市 | ↗ | -35.0 | 9,806 | (126,201) | 15,083 | (162,439) | D-③ |
| 清川村 | ↑ | -33.3 | 128 | (1,929) | 192 | (3,038) | D-② |
| 小田原市 | ↗ | -33.1 | 12,335 | (147,647) | 18,427 | (188,856) | D-③ |
| 大井町 | ↑ | -31.8 | 1,046 | (13,312) | 1,534 | (17,129) | D-③ |
| 厚木市 | ↗ | -28.0 | 16,117 | (189,139) | 22,374 | (223,705) | D-③ |
| 伊勢原市 | ↗ | -26.9 | 8,019 | (87,248) | 10,964 | (101,780) | D-③ |
| 平塚市 | ↗ | -24.7 | 18,880 | (219,555) | 25,085 | (258,422) | D-③ |
| 相模原市 | ↗ | -23.2 | 61,787 | (647,739) | 80,464 | (725,493) | D-③ |
| 座間市 | ↗ | -19.7 | 11,208 | (119,047) | 13,963 | (132,325) | D-① |
| 大磯町 | ↗ | -19.5 | 1,956 | (26,091) | 2,430 | (31,634) | D-① |
| 寒川町 | ↗ | -19.4 | 3,807 | (42,167) | 4,724 | (48,348) | D-① |
| 綾瀬市 | ↗ | -16.2 | 6,574 | (72,966) | 7,843 | (83,913) | D-① |
| 横浜市 | ↗ | -15.2 | 357,197 | (3,537,253) | 421,136 | (3,777,491) | D-① |
| 大和市 | ↗ | -15.1 | 23,174 | (230,831) | 27,297 | (239,169) | D-① |
| 海老名市 | ↗ | -14.5 | 12,553 | (132,870) | 14,687 | (136,516) | D-① |
| 逗子市 | ↗ | -12.2 | 3,986 | (49,027) | 4,538 | (57,060) | D-① |
| 茅ヶ崎市 | ↗ | -11.3 | 21,110 | (227,316) | 23,801 | (242,389) | D-① |
| 開成町 | ↗ | -10.7 | 1,644 | (18,790) | 1,841 | (18,329) | A |

| | | | | | | | |
|---|---|---|---|---|---|---|---|
| 藤沢市 | ↗ | -10.6 | 40,771 | (432,600) | 45,608 | (436,905) | D-① |
| 鎌倉市 | ↗ | -8.9 | 13,683 | (156,498) | 15,025 | (172,710) | D-① |
| 葉山町 | ↗ | -8.0 | 2,029 | (27,051) | 2,205 | (31,665) | A |
| 川崎市 | ↗ | -7.0 | 191,928 | (1,605,531) | 206,356 | (1,538,262) | D-① |
| **新潟県** | | | | | | | |
| 阿賀町 | ↘ | -77.2 | 107 | (3,802) | 469 | (9,965) | C-② |
| 田上町 | ↘ | -70.2 | 251 | (5,950) | 843 | (11,227) | C-② |
| 関川村 | ↘ | -65.3 | 103 | (2,300) | 297 | (5,144) | C-① |
| 加茂市 | ↘ | -63.8 | 668 | (13,027) | 1,847 | (25,441) | C-② |
| 出雲崎町 | ↗ | -62.9 | 95 | (2,158) | 256 | (4,113) | C-① |
| 妙高市 | ↘ | -62.7 | 824 | (16,190) | 2,207 | (30,383) | C-② |
| 佐渡市 | ↘ | -60.5 | 1,274 | (25,968) | 3,228 | (51,492) | C-① |
| 村上市 | ↗ | -60.4 | 1,580 | (30,615) | 3,992 | (57,418) | C-② |
| 五泉市 | ↘ | -60.1 | 1,574 | (26,794) | 3,943 | (47,625) | C-② |
| 魚沼市 | ↗ | -59.3 | 1,044 | (18,436) | 2,564 | (34,483) | C-② |
| 十日町市 | ↘ | -56.7 | 1,421 | (26,029) | 3,279 | (49,820) | C-① |
| 糸魚川市 | ↓ | -55.4 | 1,181 | (22,382) | 2,645 | (40,765) | C-② |
| 阿賀野市 | ↓ | -54.8 | 1,580 | (24,893) | 3,498 | (40,696) | C-② |
| 津南町 | ↗ | -54.2 | 266 | (4,713) | 581 | (8,989) | C-① |
| 胎内市 | ↗ | -52.5 | 1,041 | (17,257) | 2,191 | (28,509) | C-② |
| 湯沢町 | ↗ | -51.1 | 270 | (5,408) | 552 | (7,767) | C-② |
| 小千谷市 | ↓ | -50.7 | 1,287 | (20,714) | 2,609 | (34,096) | C-② |
| 粟島浦村 | ↗ | -50.0 | 13 | (189) | 26 | (353) | C-① |
| 柏崎市 | ↑ | -49.1 | 3,278 | (51,217) | 6,435 | (81,526) | D-③ |
| 三条市 | ↗ | -48.5 | 4,146 | (63,029) | 8,052 | (94,642) | D-③ |
| 見附市 | ↘ | -47.2 | 1,838 | (26,906) | 3,483 | (39,237) | D-③ |
| 燕市 | ↘ | -47.2 | 3,719 | (54,136) | 7,041 | (77,201) | D-③ |
| 南魚沼市 | ↗ | -46.2 | 2,566 | (35,646) | 4,769 | (54,851) | D-③ |
| 上越市 | ↘ | -46.1 | 8,708 | (127,657) | 16,161 | (188,047) | D-③ |
| 弥彦村 | ↘ | -45.5 | 314 | (5,026) | 576 | (7,705) | D-② |
| 新発田市 | ↑ | -43.6 | 4,842 | (65,061) | 8,579 | (94,927) | D-③ |
| 長岡市 | ↗ | -38.5 | 14,744 | (197,104) | 23,989 | (266,936) | D-③ |

| | | | | | | | |
|---|---|---|---|---|---|---|---|
| 新潟市 | ↗ | -33.4 | 53,441 | (616,385) | 80,188 | (789,275) | D-③ |
| 聖籠町 | ↗ | -25.1 | 1,115 | (12,480) | 1,488 | (14,259) | D-② |
| 刈羽村 | ↑ | -20.9 | 261 | (3,532) | 330 | (4,380) | D-② |
| **富山県** | | | | | | | |
| 朝日町 | ↗ | -64.0 | 223 | (5,023) | 619 | (11,081) | C-② |
| 氷見市 | ↘ | -63.0 | 1,120 | (21,973) | 3,030 | (43,950) | C-② |
| 上市町 | ↘ | -59.0 | 581 | (11,097) | 1,416 | (19,351) | C-② |
| 入善町 | ↓ | -56.3 | 790 | (13,550) | 1,807 | (23,839) | C-② |
| 南砺市 | ↗ | -55.4 | 1,581 | (25,965) | 3,546 | (47,937) | C-② |
| 小矢部市 | ↑ | -49.3 | 1,170 | (17,263) | 2,307 | (28,983) | D-③ |
| 魚津市 | ↗ | -46.9 | 1,705 | (26,450) | 3,208 | (40,535) | D-③ |
| 立山町 | ↘ | -46.0 | 1,083 | (16,518) | 2,005 | (24,792) | D-③ |
| 高岡市 | ↗ | -41.8 | 8,333 | (119,270) | 14,311 | (166,393) | D-③ |
| 黒部市 | ↗ | -37.1 | 2,074 | (29,373) | 3,299 | (39,638) | D-③ |
| 砺波市 | ↘ | -35.5 | 2,787 | (37,730) | 4,319 | (48,154) | D-③ |
| 射水市 | ↗ | -31.9 | 5,494 | (70,502) | 8,066 | (90,742) | D-③ |
| 滑川市 | ↗ | -30.4 | 2,015 | (25,699) | 2,893 | (32,349) | D-③ |
| 富山市 | ↗ | -27.8 | 28,601 | (338,229) | 39,584 | (413,938) | D-③ |
| 舟橋村 | ↘ | -22.6 | 253 | (3,077) | 327 | (3,132) | D-② |
| **石川県** | | | | | | | |
| 能登町 | ↗ | -73.1 | 189 | (6,173) | 703 | (15,687) | C-① |
| 穴水町 | ↗ | -67.8 | 116 | (3,729) | 360 | (7,890) | C-② |
| 珠洲市 | ↗ | -66.8 | 193 | (5,083) | 582 | (12,929) | C-① |
| 宝達志水町 | ↘ | -66.8 | 290 | (6,245) | 874 | (12,121) | C-② |
| 輪島市 | ↗ | -64.2 | 461 | (10,754) | 1,288 | (24,608) | C-② |
| 志賀町 | ↘ | -64.1 | 385 | (8,740) | 1,072 | (18,630) | C-② |
| 羽咋市 | ↗ | -62.3 | 531 | (11,063) | 1,408 | (20,407) | C-② |
| 七尾市 | ↗ | -58.7 | 1,554 | (27,443) | 3,758 | (50,300) | C-② |
| 加賀市 | ↘ | -54.8 | 2,272 | (36,571) | 5,030 | (63,220) | C-② |
| 中能登町 | ↘ | -44.3 | 653 | (10,166) | 1,172 | (16,540) | D-② |
| 内灘町 | ↗ | -39.0 | 1,782 | (20,566) | 2,919 | (26,574) | D-③ |
| 津幡町 | ↘ | -33.1 | 2,496 | (32,050) | 3,728 | (36,957) | D-③ |

| | | | | | | | |
|---|---|---|---|---|---|---|---|
| 小松市 | ↗ | -29.5 | 7,001 | (86,175) | 9,935 | (106,216) | D-③ |
| 白山市 | ↗ | -23.8 | 8,065 | (94,293) | 10,585 | (110,408) | D-② |
| 能美市 | ↘ | -23.6 | 3,547 | (42,084) | 4,645 | (48,523) | D-③ |
| かほく市 | ↗ | -23.2 | 2,614 | (30,439) | 3,405 | (34,889) | D-② |
| 金沢市 | ↗ | -22.6 | 39,315 | (404,449) | 50,766 | (463,254) | D-③ |
| 野々市市 | ↘ | -18.5 | 5,737 | (55,360) | 7,040 | (57,238) | D-① |
| 川北町 | ↘ | -13.6 | 483 | (5,418) | 559 | (6,135) | A |
| **福井県** | | | | | | | |
| 池田町 | ↘ | -72.1 | 45 | (1,138) | 161 | (2,423) | C-② |
| 大野市 | ↗ | -59.9 | 961 | (17,078) | 2,396 | (31,286) | C-② |
| 南越前町 | ↓ | -57.4 | 327 | (5,368) | 768 | (10,002) | C-① |
| 高浜町 | ↗ | -56.0 | 325 | (6,789) | 739 | (10,326) | C-① |
| 若狭町 | ↘ | -55.1 | 436 | (7,779) | 970 | (14,003) | C-① |
| 越前町 | ↓ | -54.8 | 695 | (11,813) | 1,539 | (20,118) | C-② |
| 勝山市 | ↗ | -53.0 | 814 | (12,892) | 1,731 | (22,150) | C-② |
| あわら市 | ↗ | -51.1 | 1,194 | (17,958) | 2,440 | (27,524) | C-② |
| 美浜町 | ↑ | -49.0 | 369 | (5,803) | 724 | (9,179) | D-③ |
| 越前市 | ↗ | -42.8 | 4,601 | (59,291) | 8,042 | (80,611) | D-③ |
| 坂井市 | ↘ | -40.2 | 5,073 | (67,141) | 8,476 | (88,481) | D-③ |
| 小浜市 | ↑ | -39.6 | 1,503 | (21,212) | 2,489 | (28,991) | D-② |
| 敦賀市 | ↗ | -39.6 | 3,533 | (47,585) | 5,845 | (64,264) | D-③ |
| おおい町 | ↑ | -39.1 | 364 | (5,252) | 598 | (7,910) | D-② |
| 永平寺町 | ↘ | -39.0 | 1,216 | (13,325) | 1,992 | (18,965) | D-③ |
| 福井市 | ↗ | -29.1 | 18,150 | (213,712) | 25,604 | (262,328) | D-③ |
| 鯖江市 | ↗ | -25.4 | 5,000 | (58,749) | 6,706 | (68,302) | D-② |
| **山梨県** | | | | | | | |
| 身延町 | ↘ | -80.1 | 102 | (3,778) | 512 | (10,663) | C-② |
| 南部町 | ↘ | -75.8 | 102 | (2,945) | 422 | (7,156) | C-② |
| 大月市 | ↗ | -70.2 | 438 | (9,672) | 1,472 | (22,512) | C-② |
| 上野原市 | ↘ | -65.0 | 614 | (11,762) | 1,752 | (22,669) | C-② |
| 早川町 | ↗ | -64.3 | 20 | (521) | 56 | (1,098) | C-③ |
| 西桂町 | ↓ | -64.0 | 123 | (2,229) | 342 | (4,041) | C-② |

| | | | | | | | |
|---|---|---|---|---|---|---|---|
| 富士川町 | ↘ | -56.2 | 489 | (8,617) | 1,116 | (14,219) | C-② |
| 甲州市 | ↘ | -55.9 | 932 | (16,846) | 2,114 | (29,237) | C-② |
| 道志村 | ↘ | -55.0 | 45 | (875) | 100 | (1,607) | C-② |
| 韮崎市 | ↘ | -53.4 | 1,186 | (19,170) | 2,543 | (29,067) | C-② |
| 都留市 | ↓ | -50.5 | 1,793 | (19,896) | 3,625 | (31,016) | C-③ |
| 市川三郷町 | ↑ | -49.0 | 504 | (9,017) | 988 | (14,700) | D-③ |
| 山梨市 | ↑ | -47.9 | 1,422 | (21,983) | 2,729 | (33,435) | D-③ |
| 小菅村 | ↑ | -44.4 | 25 | (328) | 45 | (684) | D-③ |
| 富士吉田市 | ↑ | -43.7 | 2,233 | (31,644) | 3,966 | (46,530) | D-③ |
| 鳴沢村 | ↘ | -42.2 | 122 | (2,207) | 211 | (2,824) | D-② |
| 北杜市 | ↑ | -39.1 | 1,698 | (32,364) | 2,788 | (44,053) | D-③ |
| 笛吹市 | ↗ | -38.4 | 3,804 | (51,355) | 6,175 | (66,947) | D-③ |
| 中央市 | ↗ | -34.1 | 2,199 | (25,795) | 3,335 | (31,216) | D-③ |
| 南アルプス市 | ↗ | -33.9 | 4,249 | (56,258) | 6,426 | (69,459) | D-③ |
| 山中湖村 | ↑ | -31.6 | 266 | (4,051) | 389 | (5,179) | D-② |
| 甲斐市 | ↗ | -23.6 | 5,827 | (65,709) | 7,622 | (75,313) | D-③ |
| 丹波山村 | ↑ | -22.6 | 24 | (321) | 31 | (530) | D-③ |
| 甲府市 | ↗ | -22.4 | 14,363 | (159,036) | 18,500 | (189,591) | D-③ |
| 富士河口湖町 | ↗ | -21.6 | 2,107 | (24,150) | 2,687 | (26,082) | D-③ |
| 忍野村 | ↗ | -19.0 | 742 | (9,010) | 916 | (9,237) | A |
| 昭和町 | ↗ | -13.9 | 2,153 | (22,047) | 2,500 | (20,909) | D-① |
| **長野県** | | | | | | | |
| 王滝村 | ↘ | -78.0 | 11 | (292) | 50 | (715) | C-③ |
| 栄村 | ↘ | -77.3 | 15 | (634) | 66 | (1,660) | C-① |
| 平谷村 | ↓ | -69.7 | 10 | (155) | 33 | (387) | C-② |
| 筑北村 | ↗ | -69.0 | 66 | (1,781) | 213 | (4,149) | C-② |
| 天龍村 | ↗ | -68.1 | 15 | (364) | 47 | (1,178) | C-② |
| 信濃町 | ↗ | -67.5 | 140 | (3,810) | 431 | (7,739) | C-② |
| 山ノ内町 | ↗ | -67.2 | 238 | (5,578) | 726 | (11,352) | C-② |
| 上松町 | ↘ | -66.8 | 86 | (1,990) | 259 | (4,131) | C-② |
| 阿南町 | ↓ | -66.7 | 85 | (1,993) | 255 | (4,299) | C-② |
| 長和町 | ↗ | -64.7 | 124 | (2,821) | 351 | (5,600) | C-② |

| | | | | | | | |
|---|---|---|---|---|---|---|---|
| 木曽町 | ↗ | -63.6 | 252 | (5,377) | 692 | (10,584) | C-② |
| 佐久穂町 | ↗ | -63.5 | 253 | (5,687) | 693 | (10,218) | C-② |
| 飯山市 | ↘ | -61.5 | 523 | (10,400) | 1,359 | (19,539) | C-② |
| 大町市 | ↗ | -59.9 | 760 | (14,411) | 1,896 | (26,029) | C-② |
| 小海町 | ↗ | -59.7 | 116 | (2,408) | 288 | (4,353) | C-② |
| 高山村 | ↓ | -59.6 | 181 | (3,953) | 448 | (6,617) | C-② |
| 立科町 | ↗ | -59.5 | 186 | (3,745) | 459 | (6,612) | C-② |
| 大桑村 | ↓ | -59.0 | 94 | (1,747) | 229 | (3,439) | C-② |
| 小川村 | ↓ | -58.0 | 50 | (991) | 119 | (2,215) | C-② |
| 飯綱町 | ↘ | -57.4 | 277 | (5,586) | 650 | (10,296) | C-② |
| 生坂村 | ↗ | -56.4 | 48 | (898) | 110 | (1,639) | C-② |
| 小谷村 | ↗ | -56.3 | 69 | (1,230) | 158 | (2,647) | C-① |
| 南木曽町 | ↗ | -55.1 | 97 | (1,998) | 216 | (3,915) | C-① |
| 坂城町 | ↘ | -52.3 | 509 | (8,529) | 1,067 | (14,004) | C-② |
| 阿智村 | ↗ | -50.0 | 228 | (3,580) | 456 | (6,068) | C-① |
| 木島平村 | ↗ | -50.0 | 136 | (2,660) | 272 | (4,375) | C-① |
| 飯島町 | ↑ | -49.9 | 339 | (5,734) | 676 | (9,004) | D-③ |
| 南牧村 | ↑ | -49.1 | 118 | (2,506) | 232 | (3,242) | D-② |
| 朝日村 | ↑ | -48.9 | 180 | (2,955) | 352 | (4,279) | D-② |
| 辰野町 | ↗ | -47.0 | 692 | (11,518) | 1,305 | (18,555) | D-③ |
| 野沢温泉村 | ↑ | -46.7 | 114 | (1,894) | 214 | (3,279) | D-② |
| 下條村 | ↘ | -46.3 | 145 | (2,275) | 270 | (3,545) | D-② |
| 中野市 | ↘ | -46.1 | 1,983 | (29,506) | 3,676 | (42,338) | D-③ |
| 池田町 | ↗ | -45.5 | 331 | (6,153) | 607 | (9,382) | D-③ |
| 麻績村 | ↑ | -45.4 | 95 | (1,651) | 174 | (2,593) | D-③ |
| 泰阜村 | ↘ | -45.3 | 64 | (913) | 117 | (1,542) | D-② |
| 根羽村 | ↑ | -44.7 | 26 | (378) | 47 | (852) | D-③ |
| 大鹿村 | ↑ | -44.7 | 26 | (506) | 47 | (1,023) | D-② |
| 松川町 | ↗ | -44.4 | 540 | (8,722) | 971 | (12,530) | D-② |
| 川上村 | ↘ | -43.5 | 164 | (3,013) | 290 | (4,344) | D-② |
| 小諸市 | ↗ | -42.9 | 1,967 | (28,582) | 3,447 | (40,991) | D-③ |
| 岡谷市 | ↗ | -42.2 | 2,188 | (31,505) | 3,783 | (47,790) | D-③ |

| | | | | | | | |
|---|---|---|---|---|---|---|---|
| 下諏訪町 | ↑ | -41.4 | 777 | (11,842) | 1,325 | (19,155) | D-② |
| 千曲市 | ↗ | -39.5 | 2,900 | (42,682) | 4,796 | (58,852) | D-③ |
| 木祖村 | ↗ | -39.5 | 101 | (1,558) | 167 | (2,692) | D-② |
| 須坂市 | ↗ | -38.6 | 2,533 | (36,723) | 4,124 | (49,559) | D-③ |
| 飯田市 | ↗ | -38.1 | 5,364 | (72,714) | 8,670 | (98,164) | D-③ |
| 豊丘村 | ↑ | -37.5 | 325 | (4,858) | 520 | (6,426) | D-② |
| 北相木村 | ↑ | -37.3 | 32 | (513) | 51 | (752) | D-② |
| 松川村 | ↗ | -36.6 | 491 | (7,232) | 774 | (9,599) | D-③ |
| 東御市 | ↗ | -36.1 | 1,724 | (24,569) | 2,696 | (30,122) | D-③ |
| 伊那市 | ↗ | -35.2 | 3,704 | (50,175) | 5,712 | (66,125) | D-③ |
| 宮田村 | ↘ | -34.4 | 482 | (6,672) | 735 | (8,569) | D-② |
| 中川村 | ↗ | -34.4 | 235 | (3,188) | 358 | (4,651) | D-② |
| 小布施町 | ↑ | -34.3 | 533 | (8,066) | 811 | (10,660) | D-② |
| 上田市 | ↗ | -33.8 | 9,409 | (121,116) | 14,221 | (154,055) | D-③ |
| 白馬村 | ↑ | -32.1 | 468 | (6,321) | 689 | (8,575) | D-③ |
| 青木村 | ↗ | -31.4 | 181 | (2,923) | 264 | (4,121) | D-② |
| 諏訪市 | ↗ | -31.1 | 3,096 | (36,871) | 4,491 | (48,729) | D-③ |
| 駒ヶ根市 | ↗ | -30.9 | 2,029 | (25,286) | 2,936 | (32,202) | D-③ |
| 長野市 | ↗ | -30.6 | 23,601 | (304,037) | 33,986 | (372,760) | D-③ |
| 喬木村 | ↗ | -29.6 | 283 | (4,109) | 402 | (5,973) | D-② |
| 箕輪町 | ↗ | -29.4 | 1,482 | (19,588) | 2,100 | (24,989) | D-② |
| 富士見町 | ↗ | -29.2 | 753 | (10,569) | 1,063 | (14,084) | D-② |
| 安曇野市 | ↗ | -29.1 | 5,746 | (78,135) | 8,099 | (94,222) | D-③ |
| 塩尻市 | ↗ | -26.7 | 4,847 | (57,415) | 6,611 | (67,241) | D-③ |
| 売木村 | ↗ | -25.0 | 27 | (343) | 36 | (548) | D-② |
| 高森町 | ↗ | -24.9 | 774 | (10,206) | 1,031 | (12,811) | D-② |
| 佐久市 | ↗ | -23.1 | 7,001 | (85,580) | 9,108 | (98,199) | D-③ |
| 南相木村 | ↑ | -22.6 | 48 | (678) | 62 | (962) | D-② |
| 茅野市 | ↗ | -22.4 | 3,777 | (46,776) | 4,864 | (56,400) | D-② |
| 山形村 | ↘ | -22.2 | 586 | (7,449) | 753 | (8,400) | D-③ |
| 松本市 | ↗ | -21.3 | 18,964 | (207,208) | 24,080 | (241,145) | D-③ |
| 原村 | ↗ | -19.5 | 445 | (6,904) | 553 | (7,680) | A |

| | | | | | | | |
|---|---|---|---|---|---|---|---|
| 御代田町 | ↗ | -15.9 | 1,284 | (15,374) | 1,527 | (15,555) | D-① |
| 南箕輪村 | ↘ | -15.9 | 1,491 | (15,882) | 1,772 | (15,797) | A |
| 軽井沢町 | ↗ | -13.4 | 1,351 | (17,958) | 1,560 | (19,188) | D-① |
| **岐阜県** | | | | | | | |
| 白川町 | ↘ | -73.6 | 99 | (3,098) | 375 | (7,412) | C-② |
| 七宗町 | ↘ | -71.0 | 56 | (1,429) | 193 | (3,402) | C-② |
| 関ケ原町 | ↘ | -66.3 | 157 | (3,105) | 466 | (6,610) | C-② |
| 東白川村 | ↘ | -66.0 | 32 | (911) | 94 | (2,016) | C-① |
| 海津市 | ↘ | -65.7 | 906 | (17,756) | 2,638 | (32,735) | C-② |
| 揖斐川町 | ↘ | -64.7 | 495 | (9,033) | 1,402 | (19,529) | C-② |
| 養老町 | ↘ | -64.0 | 754 | (14,417) | 2,092 | (26,882) | C-② |
| 飛騨市 | ↗ | -60.1 | 534 | (11,268) | 1,337 | (22,538) | C-① |
| 下呂市 | ↘ | -58.7 | 816 | (15,154) | 1,974 | (30,428) | C-① |
| 山県市 | ↓ | -58.2 | 883 | (13,877) | 2,113 | (25,280) | C-② |
| 郡上市 | ↗ | -57.1 | 1,121 | (21,763) | 2,610 | (38,997) | C-① |
| 八百津町 | ↗ | -56.0 | 303 | (5,514) | 688 | (10,195) | C-② |
| 池田町 | ↓ | -52.5 | 987 | (15,679) | 2,076 | (23,360) | C-② |
| 恵那市 | ↘ | -52.0 | 1,765 | (28,611) | 3,679 | (47,774) | C-② |
| 美濃市 | ↘ | -50.6 | 788 | (11,343) | 1,596 | (19,247) | C-② |
| 瑞浪市 | ↗ | -50.0 | 1,725 | (25,047) | 3,451 | (37,150) | C-② |
| 大野町 | ↘ | -49.2 | 949 | (14,650) | 1,869 | (22,041) | D-③ |
| 神戸町 | ↑ | -48.7 | 843 | (11,943) | 1,643 | (18,585) | D-③ |
| 高山市 | ↗ | -46.4 | 3,695 | (53,862) | 6,894 | (84,419) | D-② |
| 多治見市 | ↑ | -46.3 | 5,287 | (72,336) | 9,838 | (106,732) | D-③ |
| 中津川市 | ↗ | -44.4 | 3,738 | (55,136) | 6,728 | (76,570) | D-③ |
| 関市 | ↘ | -43.9 | 4,396 | (59,419) | 7,829 | (85,283) | D-③ |
| 土岐市 | ↗ | -43.3 | 2,807 | (37,104) | 4,946 | (55,348) | D-③ |
| 垂井町 | ↘ | -42.9 | 1,297 | (18,195) | 2,270 | (26,402) | D-③ |
| 川辺町 | ↘ | -42.5 | 506 | (7,100) | 880 | (9,860) | D-③ |
| 輪之内町 | ↘ | -41.6 | 562 | (7,289) | 963 | (9,654) | D-③ |
| 安八町 | ↘ | -40.1 | 771 | (10,182) | 1,288 | (14,355) | D-③ |
| 御嵩町 | ↗ | -38.4 | 962 | (12,578) | 1,561 | (17,516) | D-③ |

| | | | | | | | |
|---|---|---|---|---|---|---|---|
| 本巣市 | ↘ | -36.0 | 1,865 | (24,186) | 2,916 | (32,928) | D-③ |
| 羽島市 | ↗ | -34.0 | 4,180 | (51,806) | 6,329 | (65,649) | D-③ |
| 富加町 | ↑ | -31.3 | 353 | (4,422) | 514 | (5,626) | D-② |
| 白川村 | ↗ | -31.1 | 82 | (861) | 119 | (1,511) | D-② |
| 岐阜市 | ↗ | -30.6 | 28,352 | (325,128) | 40,836 | (402,557) | D-③ |
| 北方町 | ↘ | -30.6 | 1,380 | (15,217) | 1,987 | (18,139) | D-③ |
| 大垣市 | ↗ | -29.8 | 11,347 | (130,141) | 16,155 | (158,286) | D-③ |
| 笠松町 | ↘ | -29.2 | 1,730 | (18,063) | 2,445 | (22,208) | D-③ |
| 可児市 | ↗ | -28.6 | 7,237 | (83,832) | 10,138 | (99,968) | D-③ |
| 各務原市 | ↗ | -27.4 | 10,171 | (119,096) | 14,001 | (144,521) | D-③ |
| 坂祝町 | ↗ | -26.7 | 547 | (6,378) | 746 | (8,071) | D-② |
| 岐南町 | ↘ | -24.3 | 2,527 | (24,133) | 3,340 | (25,881) | D-③ |
| 瑞穂市 | ↘ | -19.8 | 5,497 | (53,347) | 6,850 | (56,388) | D-① |
| 美濃加茂市 | ↘ | -17.2 | 5,193 | (53,983) | 6,269 | (56,689) | A |
| **静岡県** | | | | | | | |
| 川根本町 | ↘ | -72.6 | 89 | (2,392) | 325 | (6,206) | C-② |
| 西伊豆町 | ↘ | -70.2 | 91 | (2,869) | 305 | (7,090) | C-② |
| 東伊豆町 | ↗ | -64.9 | 228 | (5,575) | 650 | (11,488) | C-② |
| 松崎町 | ↘ | -64.4 | 95 | (2,840) | 267 | (6,038) | C-② |
| 伊豆市 | ↗ | -61.6 | 688 | (14,014) | 1,791 | (28,190) | C-② |
| 熱海市 | ↗ | -58.0 | 928 | (20,578) | 2,210 | (34,208) | C-③ |
| 下田市 | ↗ | -55.8 | 548 | (10,574) | 1,240 | (20,183) | C-② |
| 御前崎市 | ↓ | -52.4 | 1,246 | (19,720) | 2,618 | (31,103) | C-② |
| 牧之原市 | ↓ | -51.7 | 1,875 | (27,948) | 3,879 | (43,502) | C-② |
| 伊東市 | ↑ | -50.0 | 2,031 | (43,974) | 4,058 | (65,491) | D-③ |
| 森町 | ↑ | -48.7 | 724 | (10,633) | 1,411 | (17,457) | D-③ |
| 小山町 | ↑ | -47.8 | 774 | (12,349) | 1,482 | (18,568) | D-② |
| 沼津市 | ↗ | -46.9 | 8,439 | (131,634) | 15,890 | (189,386) | D-③ |
| 南伊豆町 | ↑ | -46.7 | 202 | (4,410) | 379 | (7,877) | D-② |
| 清水町 | ↘ | -44.6 | 1,845 | (24,252) | 3,332 | (31,710) | D-③ |
| 河津町 | ↘ | -42.8 | 230 | (4,244) | 402 | (6,870) | D-③ |
| 湖西市 | ↗ | -40.8 | 3,176 | (42,841) | 5,366 | (57,885) | D-③ |

| | | | | | | | |
|---|---|---|---|---|---|---|---|
| 富士宮市 | ↘ | -39.0 | 7,093 | (96,298) | 11,618 | (128,105) | D-③ |
| 焼津市 | ↘ | -37.8 | 8,198 | (103,986) | 13,169 | (136,845) | D-③ |
| 富士市 | ↘ | -37.4 | 14,357 | (190,495) | 22,922 | (245,392) | D-③ |
| 函南町 | ↗ | -36.4 | 1,993 | (27,297) | 3,131 | (36,794) | D-③ |
| 伊豆の国市 | ↗ | -36.2 | 2,555 | (33,651) | 4,003 | (46,804) | D-③ |
| 島田市 | ↗ | -35.7 | 5,686 | (71,821) | 8,848 | (95,719) | D-③ |
| 吉田町 | ↘ | -34.2 | 2,086 | (24,141) | 3,171 | (28,919) | D-③ |
| 裾野市 | ↘ | -33.3 | 3,297 | (37,980) | 4,943 | (50,911) | D-③ |
| 三島市 | ↗ | -31.8 | 6,662 | (82,914) | 9,771 | (107,783) | D-③ |
| 藤枝市 | ↗ | -30.9 | 8,918 | (112,629) | 12,897 | (141,342) | D-③ |
| 静岡市 | ↗ | -30.8 | 46,381 | (546,205) | 67,003 | (693,389) | D-③ |
| 御殿場市 | ↘ | -29.9 | 5,896 | (70,200) | 8,416 | (86,614) | D-③ |
| 磐田市 | ↗ | -27.9 | 11,372 | (135,644) | 15,765 | (166,672) | D-③ |
| 掛川市 | ↗ | -27.9 | 8,121 | (95,159) | 11,258 | (114,954) | D-③ |
| 浜松市 | ↗ | -26.8 | 56,678 | (657,052) | 77,384 | (790,718) | D-③ |
| 菊川市 | ↗ | -26.5 | 3,587 | (41,233) | 4,879 | (47,789) | D-③ |
| 袋井市 | ↗ | -21.3 | 7,468 | (80,483) | 9,492 | (87,864) | D-③ |
| 長泉町 | ↘ | -16.2 | 4,030 | (40,788) | 4,806 | (43,336) | A |
| **愛知県** | | | | | | | |
| 設楽町 | ↗ | -69.2 | 66 | (1,934) | 214 | (4,437) | C-② |
| 南知多町 | ↘ | -67.9 | 414 | (7,839) | 1,291 | (16,617) | C-② |
| 東栄町 | ↗ | -62.9 | 53 | (1,301) | 143 | (2,942) | C-① |
| 新城市 | ↘ | -58.4 | 1,442 | (25,647) | 3,470 | (44,355) | C-② |
| 美浜町 | ↘ | -55.6 | 974 | (14,086) | 2,195 | (22,496) | C-② |
| 豊根村 | ↗ | -53.5 | 20 | (486) | 43 | (1,017) | C-① |
| 津島市 | ↓ | -53.2 | 2,566 | (42,290) | 5,480 | (60,942) | C-② |
| 愛西市 | ↘ | -42.5 | 3,092 | (42,323) | 5,380 | (60,829) | D-③ |
| 田原市 | ↘ | -41.0 | 3,349 | (41,015) | 5,672 | (59,360) | D-③ |
| 蒲郡市 | ↗ | -32.8 | 5,208 | (63,506) | 7,749 | (79,538) | D-③ |
| 弥富市 | ↘ | -31.1 | 3,156 | (35,632) | 4,577 | (43,025) | D-③ |
| 蟹江町 | ↗ | -31.0 | 2,897 | (31,731) | 4,199 | (37,338) | D-③ |
| 豊橋市 | ↘ | -30.2 | 26,501 | (304,309) | 37,985 | (371,920) | D-③ |

| | | | | | | | |
|---|---|---|---|---|---|---|---|
| 江南市 | ↗ | -29.6 | 6,651 | (80,266) | 9,450 | (98,255) | D-③ |
| 半田市 | ↘ | -29.2 | 8,936 | (101,584) | 12,628 | (117,884) | D-③ |
| 稲沢市 | ↗ | -29.1 | 9,573 | (107,170) | 13,509 | (134,751) | D-③ |
| 犬山市 | ↘ | -28.9 | 4,773 | (58,275) | 6,713 | (73,090) | D-③ |
| 小牧市 | ↗ | -28.8 | 11,196 | (124,365) | 15,726 | (148,831) | D-③ |
| 知多市 | ↘ | -27.8 | 5,988 | (69,197) | 8,294 | (84,364) | D-③ |
| 一宮市 | ↘ | -26.8 | 28,179 | (321,749) | 38,486 | (380,073) | D-③ |
| 岩倉市 | ↗ | -26.1 | 3,954 | (40,633) | 5,353 | (47,983) | D-③ |
| 碧南市 | ↘ | -25.9 | 5,796 | (64,060) | 7,818 | (72,458) | D-③ |
| 豊明市 | ↗ | -25.1 | 5,674 | (59,878) | 7,574 | (69,295) | D-③ |
| 瀬戸市 | ↗ | -24.9 | 8,723 | (102,422) | 11,615 | (127,792) | D-③ |
| 豊川市 | ↗ | -24.3 | 14,427 | (160,223) | 19,066 | (184,661) | D-③ |
| 豊田市 | ↘ | -23.2 | 34,677 | (370,200) | 45,123 | (422,330) | D-③ |
| みよし市 | ↘ | -22.6 | 5,400 | (56,436) | 6,972 | (61,952) | D-③ |
| あま市 | ↗ | -22.2 | 6,733 | (72,696) | 8,652 | (86,126) | D-③ |
| 知立市 | ↘ | -21.4 | 6,679 | (67,603) | 8,500 | (72,193) | D-③ |
| 名古屋市 | ↗ | -21.3 | 220,742 | (2,122,366) | 280,488 | (2,332,176) | D-③ |
| 岡崎市 | ↗ | -20.8 | 33,593 | (355,210) | 42,396 | (384,654) | D-③ |
| 武豊町 | ↘ | -20.7 | 3,502 | (38,882) | 4,416 | (43,535) | D-③ |
| 東浦町 | ↗ | -20.3 | 4,167 | (44,396) | 5,230 | (49,596) | D-③ |
| 刈谷市 | ↗ | -20.2 | 14,893 | (145,393) | 18,668 | (153,834) | D-③ |
| 西尾市 | ↗ | -19.9 | 13,851 | (154,392) | 17,295 | (169,046) | D-① |
| 大口町 | ↘ | -19.5 | 2,164 | (23,366) | 2,689 | (24,305) | D-① |
| 春日井市 | ↗ | -19.3 | 26,124 | (273,342) | 32,370 | (308,681) | D-① |
| 扶桑町 | ↘ | -18.9 | 2,816 | (30,522) | 3,474 | (34,133) | D-① |
| 尾張旭市 | ↗ | -18.7 | 6,803 | (75,084) | 8,365 | (83,144) | D-① |
| 安城市 | ↘ | -18.4 | 17,442 | (176,290) | 21,380 | (187,990) | D-① |
| 大治町 | ↘ | -17.6 | 2,979 | (31,143) | 3,613 | (32,399) | D-① |
| 高浜市 | ↘ | -15.8 | 4,594 | (45,784) | 5,458 | (46,106) | D-① |
| 清須市 | ↗ | -15.8 | 6,571 | (63,645) | 7,800 | (67,352) | D-① |
| 東海市 | ↘ | -15.7 | 10,521 | (106,739) | 12,474 | (113,787) | D-① |
| 北名古屋市 | ↗ | -15.4 | 8,231 | (81,974) | 9,726 | (86,385) | D-① |

| | | | | | | | |
|---|---|---|---|---|---|---|---|
| 東郷町 | ↘ | -14.6 | 3,916 | (41,114) | 4,585 | (43,903) | A |
| 飛島村 | ↑ | -14.0 | 364 | (4,335) | 423 | (4,575) | A |
| 日進市 | ↘ | -13.4 | 9,184 | (92,055) | 10,600 | (91,520) | A |
| 阿久比町 | ↗ | -12.2 | 2,555 | (27,324) | 2,909 | (28,383) | A |
| 豊山町 | ↗ | -11.8 | 1,569 | (15,363) | 1,779 | (15,613) | D-① |
| 大府市 | ↘ | -11.6 | 9,404 | (94,007) | 10,637 | (93,123) | A |
| 長久手市 | ↘ | -11.5 | 7,321 | (64,569) | 8,272 | (60,162) | D-① |
| 幸田町 | ↘ | -11.3 | 4,349 | (41,088) | 4,901 | (42,449) | A |
| 常滑市 | ↗ | -10.6 | 6,422 | (59,092) | 7,180 | (58,710) | D-① |
| **三重県** | | | | | | | |
| 南伊勢町 | ↘ | -83.5 | 82 | (3,427) | 498 | (10,989) | C-② |
| 大紀町 | ↘ | -77.4 | 86 | (3,083) | 381 | (7,815) | C-② |
| 紀北町 | ↘ | -72.0 | 224 | (6,336) | 800 | (14,604) | C-② |
| 尾鷲市 | ↘ | -70.7 | 284 | (7,125) | 969 | (16,252) | C-② |
| 志摩市 | ↗ | -67.3 | 1,009 | (22,561) | 3,085 | (46,057) | C-② |
| 鳥羽市 | ↘ | -67.3 | 429 | (8,107) | 1,311 | (17,525) | C-② |
| 大台町 | ↘ | -61.3 | 214 | (4,284) | 553 | (8,668) | C-② |
| 熊野市 | ↗ | -59.3 | 391 | (8,360) | 961 | (15,965) | C-① |
| 紀宝町 | ↘ | -59.2 | 336 | (5,713) | 823 | (10,321) | C-② |
| 度会町 | ↘ | -58.7 | 247 | (4,573) | 598 | (7,847) | C-② |
| 木曽岬町 | ↗ | -57.0 | 208 | (3,561) | 484 | (6,023) | C-② |
| 御浜町 | ↗ | -55.8 | 201 | (4,690) | 455 | (8,079) | C-① |
| 名張市 | ↑ | -48.2 | 3,504 | (50,394) | 6,760 | (76,387) | D-③ |
| 伊賀市 | ↗ | -45.9 | 4,271 | (60,581) | 7,897 | (88,766) | D-③ |
| 伊勢市 | ↑ | -42.8 | 6,378 | (85,241) | 11,148 | (122,765) | D-③ |
| 多気町 | ↘ | -41.0 | 659 | (9,352) | 1,117 | (14,021) | D-③ |
| 鈴鹿市 | ↘ | -37.2 | 12,375 | (157,095) | 19,716 | (195,670) | D-③ |
| 松阪市 | ↗ | -35.8 | 9,746 | (117,839) | 15,177 | (159,145) | D-③ |
| いなべ市 | ↘ | -35.4 | 2,834 | (36,239) | 4,388 | (44,973) | D-③ |
| 明和町 | ↗ | -32.6 | 1,420 | (17,883) | 2,108 | (22,445) | D-② |
| 津市 | ↗ | -31.4 | 18,700 | (217,792) | 27,267 | (274,537) | D-③ |
| 桑名市 | ↗ | -28.9 | 9,861 | (115,878) | 13,872 | (138,613) | D-③ |

| | | | | | | | |
|---|---|---|---|---|---|---|---|
| 四日市市 | ↗ | -28.8 | 22,479 | (258,968) | 31,571 | (305,424) | D-③ |
| 玉城町 | ↘ | -28.2 | 1,047 | (12,389) | 1,459 | (15,041) | D-③ |
| 東員町 | ↗ | -27.4 | 1,816 | (20,646) | 2,500 | (25,784) | D-② |
| 亀山市 | ↘ | -25.9 | 3,728 | (43,131) | 5,033 | (49,835) | D-③ |
| 菰野町 | ↘ | -24.4 | 3,089 | (36,237) | 4,084 | (40,559) | D-③ |
| 川越町 | ↘ | -23.1 | 1,464 | (14,891) | 1,903 | (15,123) | D-③ |
| 朝日町 | ↗ | -9.7 | 1,010 | (10,826) | 1,118 | (11,021) | A |
| **滋賀県** | | | | | | | |
| 甲良町 | ↗ | -64.3 | 188 | (3,274) | 527 | (6,362) | C-② |
| 高島市 | ↓ | -55.6 | 1,598 | (28,228) | 3,595 | (46,377) | C-② |
| 竜王町 | ↑ | -43.7 | 564 | (7,872) | 1,001 | (11,789) | D-③ |
| 日野町 | ↘ | -42.9 | 1,078 | (15,444) | 1,889 | (20,964) | D-③ |
| 長浜市 | ↘ | -41.6 | 6,519 | (82,316) | 11,165 | (113,636) | D-③ |
| 甲賀市 | ↗ | -41.3 | 4,985 | (65,677) | 8,497 | (88,358) | D-③ |
| 米原市 | ↘ | -41.2 | 2,112 | (26,594) | 3,591 | (37,225) | D-③ |
| 東近江市 | ↗ | -36.1 | 7,281 | (90,099) | 11,397 | (112,819) | D-③ |
| 湖南市 | ↗ | -34.7 | 3,700 | (43,633) | 5,668 | (54,460) | D-③ |
| 多賀町 | ↑ | -32.3 | 427 | (5,347) | 631 | (7,274) | D-② |
| 彦根市 | ↗ | -26.6 | 8,869 | (98,671) | 12,082 | (113,647) | D-③ |
| 豊郷町 | ↘ | -24.2 | 512 | (5,822) | 675 | (7,132) | D-② |
| 愛荘町 | ↘ | -23.5 | 1,794 | (19,262) | 2,345 | (20,893) | D-③ |
| 近江八幡市 | ↗ | -21.5 | 6,499 | (68,995) | 8,280 | (81,122) | D-③ |
| 野洲市 | ↗ | -21.2 | 4,043 | (44,340) | 5,130 | (50,513) | D-③ |
| 大津市 | ↗ | -20.3 | 27,983 | (320,021) | 35,101 | (345,070) | D-③ |
| 草津市 | ↘ | -15.8 | 14,903 | (144,542) | 17,706 | (143,913) | D-① |
| 栗東市 | ↘ | -13.6 | 7,127 | (67,595) | 8,246 | (68,820) | A |
| 守山市 | ↘ | -11.1 | 8,065 | (85,059) | 9,074 | (83,236) | A |
| **京都府** | | | | | | | |
| 笠置町 | ↘ | -85.7 | 8 | (367) | 56 | (1,144) | C-② |
| 和束町 | ↘ | -77.9 | 44 | (1,306) | 199 | (3,478) | C-② |
| 南山城村 | ↗ | -72.7 | 35 | (933) | 128 | (2,391) | C-② |
| 京丹波町 | ↘ | -71.2 | 223 | (5,928) | 773 | (12,907) | C-② |

| | | | | | | | |
|---|---|---|---|---|---|---|---|
| 井手町 | ↘ | -67.7 | 222 | (4,062) | 688 | (7,406) | C-③ |
| 与謝野町 | ↘ | -61.2 | 533 | (10,761) | 1,375 | (20,092) | C-① |
| 宮津市 | ↗ | -57.8 | 398 | (8,512) | 943 | (16,758) | C-① |
| 宇治田原町 | ↓ | -57.5 | 320 | (5,690) | 753 | (8,911) | C-② |
| 京丹後市 | ↘ | -57.3 | 1,452 | (28,614) | 3,400 | (50,860) | C-① |
| 久御山町 | ↑ | -48.4 | 755 | (9,996) | 1,462 | (15,250) | D-③ |
| 伊根町 | ↑ | -46.4 | 52 | (998) | 97 | (1,928) | D-② |
| 亀岡市 | ↗ | -45.1 | 4,481 | (58,768) | 8,155 | (86,174) | D-③ |
| 綾部市 | ↑ | -44.2 | 1,322 | (20,624) | 2,368 | (31,846) | D-③ |
| 舞鶴市 | ↗ | -43.5 | 3,632 | (53,813) | 6,431 | (80,336) | D-② |
| 南丹市 | ↑ | -42.3 | 1,615 | (21,578) | 2,800 | (31,629) | D-③ |
| 城陽市 | ↑ | -42.0 | 3,863 | (50,011) | 6,661 | (74,607) | D-③ |
| 八幡市 | ↘ | -41.8 | 3,697 | (48,950) | 6,357 | (70,433) | D-③ |
| 宇治市 | ↗ | -37.4 | 10,420 | (130,285) | 16,632 | (179,630) | D-③ |
| 精華町 | ↘ | -33.2 | 2,353 | (28,670) | 3,520 | (36,198) | D-③ |
| 福知山市 | ↗ | -28.1 | 4,941 | (62,061) | 6,873 | (77,306) | D-② |
| 京都市 | ↗ | -27.2 | 129,376 | (1,240,645) | 177,804 | (1,463,723) | B-② |
| 京田辺市 | ↗ | -23.8 | 6,319 | (69,713) | 8,292 | (73,753) | D-③ |
| 向日市 | ↗ | -22.2 | 4,539 | (49,646) | 5,836 | (56,859) | D-② |
| 長岡京市 | ↗ | -18.2 | 6,636 | (69,744) | 8,112 | (80,608) | D-① |
| 大山崎町 | ↗ | -15.3 | 1,449 | (14,902) | 1,710 | (15,953) | A |
| 木津川市 | ↘ | -9.0 | 7,269 | (79,398) | 7,988 | (77,907) | A |
| **大阪府** | | | | | | | |
| 能勢町 | ↘ | -81.4 | 109 | (3,838) | 587 | (9,079) | C-② |
| 豊能町 | ↗ | -76.9 | 251 | (7,516) | 1,085 | (18,279) | C-③ |
| 千早赤阪村 | ↗ | -69.0 | 96 | (2,045) | 310 | (4,909) | C-② |
| 岬町 | ↘ | -66.0 | 331 | (7,296) | 973 | (14,741) | C-② |
| 阪南市 | ↓ | -60.7 | 1,713 | (29,574) | 4,362 | (51,254) | C-② |
| 河内長野市 | ↗ | -57.7 | 3,689 | (58,342) | 8,710 | (101,692) | C-② |
| 太子町 | ↓ | -54.0 | 516 | (8,141) | 1,121 | (13,009) | C-② |
| 河南町 | ↗ | -53.4 | 691 | (9,989) | 1,483 | (15,697) | C-② |
| 富田林市 | ↗ | -52.1 | 5,079 | (67,795) | 10,603 | (108,699) | C-② |

| | | | | | | | |
|---|---|---|---|---|---|---|---|
| 門真市 | ↓ | -51.3 | 5,682 | (79,332) | 11,672 | (119,764) | C-② |
| 柏原市 | ↗ | -50.6 | 3,495 | (44,402) | 7,068 | (68,775) | C-② |
| 泉南市 | ↓ | -50.0 | 2,854 | (40,136) | 5,709 | (60,102) | C-② |
| 忠岡町 | ↘ | -48.2 | 835 | (11,699) | 1,612 | (16,567) | D-③ |
| 松原市 | ↘ | -48.1 | 5,941 | (80,074) | 11,445 | (117,641) | D-③ |
| 羽曳野市 | ↘ | -47.9 | 5,386 | (73,479) | 10,331 | (108,736) | D-③ |
| 貝塚市 | ↘ | -45.2 | 4,440 | (59,365) | 8,108 | (84,443) | D-③ |
| 泉大津市 | ↘ | -44.2 | 4,610 | (54,837) | 8,265 | (74,412) | D-③ |
| 大東市 | ↘ | -42.5 | 7,178 | (87,420) | 12,477 | (119,367) | D-③ |
| 岸和田市 | ↘ | -41.5 | 11,172 | (137,512) | 19,107 | (190,658) | D-③ |
| 東大阪市 | ↗ | -40.7 | 30,683 | (377,297) | 51,774 | (493,940) | D-③ |
| 藤井寺市 | ↘ | -39.7 | 3,965 | (47,772) | 6,579 | (63,688) | D-③ |
| 泉佐野市 | ↘ | -39.0 | 7,099 | (80,921) | 11,635 | (100,131) | D-③ |
| 交野市 | ↘ | -38.8 | 4,271 | (55,115) | 6,980 | (75,033) | D-③ |
| 枚方市 | ↗ | -38.3 | 23,894 | (307,802) | 38,717 | (397,289) | D-③ |
| 高石市 | ↗ | -36.7 | 3,536 | (40,293) | 5,588 | (55,635) | D-③ |
| 四條畷市 | ↘ | -36.7 | 3,443 | (41,138) | 5,435 | (55,177) | D-③ |
| 寝屋川市 | ↑ | -35.3 | 14,020 | (172,808) | 21,657 | (229,733) | D-③ |
| 熊取町 | ↗ | -33.0 | 2,758 | (33,329) | 4,117 | (43,763) | D-③ |
| 和泉市 | ↘ | -32.6 | 12,449 | (151,940) | 18,478 | (184,495) | D-③ |
| 八尾市 | ↗ | -31.5 | 18,339 | (207,696) | 26,777 | (264,642) | D-③ |
| 守口市 | ↗ | -31.5 | 10,564 | (116,069) | 15,417 | (143,096) | D-③ |
| 堺市 | ↘ | -29.2 | 59,250 | (653,087) | 83,664 | (826,161) | D-③ |
| 大阪狭山市 | ↗ | -28.8 | 4,324 | (47,801) | 6,074 | (58,435) | D-③ |
| 大阪市 | ↗ | -26.0 | 272,882 | (2,430,185) | 368,504 | (2,752,412) | B-② |
| 摂津市 | ↗ | -22.9 | 7,948 | (77,289) | 10,308 | (87,456) | D-③ |
| 島本町 | ↗ | -19.3 | 2,564 | (28,158) | 3,178 | (30,927) | A |
| 高槻市 | ↗ | -19.2 | 28,756 | (300,685) | 35,570 | (352,698) | D-① |
| 池田市 | ↗ | -17.2 | 9,461 | (94,005) | 11,430 | (104,993) | D-① |
| 田尻町 | ↘ | -17.0 | 774 | (7,638) | 932 | (8,434) | D-① |
| 茨木市 | ↗ | -16.8 | 27,382 | (266,518) | 32,910 | (287,730) | D-① |
| 吹田市 | ↗ | -15.9 | 38,202 | (366,647) | 45,444 | (385,567) | D-① |

| | | | | | | | |
|---|---|---|---|---|---|---|---|
| 豊中市 | ↗ | -14.3 | 37,606 | (367,696) | 43,890 | (401,558) | D-① |
| 箕面市 | ↗ | -14.0 | 12,366 | (128,501) | 14,375 | (136,868) | D-① |
| **兵庫県** | | | | | | | |
| 新温泉町 | ↘ | -71.8 | 220 | (6,202) | 780 | (13,318) | C-① |
| 佐用町 | ↘ | -70.8 | 279 | (7,284) | 956 | (15,863) | C-② |
| 多可町 | ↘ | -70.8 | 382 | (9,228) | 1,307 | (19,261) | C-② |
| 上郡町 | ↘ | -70.5 | 271 | (6,622) | 920 | (13,879) | C-② |
| 香美町 | ↘ | -67.2 | 303 | (7,050) | 925 | (16,064) | C-① |
| 市川町 | ↘ | -64.2 | 300 | (5,719) | 837 | (11,231) | C-② |
| 宍粟市 | ↘ | -63.7 | 950 | (18,235) | 2,617 | (34,819) | C-② |
| 神河町 | ↘ | -62.3 | 295 | (5,657) | 782 | (10,616) | C-② |
| 洲本市 | ↘ | -58.7 | 1,311 | (23,759) | 3,172 | (41,236) | C-② |
| 養父市 | ↗ | -58.1 | 643 | (11,694) | 1,534 | (22,129) | C-① |
| 加西市 | ↗ | -54.1 | 1,696 | (26,829) | 3,696 | (42,700) | C-② |
| 朝来市 | ↗ | -53.6 | 1,041 | (17,415) | 2,245 | (28,989) | C-① |
| 西脇市 | ↓ | -50.3 | 1,599 | (23,993) | 3,215 | (38,673) | C-② |
| 豊岡市 | ↘ | -49.9 | 3,095 | (49,032) | 6,172 | (77,489) | D-② |
| 赤穂市 | ↘ | -49.7 | 1,954 | (28,856) | 3,882 | (45,892) | D-③ |
| 南あわじ市 | ↑ | -49.4 | 1,734 | (26,986) | 3,429 | (44,137) | D-② |
| 丹波市 | ↑ | -48.7 | 2,569 | (40,338) | 5,006 | (61,471) | D-② |
| 三木市 | ↑ | -48.2 | 3,340 | (48,639) | 6,446 | (75,294) | D-③ |
| 丹波篠山市 | ↑ | -47.6 | 1,795 | (26,326) | 3,424 | (39,611) | D-③ |
| 三田市 | ↘ | -47.2 | 5,937 | (76,492) | 11,235 | (109,238) | D-③ |
| たつの市 | ↘ | -43.9 | 3,689 | (50,721) | 6,570 | (74,316) | D-③ |
| 相生市 | ↑ | -43.2 | 1,325 | (17,420) | 2,331 | (28,355) | D-③ |
| 高砂市 | ↗ | -41.3 | 5,012 | (61,902) | 8,540 | (87,722) | D-③ |
| 稲美町 | ↑ | -40.3 | 1,594 | (21,446) | 2,672 | (30,268) | D-③ |
| 福崎町 | ↑ | -39.1 | 1,215 | (14,977) | 1,996 | (19,377) | D-③ |
| 淡路市 | ↑ | -39.1 | 1,975 | (27,809) | 3,243 | (41,967) | D-③ |
| 小野市 | ↘ | -38.4 | 2,780 | (35,911) | 4,511 | (47,562) | D-③ |
| 猪名川町 | ↗ | -37.4 | 1,413 | (22,046) | 2,256 | (29,680) | D-③ |
| 加古川市 | ↗ | -36.6 | 16,268 | (201,317) | 25,676 | (260,878) | D-③ |

| | | | | | | | |
|---|---|---|---|---|---|---|---|
| 太子町 | ↘ | -32.4 | 2,224 | (26,806) | 3,289 | (33,477) | D-③ |
| 加東市 | ↘ | -31.2 | 3,183 | (34,121) | 4,627 | (40,645) | D-③ |
| 姫路市 | ↗ | -30.6 | 37,467 | (436,360) | 53,983 | (530,495) | D-③ |
| 神戸市 | ↗ | -30.0 | 115,066 | (1,233,396) | 164,344 | (1,525,152) | D-③ |
| 尼崎市 | ↗ | -26.1 | 36,672 | (393,903) | 49,652 | (459,593) | D-③ |
| 川西市 | ↗ | -25.6 | 10,215 | (119,770) | 13,723 | (152,321) | D-③ |
| 播磨町 | ↗ | -25.4 | 2,535 | (27,485) | 3,400 | (33,604) | D-② |
| 明石市 | ↗ | -23.4 | 25,033 | (269,828) | 32,698 | (303,601) | D-③ |
| 伊丹市 | ↗ | -19.3 | 16,761 | (175,060) | 20,761 | (198,138) | D-① |
| 宝塚市 | ↗ | -18.6 | 17,904 | (197,105) | 21,986 | (226,432) | D-① |
| 西宮市 | ↗ | -16.9 | 45,333 | (441,358) | 54,540 | (485,587) | D-① |
| 芦屋市 | ↗ | -13.3 | 7,168 | (82,479) | 8,263 | (93,922) | D-① |
| **奈良県** | | | | | | | |
| 黒滝村 | ↘ | -85.7 | 5 | (183) | 35 | (623) | C-② |
| 吉野町 | ↘ | -84.9 | 52 | (1,952) | 344 | (6,229) | C-③ |
| 御杖村 | ↘ | -83.3 | 9 | (422) | 54 | (1,479) | C-② |
| 下市町 | ↘ | -82.2 | 61 | (1,737) | 342 | (5,037) | C-③ |
| 野迫川村 | ↘ | -81.8 | 4 | (98) | 22 | (357) | C-③ |
| 東吉野村 | ↗ | -79.8 | 17 | (441) | 84 | (1,502) | C-③ |
| 五條市 | ↘ | -76.8 | 492 | (11,845) | 2,124 | (27,927) | C-② |
| 上北山村 | ↘ | -76.5 | 8 | (160) | 34 | (444) | C-③ |
| 曽爾村 | ↗ | -74.7 | 18 | (378) | 71 | (1,295) | C-① |
| 山添村 | ↗ | -71.4 | 51 | (1,291) | 178 | (3,226) | C-② |
| 御所市 | ↘ | -71.3 | 536 | (10,788) | 1,865 | (24,096) | C-② |
| 宇陀市 | ↗ | -70.9 | 568 | (12,070) | 1,953 | (28,121) | C-② |
| 大淀町 | ↘ | -68.7 | 406 | (8,888) | 1,295 | (16,728) | C-② |
| 下北山村 | ↘ | -65.7 | 12 | (337) | 35 | (753) | C-② |
| 上牧町 | ↗ | -62.1 | 689 | (13,481) | 1,816 | (21,714) | C-② |
| 十津川村 | ↘ | -62.0 | 57 | (1,490) | 150 | (3,061) | C-① |
| 川上村 | ↗ | -60.0 | 20 | (435) | 50 | (1,156) | C-① |
| 大和高田市 | ↘ | -59.4 | 2,391 | (37,168) | 5,883 | (61,744) | C-② |
| 三宅町 | ↓ | -58.7 | 230 | (3,479) | 557 | (6,439) | C-② |

| | | | | | | | |
|---|---|---|---|---|---|---|---|
| 高取町 | ↘ | -58.2 | 193 | (3,624) | 462 | (6,729) | C-② |
| 安堵町 | ↗ | -58.0 | 314 | (4,494) | 747 | (7,225) | C-② |
| 河合町 | ↗ | -53.7 | 611 | (9,854) | 1,320 | (17,018) | C-② |
| 桜井市 | ↘ | -49.3 | 2,640 | (35,731) | 5,207 | (54,857) | D-③ |
| 明日香村 | ↑ | -47.5 | 206 | (3,016) | 392 | (5,179) | D-③ |
| 平群町 | ↑ | -46.7 | 727 | (11,017) | 1,364 | (18,009) | D-③ |
| 大和郡山市 | ↑ | -46.3 | 4,059 | (54,141) | 7,552 | (83,285) | D-③ |
| 田原本町 | ↗ | -43.4 | 1,732 | (22,130) | 3,058 | (31,177) | D-③ |
| 川西町 | ↑ | -43.3 | 395 | (5,234) | 697 | (8,167) | D-③ |
| 天理市 | ↗ | -43.1 | 4,020 | (42,057) | 7,061 | (63,889) | D-③ |
| 橿原市 | ↘ | -39.8 | 7,658 | (91,164) | 12,710 | (120,922) | D-③ |
| 天川村 | ↑ | -34.8 | 30 | (523) | 46 | (1,176) | D-② |
| 奈良市 | ↗ | -33.7 | 23,272 | (271,142) | 35,083 | (354,630) | D-③ |
| 広陵町 | ↗ | -27.1 | 2,454 | (28,413) | 3,364 | (33,810) | D-② |
| 三郷町 | ↗ | -24.7 | 1,692 | (19,159) | 2,246 | (23,219) | D-③ |
| 香芝市 | ↘ | -23.1 | 6,464 | (70,053) | 8,402 | (78,113) | D-③ |
| 斑鳩町 | ↗ | -22.6 | 2,037 | (22,469) | 2,633 | (27,587) | D-② |
| 生駒市 | ↗ | -22.1 | 8,304 | (96,062) | 10,663 | (116,675) | D-③ |
| 王寺町 | ↗ | -20.2 | 2,147 | (21,298) | 2,689 | (24,043) | D-② |
| 葛城市 | ↗ | -19.0 | 2,957 | (32,141) | 3,650 | (36,832) | A |
| **和歌山県** | | | | | | | |
| 九度山町 | ↘ | -75.8 | 63 | (1,487) | 260 | (3,856) | C-② |
| 紀美野町 | ↗ | -71.5 | 128 | (3,368) | 449 | (8,256) | C-② |
| 湯浅町 | ↗ | -71.2 | 238 | (5,242) | 825 | (11,122) | C-② |
| 由良町 | ↗ | -69.8 | 100 | (2,567) | 331 | (5,364) | C-② |
| 串本町 | ↗ | -68.3 | 269 | (7,188) | 849 | (14,959) | C-② |
| すさみ町 | ↗ | -68.0 | 55 | (1,620) | 172 | (3,685) | C-① |
| 古座川町 | ↗ | -67.0 | 34 | (1,112) | 103 | (2,480) | C-② |
| 太地町 | ↗ | -64.8 | 69 | (1,601) | 196 | (2,791) | C-② |
| 有田市 | ↘ | -63.3 | 786 | (14,597) | 2,140 | (26,538) | C-② |
| 那智勝浦町 | ↘ | -61.6 | 328 | (6,910) | 853 | (14,137) | C-① |
| みなべ町 | ↘ | -59.0 | 383 | (7,009) | 934 | (11,818) | C-① |

| | | | | | | | |
|---|---|---|---|---|---|---|---|
| 美浜町 | ↗ | -58.0 | 223 | (4,051) | 531 | (6,867) | C-② |
| 新宮市 | ↗ | -56.8 | 872 | (15,423) | 2,020 | (27,171) | C-② |
| かつらぎ町 | ↗ | -55.2 | 538 | (8,534) | 1,201 | (15,967) | C-② |
| 日高川町 | ↗ | -54.4 | 276 | (5,413) | 605 | (9,219) | C-① |
| 高野町 | ↗ | -54.3 | 86 | (1,453) | 188 | (2,970) | C-② |
| 広川町 | ↓ | -54.2 | 233 | (3,941) | 509 | (6,781) | C-② |
| 田辺市 | ↘ | -53.8 | 2,626 | (42,309) | 5,683 | (69,870) | C-② |
| 紀の川市 | ↘ | -53.2 | 2,337 | (36,636) | 4,993 | (58,816) | C-② |
| 橋本市 | ↗ | -52.7 | 2,557 | (37,636) | 5,400 | (60,818) | C-② |
| 海南市 | ↗ | -52.5 | 1,813 | (28,027) | 3,820 | (48,369) | C-② |
| 白浜町 | ↓ | -52.3 | 753 | (12,807) | 1,579 | (20,262) | C-② |
| 御坊市 | ↓ | -51.4 | 978 | (14,966) | 2,013 | (23,481) | C-② |
| 北山村 | ↑ | -47.6 | 11 | (181) | 21 | (404) | D-② |
| 印南町 | ↑ | -47.4 | 298 | (4,793) | 566 | (7,720) | D-② |
| 有田川町 | ↑ | -44.4 | 1,251 | (17,649) | 2,248 | (25,258) | D-② |
| 岩出市 | ↘ | -39.0 | 3,479 | (45,396) | 5,701 | (53,967) | D-③ |
| 上富田町 | ↘ | -35.0 | 962 | (12,595) | 1,479 | (15,236) | D-② |
| 和歌山市 | ↗ | -30.6 | 24,041 | (280,227) | 34,617 | (356,729) | D-③ |
| 日高町 | ↗ | -26.3 | 507 | (6,881) | 688 | (7,673) | D-② |
| **鳥取県** | | | | | | | |
| 若桜町 | ↗ | -77.4 | 38 | (1,092) | 168 | (2,864) | C-② |
| 日南町 | ↘ | -68.9 | 60 | (1,765) | 193 | (4,196) | C-② |
| 江府町 | ↘ | -66.2 | 48 | (1,177) | 142 | (2,672) | C-② |
| 日野町 | ↘ | -64.6 | 58 | (1,227) | 164 | (2,907) | C-② |
| 智頭町 | ↗ | -60.9 | 173 | (2,977) | 442 | (6,427) | C-② |
| 八頭町 | ↗ | -56.7 | 539 | (9,086) | 1,246 | (15,937) | C-① |
| 岩美町 | ↗ | -55.5 | 373 | (6,168) | 839 | (10,799) | C-② |
| 大山町 | ↗ | -50.4 | 528 | (8,767) | 1,065 | (15,370) | C-① |
| 琴浦町 | ↑ | -46.6 | 692 | (10,000) | 1,295 | (16,365) | D-② |
| 三朝町 | ↑ | -46.2 | 224 | (3,450) | 416 | (6,060) | D-② |
| 南部町 | ↑ | -45.7 | 407 | (6,378) | 749 | (10,323) | D-② |
| 北栄町 | ↑ | -44.7 | 592 | (9,189) | 1,070 | (14,228) | D-② |

| | | | | | | | |
|---|---|---|---|---|---|---|---|
| 境港市 | ↗ | -42.2 | 1,657 | (22,961) | 2,865 | (32,740) | D-③ |
| 伯耆町 | ↑ | -41.7 | 470 | (6,883) | 806 | (10,696) | D-② |
| 倉吉市 | ↗ | -35.2 | 2,566 | (32,042) | 3,959 | (46,485) | D-② |
| 鳥取市 | ↗ | -33.2 | 12,215 | (142,787) | 18,277 | (188,465) | D-③ |
| 湯梨浜町 | ↗ | -31.3 | 971 | (12,290) | 1,413 | (16,055) | D-② |
| 米子市 | ↗ | -24.8 | 11,413 | (123,921) | 15,172 | (147,317) | D-③ |
| 日吉津村 | ↘ | -14.2 | 321 | (3,368) | 374 | (3,501) | A |
| **島根県** | | | | | | | |
| 奥出雲町 | ↗ | -57.5 | 282 | (5,735) | 663 | (11,849) | C-① |
| 津和野町 | ↗ | -56.7 | 166 | (3,217) | 383 | (6,875) | C-① |
| 隠岐の島町 | ↗ | -56.0 | 387 | (7,553) | 880 | (13,433) | C-① |
| 雲南市 | ↗ | -52.0 | 1,220 | (20,016) | 2,544 | (36,007) | C-① |
| 安来市 | ↑ | -50.0 | 1,422 | (22,209) | 2,843 | (37,062) | D-③ |
| 大田市 | ↑ | -49.5 | 1,139 | (19,642) | 2,255 | (32,846) | D-② |
| 江津市 | ↑ | -48.5 | 856 | (13,714) | 1,662 | (22,959) | D-② |
| 吉賀町 | ↑ | -47.6 | 207 | (3,891) | 395 | (6,077) | D-② |
| 美郷町 | ↑ | -45.9 | 119 | (2,253) | 220 | (4,355) | D-② |
| 飯南町 | ↗ | -45.0 | 155 | (2,576) | 282 | (4,577) | D-② |
| 益田市 | ↑ | -44.0 | 1,822 | (28,780) | 3,256 | (45,003) | D-② |
| 邑南町 | ↑ | -44.0 | 332 | (6,043) | 593 | (10,163) | D-② |
| 浜田市 | ↑ | -42.0 | 2,453 | (36,252) | 4,229 | (54,592) | D-② |
| 西ノ島町 | ↑ | -32.4 | 115 | (1,740) | 170 | (2,788) | D-② |
| 知夫村 | ↑ | -29.6 | 31 | (462) | 44 | (634) | D-② |
| 川本町 | ↑ | -26.6 | 157 | (1,927) | 214 | (3,248) | D-② |
| 松江市 | ↗ | -25.8 | 14,703 | (168,911) | 19,819 | (203,616) | D-③ |
| 海士町 | ↑ | -23.4 | 141 | (1,605) | 184 | (2,267) | D-② |
| 出雲市 | ↗ | -22.4 | 13,340 | (150,468) | 17,187 | (172,775) | D-③ |
| **岡山県** | | | | | | | |
| 備前市 | ↘ | -62.8 | 887 | (16,553) | 2,381 | (32,320) | C-② |
| 高梁市 | ↗ | -62.3 | 799 | (14,031) | 2,117 | (29,072) | C-② |
| 笠岡市 | ↘ | -59.9 | 1,443 | (25,357) | 3,601 | (46,088) | C-② |
| 新見市 | ↘ | -57.4 | 863 | (14,693) | 2,027 | (28,079) | C-② |

| | | | | | | | |
|---|---|---|---|---|---|---|---|
| 吉備中央町 | ↗ | -53.9 | 341 | (6,226) | 739 | (10,886) | C-② |
| 久米南町 | ↓ | -53.0 | 132 | (2,559) | 281 | (4,530) | C-② |
| 井原市 | ↓ | -52.7 | 1,449 | (23,584) | 3,060 | (38,384) | C-② |
| 真庭市 | ↗ | -51.9 | 1,430 | (24,564) | 2,970 | (42,725) | C-① |
| 玉野市 | ↗ | -51.2 | 2,191 | (32,112) | 4,491 | (56,531) | C-② |
| 美作市 | ↗ | -51.1 | 878 | (14,927) | 1,795 | (25,939) | C-② |
| 和気町 | ↑ | -49.2 | 481 | (8,338) | 947 | (13,623) | D-③ |
| 美咲町 | ↑ | -48.0 | 433 | (7,281) | 833 | (13,053) | D-② |
| 奈義町 | ↑ | -45.3 | 243 | (3,687) | 444 | (5,578) | D-② |
| 津山市 | ↗ | -42.6 | 5,394 | (70,662) | 9,391 | (99,937) | D-③ |
| 浅口市 | ↗ | -42.5 | 1,573 | (21,953) | 2,734 | (32,772) | D-③ |
| 瀬戸内市 | ↑ | -41.0 | 1,795 | (26,719) | 3,041 | (36,048) | D-③ |
| 矢掛町 | ↘ | -38.8 | 641 | (8,919) | 1,048 | (13,414) | D-③ |
| 鏡野町 | ↗ | -31.5 | 629 | (8,416) | 918 | (12,062) | D-② |
| 赤磐市 | ↗ | -28.4 | 2,661 | (34,386) | 3,715 | (42,661) | D-② |
| 勝央町 | ↗ | -23.7 | 798 | (8,871) | 1,046 | (10,888) | D-② |
| 総社市 | ↗ | -23.5 | 5,781 | (61,585) | 7,556 | (69,030) | D-③ |
| 倉敷市 | ↗ | -23.4 | 39,132 | (409,836) | 51,091 | (474,592) | D-③ |
| 里庄町 | ↘ | -23.3 | 846 | (9,121) | 1,103 | (10,950) | D-③ |
| 新庄村 | ↑ | -22.6 | 41 | (540) | 53 | (813) | D-② |
| 岡山市 | ↗ | -22.4 | 65,337 | (643,367) | 84,238 | (724,691) | D-③ |
| 西粟倉村 | ↑ | -22.4 | 97 | (1,040) | 125 | (1,398) | D-③ |
| 早島町 | ↗ | -14.6 | 1,102 | (11,133) | 1,290 | (12,368) | A |
| **広島県** | | | | | | | |
| 竹原市 | ↘ | -65.9 | 529 | (11,636) | 1,551 | (23,993) | C-② |
| 江田島市 | ↗ | -65.0 | 458 | (10,232) | 1,308 | (21,930) | C-② |
| 神石高原町 | ↗ | -63.0 | 159 | (3,818) | 430 | (8,250) | C-① |
| 府中市 | ↗ | -57.4 | 1,154 | (20,800) | 2,707 | (37,655) | C-② |
| 安芸高田市 | ↘ | -55.9 | 814 | (14,775) | 1,845 | (26,448) | C-② |
| 安芸太田町 | ↗ | -52.8 | 133 | (2,590) | 282 | (5,740) | C-① |
| 庄原市 | ↑ | -48.8 | 1,144 | (17,950) | 2,233 | (33,633) | D-② |
| 北広島町 | ↑ | -48.4 | 611 | (11,575) | 1,184 | (17,763) | D-③ |

| | | | | | | | |
|---|---|---|---|---|---|---|---|
| 呉市 | ↗ | -45.6 | 9,482 | (129,151) | 17,436 | (214,592) | D-③ |
| 三原市 | ↗ | -44.6 | 4,178 | (56,356) | 7,544 | (90,573) | D-③ |
| 世羅町 | ↗ | -44.3 | 534 | (8,767) | 958 | (15,125) | D-② |
| 三次市 | ↗ | -42.9 | 2,276 | (33,901) | 3,983 | (50,681) | D-② |
| 大竹市 | ↑ | -41.6 | 1,293 | (17,250) | 2,215 | (26,319) | D-③ |
| 尾道市 | ↗ | -40.4 | 6,073 | (87,875) | 10,185 | (131,170) | D-③ |
| 熊野町 | ↗ | -39.7 | 1,092 | (14,879) | 1,810 | (22,834) | D-② |
| 大崎上島町 | ↑ | -34.4 | 204 | (3,905) | 311 | (7,158) | D-② |
| 坂町 | ↘ | -29.3 | 844 | (9,840) | 1,194 | (12,582) | D-② |
| 廿日市市 | ↑ | -26.6 | 8,256 | (93,945) | 11,241 | (114,173) | D-③ |
| 福山市 | ↗ | -25.7 | 34,282 | (383,669) | 46,143 | (460,930) | D-③ |
| 海田町 | ↗ | -24.5 | 2,642 | (25,365) | 3,499 | (29,636) | D-③ |
| 東広島市 | ↗ | -23.4 | 17,421 | (179,511) | 22,748 | (196,608) | D-③ |
| 広島市 | ↗ | -21.4 | 104,068 | (1,047,223) | 132,333 | (1,200,754) | D-③ |
| 府中町 | ↗ | -19.7 | 4,354 | (44,514) | 5,423 | (51,155) | A |
| **山口県** | | | | | | | |
| 美祢市 | ↘ | -68.5 | 498 | (10,902) | 1,579 | (23,247) | C-② |
| 周防大島町 | ↗ | -66.9 | 234 | (6,363) | 707 | (14,798) | C-② |
| 萩市 | ↗ | -65.5 | 968 | (21,167) | 2,804 | (44,626) | C-② |
| 阿武町 | ↗ | -62.8 | 55 | (1,502) | 148 | (3,055) | C-② |
| 長門市 | ↗ | -60.3 | 852 | (16,197) | 2,146 | (32,519) | C-② |
| 上関町 | ↗ | -58.1 | 39 | (956) | 93 | (2,342) | C-① |
| 平生町 | ↘ | -54.8 | 360 | (6,667) | 797 | (11,914) | C-② |
| 田布施町 | ↓ | -50.4 | 516 | (8,918) | 1,040 | (14,483) | C-② |
| 柳井市 | ↗ | -45.3 | 1,217 | (19,224) | 2,224 | (30,799) | D-③ |
| 岩国市 | ↗ | -44.6 | 5,877 | (83,047) | 10,603 | (129,125) | D-③ |
| 周南市 | ↗ | -43.8 | 6,294 | (91,413) | 11,203 | (137,540) | D-③ |
| 下関市 | ↗ | -42.6 | 12,566 | (164,753) | 21,880 | (255,051) | D-③ |
| 山陽小野田市 | ↗ | -41.3 | 3,021 | (40,201) | 5,143 | (60,326) | D-③ |
| 光市 | ↗ | -40.6 | 2,246 | (34,459) | 3,783 | (49,798) | D-② |
| 宇部市 | ↗ | -38.1 | 9,212 | (115,395) | 14,882 | (162,570) | D-③ |
| 山口市 | ↗ | -27.7 | 14,308 | (158,010) | 19,781 | (193,966) | D-③ |

| | | | | | | | |
|---|---|---|---|---|---|---|---|
| 和木町 | ↗ | -26.7 | 442 | (4,541) | 603 | (6,034) | D-② |
| 防府市 | ↗ | -25.4 | 8,329 | (93,933) | 11,158 | (113,979) | D-③ |
| 下松市 | ↘ | -21.0 | 4,108 | (48,535) | 5,202 | (55,887) | D-② |
| **徳島県** | | | | | | | |
| 那賀町 | ↗ | -78.7 | 71 | (2,575) | 333 | (7,367) | C-① |
| 牟岐町 | ↘ | -77.7 | 37 | (1,382) | 166 | (3,743) | C-② |
| 海陽町 | ↘ | -74.2 | 126 | (3,720) | 488 | (8,358) | C-② |
| 三好市 | ↗ | -73.2 | 358 | (9,148) | 1,336 | (23,605) | C-② |
| つるぎ町 | ↘ | -71.3 | 125 | (3,074) | 436 | (7,715) | C-② |
| 佐那河内村 | ↗ | -71.0 | 31 | (877) | 107 | (2,058) | C-② |
| 神山町 | ↗ | -69.7 | 82 | (1,838) | 271 | (4,647) | C-② |
| 美波町 | ↗ | -65.5 | 119 | (2,633) | 345 | (6,222) | C-① |
| 勝浦町 | ↗ | -60.4 | 134 | (2,291) | 338 | (4,837) | C-② |
| 美馬市 | ↗ | -60.0 | 834 | (14,908) | 2,085 | (28,055) | C-② |
| 東みよし町 | ↗ | -58.3 | 434 | (8,184) | 1,041 | (13,622) | C-① |
| 小松島市 | ↘ | -58.1 | 1,267 | (20,786) | 3,021 | (36,149) | C-② |
| 阿波市 | ↘ | -57.9 | 1,120 | (19,115) | 2,661 | (34,713) | C-② |
| 吉野川市 | ↘ | -55.4 | 1,352 | (22,633) | 3,029 | (38,772) | C-② |
| 鳴門市 | ↓ | -51.6 | 2,299 | (33,701) | 4,753 | (54,622) | C-② |
| 上板町 | ↗ | -51.2 | 434 | (6,884) | 889 | (11,384) | C-② |
| 阿南市 | ↘ | -49.9 | 2,857 | (44,094) | 5,706 | (69,470) | D-③ |
| 上勝町 | ↑ | -48.0 | 38 | (664) | 73 | (1,380) | D-② |
| 板野町 | ↑ | -46.3 | 621 | (8,928) | 1,157 | (13,042) | D-③ |
| 石井町 | ↗ | -39.2 | 1,398 | (18,434) | 2,299 | (24,833) | D-③ |
| 松茂町 | ↘ | -37.4 | 881 | (10,982) | 1,407 | (14,583) | D-③ |
| 徳島市 | ↗ | -36.5 | 16,291 | (192,475) | 25,671 | (252,391) | D-③ |
| 藍住町 | ↗ | -29.9 | 2,752 | (30,749) | 3,925 | (35,246) | D-③ |
| 北島町 | ↗ | -22.2 | 1,875 | (20,594) | 2,411 | (22,745) | D-② |
| **香川県** | | | | | | | |
| 東かがわ市 | ↗ | -61.0 | 735 | (13,546) | 1,883 | (28,279) | C-② |
| 琴平町 | ↘ | -60.0 | 259 | (4,597) | 647 | (8,468) | C-② |
| 土庄町 | ↗ | -55.1 | 367 | (6,626) | 818 | (12,846) | C-② |

| | | | | | | | |
|---|---|---|---|---|---|---|---|
| さぬき市 | ↗ | -52.7 | 1,754 | (27,741) | 3,705 | (47,003) | C-② |
| 小豆島町 | ↑ | -49.9 | 437 | (7,598) | 873 | (13,870) | D-③ |
| 三豊市 | ↗ | -43.8 | 2,702 | (40,383) | 4,806 | (61,857) | D-③ |
| 観音寺市 | ↑ | -43.1 | 2,935 | (39,329) | 5,159 | (57,438) | D-③ |
| 綾川町 | ↑ | -40.1 | 1,109 | (15,455) | 1,850 | (22,693) | D-③ |
| まんのう町 | ↗ | -38.9 | 818 | (11,237) | 1,338 | (17,401) | D-② |
| 坂出市 | ↗ | -38.5 | 2,584 | (35,075) | 4,198 | (50,624) | D-③ |
| 多度津町 | ↗ | -37.5 | 1,123 | (16,952) | 1,796 | (22,445) | D-③ |
| 善通寺市 | ↑ | -35.8 | 1,975 | (21,981) | 3,076 | (31,631) | D-③ |
| 三木町 | ↗ | -27.2 | 1,807 | (20,723) | 2,482 | (26,878) | D-③ |
| 宇多津町 | ↘ | -26.9 | 1,614 | (16,569) | 2,209 | (18,699) | D-③ |
| 高松市 | ↗ | -26.1 | 30,669 | (351,256) | 41,503 | (417,496) | D-③ |
| 直島町 | ↑ | -25.9 | 220 | (2,268) | 297 | (3,103) | D-③ |
| 丸亀市 | ↗ | -25.7 | 7,966 | (92,784) | 10,727 | (109,513) | D-③ |
| **愛媛県** | | | | | | | |
| 愛南町 | ↗ | -76.4 | 221 | (8,148) | 937 | (19,601) | C-① |
| 久万高原町 | ↗ | -70.7 | 99 | (3,065) | 338 | (7,404) | C-② |
| 伊方町 | ↘ | -70.0 | 113 | (3,502) | 376 | (8,397) | C-① |
| 鬼北町 | ↘ | -65.3 | 180 | (4,779) | 519 | (9,682) | C-① |
| 松野町 | ↘ | -65.1 | 68 | (1,868) | 195 | (3,674) | C-① |
| 八幡浜市 | ↗ | -62.2 | 778 | (15,800) | 2,057 | (31,987) | C-② |
| 宇和島市 | ↘ | -61.7 | 1,785 | (36,266) | 4,656 | (70,809) | C-② |
| 内子町 | ↗ | -60.4 | 414 | (7,971) | 1,046 | (15,322) | C-② |
| 大洲市 | ↗ | -59.3 | 1,253 | (21,366) | 3,082 | (40,575) | C-② |
| 西予市 | ↗ | -58.9 | 881 | (18,200) | 2,143 | (35,388) | C-① |
| 上島町 | ↗ | -56.6 | 124 | (3,283) | 286 | (6,509) | C-① |
| 四国中央市 | ↓ | -53.8 | 3,278 | (51,455) | 7,100 | (82,754) | C-② |
| 今治市 | ↑ | -46.1 | 6,653 | (99,196) | 12,338 | (151,672) | D-③ |
| 伊予市 | ↗ | -43.5 | 1,737 | (23,641) | 3,076 | (35,133) | D-③ |
| 砥部町 | ↑ | -40.7 | 1,046 | (13,592) | 1,764 | (20,480) | D-③ |
| 西条市 | ↗ | -40.3 | 5,265 | (76,692) | 8,816 | (104,791) | D-② |
| 新居浜市 | ↗ | -36.3 | 6,514 | (84,485) | 10,222 | (115,938) | D-③ |

| | | | | | | | |
|---|---|---|---|---|---|---|---|
| 松前町 | ↗ | -29.5 | 1,937 | (22,798) | 2,749 | (29,630) | D-③ |
| 東温市 | ↗ | -29.3 | 2,415 | (26,330) | 3,415 | (33,903) | D-③ |
| 松山市 | ↗ | -29.2 | 38,266 | (422,197) | 54,048 | (511,192) | D-③ |
| **高知県** | | | | | | | |
| 室戸市 | ↗ | -80.2 | 103 | (3,777) | 521 | (11,742) | C-② |
| 大豊町 | ↗ | -78.7 | 29 | (1,016) | 136 | (3,252) | C-② |
| 大月町 | ↗ | -78.0 | 47 | (1,807) | 214 | (4,434) | C-② |
| 東洋町 | ↘ | -76.1 | 22 | (870) | 92 | (2,194) | C-② |
| 土佐清水市 | ↘ | -75.2 | 146 | (5,124) | 589 | (12,388) | C-② |
| 中土佐町 | ↘ | -72.9 | 78 | (2,494) | 288 | (6,002) | C-① |
| 北川村 | ↘ | -70.7 | 22 | (583) | 75 | (1,146) | C-③ |
| 檮原町 | ↗ | -67.0 | 65 | (1,400) | 197 | (3,307) | C-① |
| 仁淀川町 | ↗ | -66.8 | 73 | (1,821) | 220 | (4,827) | C-② |
| 三原村 | ↘ | -65.5 | 29 | (721) | 84 | (1,437) | C-② |
| 宿毛市 | ↗ | -65.5 | 437 | (9,651) | 1,265 | (19,033) | C-① |
| 日高村 | ↗ | -64.0 | 117 | (2,654) | 325 | (4,812) | C-② |
| 越知町 | ↗ | -63.9 | 119 | (2,521) | 330 | (5,187) | C-② |
| 安田町 | ↗ | -63.7 | 45 | (1,043) | 124 | (2,370) | C-① |
| いの町 | ↗ | -62.9 | 541 | (10,940) | 1,459 | (21,374) | C-② |
| 安芸市 | ↓ | -62.5 | 409 | (8,409) | 1,091 | (16,243) | C-② |
| 四万十町 | ↗ | -61.8 | 362 | (7,595) | 947 | (15,607) | C-① |
| 黒潮町 | ↗ | -61.6 | 201 | (4,971) | 523 | (10,262) | C-① |
| 須崎市 | ↗ | -61.0 | 517 | (10,434) | 1,327 | (20,590) | C-② |
| 津野町 | ↘ | -59.0 | 121 | (2,646) | 295 | (5,291) | C-① |
| 田野町 | ↗ | -56.7 | 74 | (1,257) | 171 | (2,498) | C-① |
| 佐川町 | ↓ | -52.0 | 417 | (7,336) | 869 | (12,323) | C-② |
| 四万十市 | ↗ | -51.5 | 1,226 | (20,436) | 2,529 | (32,694) | C-① |
| 本山町 | ↓ | -51.3 | 95 | (1,599) | 195 | (3,261) | C-① |
| 奈半利町 | ↓ | -50.0 | 89 | (1,723) | 178 | (3,034) | C-① |
| 大川村 | ↘ | -48.3 | 15 | (174) | 29 | (366) | D-③ |
| 馬路村 | ↑ | -48.2 | 29 | (343) | 56 | (745) | D-② |
| 土佐町 | ↗ | -43.6 | 119 | (2,161) | 211 | (3,753) | D-② |

| | | | | | | | |
|---|---|---|---|---|---|---|---|
| 芸西村 | ↑ | -41.5 | 155 | (2,536) | 265 | (3,694) | D-② |
| 南国市 | ↗ | -41.4 | 2,612 | (33,108) | 4,459 | (46,664) | D-③ |
| 土佐市 | ↗ | -39.2 | 1,283 | (16,391) | 2,111 | (25,732) | D-③ |
| 高知市 | ↗ | -37.6 | 19,869 | (241,483) | 31,859 | (326,545) | D-③ |
| 香美市 | ↗ | -35.3 | 1,333 | (17,253) | 2,061 | (26,513) | D-③ |
| 香南市 | ↗ | -34.7 | 1,789 | (24,703) | 2,739 | (32,207) | D-③ |
| **福岡県** | | | | | | | |
| 東峰村 | ↘ | -68.8 | 35 | (820) | 112 | (1,899) | C-① |
| 川崎町 | ↗ | -64.0 | 415 | (7,469) | 1,152 | (15,176) | C-② |
| 小竹町 | ↗ | -62.4 | 189 | (3,742) | 502 | (7,151) | C-② |
| 添田町 | ↘ | -61.9 | 200 | (4,205) | 525 | (8,801) | C-② |
| 嘉麻市 | ↗ | -55.2 | 1,174 | (18,118) | 2,622 | (35,473) | C-② |
| みやこ町 | ↗ | -54.3 | 577 | (10,206) | 1,262 | (18,825) | C-① |
| 築上町 | ↗ | -52.7 | 619 | (9,865) | 1,308 | (17,189) | C-① |
| 鞍手町 | ↗ | -50.5 | 568 | (8,719) | 1,148 | (15,080) | C-① |
| 芦屋町 | ↑ | -49.7 | 565 | (8,281) | 1,123 | (13,545) | D-② |
| うきは市 | ↘ | -49.6 | 1,124 | (17,235) | 2,232 | (27,981) | D-② |
| 福智町 | ↑ | -48.9 | 864 | (12,586) | 1,689 | (21,398) | D-② |
| 香春町 | ↑ | -48.6 | 374 | (5,798) | 727 | (10,191) | D-② |
| 八女市 | ↑ | -47.9 | 2,607 | (37,097) | 4,999 | (60,608) | D-③ |
| みやま市 | ↑ | -45.3 | 1,552 | (21,323) | 2,837 | (35,861) | D-③ |
| 中間市 | ↑ | -44.5 | 1,890 | (26,055) | 3,404 | (40,362) | D-③ |
| 朝倉市 | ↑ | -44.0 | 2,483 | (32,828) | 4,432 | (50,273) | D-③ |
| 柳川市 | ↑ | -42.3 | 3,238 | (41,396) | 5,609 | (64,475) | D-③ |
| 大牟田市 | ↑ | -41.1 | 5,408 | (72,520) | 9,177 | (111,281) | D-③ |
| 豊前市 | ↗ | -40.7 | 1,114 | (15,453) | 1,879 | (24,391) | D-② |
| 大川市 | ↑ | -37.7 | 1,935 | (20,830) | 3,106 | (32,988) | D-③ |
| 糸田町 | ↗ | -37.1 | 438 | (5,333) | 696 | (8,407) | D-② |
| 水巻町 | ↑ | -36.7 | 1,745 | (20,139) | 2,757 | (28,114) | D-③ |
| 桂川町 | ↑ | -35.4 | 734 | (8,715) | 1,137 | (12,878) | D-② |
| 赤村 | ↑ | -34.1 | 116 | (1,692) | 176 | (2,774) | D-② |
| 宮若市 | ↗ | -32.9 | 1,528 | (18,246) | 2,276 | (26,298) | D-③ |

| | | | | | | | |
|---|---|---|---|---|---|---|---|
| 大木町 | ↘ | -31.8 | 903 | (10,259) | 1,324 | (13,820) | D-② |
| 吉富町 | ↗ | -31.5 | 391 | (4,875) | 571 | (6,536) | D-② |
| 上毛町 | ↗ | -30.4 | 385 | (5,185) | 553 | (7,251) | D-② |
| 北九州市 | ↗ | -29.0 | 64,607 | (728,898) | 91,017 | (939,029) | D-③ |
| 広川町 | ↘ | -27.9 | 1,407 | (16,184) | 1,951 | (19,969) | D-③ |
| 大任町 | ↗ | -27.8 | 319 | (3,500) | 442 | (5,008) | D-② |
| 久留米市 | ↗ | -25.2 | 23,964 | (260,912) | 32,034 | (303,316) | D-③ |
| 行橋市 | ↗ | -24.8 | 5,141 | (61,430) | 6,834 | (71,426) | D-② |
| 飯塚市 | ↗ | -24.2 | 9,356 | (101,373) | 12,335 | (126,364) | D-③ |
| 遠賀町 | ↗ | -23.5 | 1,264 | (14,203) | 1,653 | (18,723) | D-③ |
| 直方市 | ↗ | -23.1 | 3,967 | (45,263) | 5,155 | (56,212) | D-③ |
| 宇美町 | ↗ | -22.7 | 2,796 | (31,031) | 3,618 | (37,671) | D-② |
| 大刀洗町 | ↗ | -22.4 | 1,350 | (13,781) | 1,740 | (15,521) | D-② |
| 田川市 | ↗ | -22.2 | 3,304 | (34,421) | 4,247 | (46,203) | D-② |
| 糸島市 | ↗ | -21.3 | 7,262 | (87,977) | 9,224 | (98,877) | D-② |
| 小郡市 | ↗ | -21.1 | 4,626 | (52,689) | 5,862 | (59,360) | D-③ |
| 筑後市 | ↗ | -21.0 | 3,995 | (43,534) | 5,058 | (48,827) | D-② |
| 岡垣町 | ↘ | -20.3 | 2,126 | (25,375) | 2,668 | (31,007) | D-② |
| 筑前町 | ↗ | -20.2 | 2,219 | (26,064) | 2,781 | (29,591) | D-② |
| 苅田町 | ↗ | -19.8 | 3,031 | (34,551) | 3,778 | (37,684) | A |
| 宗像市 | ↗ | -18.7 | 8,302 | (86,259) | 10,208 | (97,095) | D-① |
| 春日市 | ↗ | -17.9 | 9,899 | (99,936) | 12,057 | (111,023) | D-① |
| 篠栗町 | ↗ | -17.0 | 2,724 | (28,299) | 3,283 | (31,209) | D-① |
| 筑紫野市 | ↗ | -16.2 | 9,195 | (97,302) | 10,976 | (103,311) | D-① |
| 古賀市 | ↗ | -13.3 | 5,380 | (53,950) | 6,203 | (58,786) | D-① |
| 那珂川市 | ↘ | -12.9 | 4,544 | (46,437) | 5,217 | (50,112) | A |
| 大野城市 | ↗ | -12.8 | 10,150 | (99,002) | 11,645 | (102,085) | D-① |
| 福岡市 | ↗ | -12.6 | 200,659 | (1,622,565) | 229,469 | (1,612,392) | D-① |
| 太宰府市 | ↗ | -10.0 | 6,800 | (69,619) | 7,556 | (73,164) | A |
| 福津市 | ↗ | -8.4 | 6,777 | (72,626) | 7,401 | (67,033) | A |
| 新宮町 | ↗ | -7.8 | 3,526 | (33,806) | 3,824 | (32,927) | A |
| 須恵町 | ↗ | -3.4 | 2,860 | (28,983) | 2,959 | (28,628) | A |

| | | | | | | | |
|---|---|---|---|---|---|---|---|
| 志免町 | ↘ | -2.1 | 4,923 | (47,659) | 5,030 | (46,377) | A |
| 粕屋町 | ↘ | -0.8 | 6,099 | (52,690) | 6,145 | (48,190) | A |
| 久山町 | ↗ | -0.7 | 999 | (9,712) | 1,006 | (9,068) | A |
| **佐賀県** | | | | | | | |
| 玄海町 | ↘ | -66.0 | 119 | (3,332) | 350 | (5,609) | C-① |
| 太良町 | ↗ | -62.4 | 199 | (4,035) | 529 | (8,121) | C-① |
| 白石町 | ↘ | -57.8 | 747 | (12,558) | 1,772 | (22,051) | C-② |
| 大町町 | ↗ | -55.7 | 220 | (3,577) | 497 | (6,293) | C-② |
| 多久市 | ↘ | -55.5 | 626 | (10,306) | 1,408 | (18,295) | C-② |
| 嬉野市 | ↑ | -46.2 | 1,231 | (16,149) | 2,289 | (25,848) | D-② |
| 有田町 | ↘ | -46.2 | 828 | (11,980) | 1,539 | (19,010) | D-② |
| 鹿島市 | ↗ | -45.2 | 1,363 | (17,646) | 2,487 | (27,892) | D-② |
| 伊万里市 | ↘ | -41.9 | 2,590 | (35,675) | 4,456 | (52,629) | D-② |
| 唐津市 | ↗ | -37.9 | 6,387 | (80,289) | 10,278 | (117,373) | D-② |
| 神埼市 | ↗ | -35.6 | 1,911 | (23,364) | 2,966 | (31,022) | D-③ |
| 小城市 | ↗ | -35.2 | 2,965 | (34,241) | 4,572 | (43,952) | D-③ |
| 基山町 | ↑ | -34.7 | 1,188 | (13,129) | 1,819 | (17,250) | D-③ |
| 武雄市 | ↗ | -33.7 | 2,968 | (36,558) | 4,475 | (47,914) | D-② |
| 上峰町 | ↗ | -27.2 | 740 | (7,991) | 1,017 | (9,286) | D-③ |
| 江北町 | ↗ | -27.0 | 778 | (8,313) | 1,066 | (9,566) | D-② |
| 佐賀市 | ↗ | -25.1 | 18,212 | (194,311) | 24,302 | (233,301) | D-③ |
| みやき町 | ↑ | -23.1 | 1,761 | (20,920) | 2,290 | (25,511) | D-② |
| 吉野ヶ里町 | ↗ | -22.7 | 1,414 | (14,114) | 1,828 | (16,323) | D-③ |
| 鳥栖市 | ↘ | -13.7 | 7,225 | (72,385) | 8,370 | (74,196) | D-① |
| **長崎県** | | | | | | | |
| 新上五島町 | ↗ | -76.7 | 213 | (7,024) | 915 | (17,503) | C-① |
| 対馬市 | ↗ | -67.0 | 604 | (13,326) | 1,830 | (28,502) | C-① |
| 西海市 | ↗ | -63.3 | 636 | (12,827) | 1,731 | (26,275) | C-① |
| 五島市 | ↗ | -62.6 | 804 | (17,632) | 2,149 | (34,391) | C-① |
| 平戸市 | ↗ | -62.3 | 690 | (14,473) | 1,829 | (29,365) | C-① |
| 南島原市 | ↗ | -61.8 | 1,063 | (20,627) | 2,780 | (42,330) | C-① |
| 東彼杵町 | ↗ | -61.1 | 205 | (4,073) | 527 | (7,721) | C-① |

| | | | | | | | |
|---|---|---|---|---|---|---|---|
| 松浦市 | ↗ | -59.2 | 643 | (10,888) | 1,575 | (21,271) | C-① |
| 壱岐市 | ↗ | -58.9 | 656 | (13,199) | 1,596 | (24,948) | C-① |
| 小値賀町 | ↗ | -58.3 | 50 | (963) | 120 | (2,288) | C-① |
| 雲仙市 | ↗ | -55.4 | 1,465 | (23,609) | 3,282 | (41,096) | C-① |
| 島原市 | ↑ | -48.4 | 1,742 | (27,091) | 3,375 | (43,338) | D-② |
| 川棚町 | ↗ | -47.5 | 604 | (8,232) | 1,151 | (13,377) | D-③ |
| 長与町 | ↘ | -43.9 | 2,288 | (27,295) | 4,080 | (40,780) | D-② |
| 諫早市 | ↑ | -42.2 | 7,005 | (93,988) | 12,112 | (133,852) | D-② |
| 波佐見町 | ↘ | -41.3 | 758 | (9,942) | 1,292 | (14,291) | D-② |
| 長崎市 | ↗ | -38.1 | 24,040 | (280,138) | 38,847 | (409,118) | D-③ |
| 佐世保市 | ↗ | -37.8 | 13,916 | (165,944) | 22,386 | (243,223) | D-② |
| 時津町 | ↘ | -36.9 | 1,892 | (21,524) | 2,998 | (29,339) | D-② |
| 佐々町 | ↗ | -31.2 | 948 | (11,017) | 1,378 | (13,912) | D-② |
| 大村市 | ↘ | -24.8 | 7,584 | (85,005) | 10,089 | (95,397) | D-② |
| **熊本県** | | | | | | | |
| 球磨村 | ↘ | -75.2 | 33 | (650) | 133 | (2,433) | C-① |
| 相良村 | ↘ | -70.7 | 68 | (1,887) | 232 | (4,070) | C-① |
| 芦北町 | ↘ | -63.3 | 345 | (6,880) | 941 | (15,681) | C-① |
| 美里町 | ↗ | -62.7 | 205 | (4,484) | 550 | (9,392) | C-② |
| 上天草市 | ↗ | -62.3 | 605 | (11,669) | 1,605 | (24,563) | C-① |
| 湯前町 | ↗ | -61.5 | 72 | (1,809) | 187 | (3,627) | C-① |
| 山都町 | ↗ | -61.1 | 249 | (5,466) | 640 | (13,503) | C-① |
| 苓北町 | ↗ | -61.0 | 157 | (3,537) | 402 | (7,114) | C-① |
| 津奈木町 | ↘ | -59.5 | 104 | (2,177) | 257 | (4,254) | C-① |
| 山江村 | ↘ | -59.2 | 98 | (1,717) | 240 | (3,238) | C-① |
| 天草市 | ↗ | -58.0 | 2,010 | (39,327) | 4,780 | (75,783) | C-① |
| 高森町 | ↗ | -57.3 | 160 | (3,149) | 375 | (5,789) | C-① |
| 多良木町 | ↗ | -53.7 | 245 | (4,775) | 529 | (9,076) | C-① |
| 産山村 | ↓ | -52.5 | 38 | (750) | 80 | (1,382) | C-① |
| 和水町 | ↘ | -52.0 | 287 | (5,077) | 598 | (9,342) | C-① |
| 氷川町 | ↘ | -51.9 | 387 | (6,499) | 805 | (11,094) | C-② |
| 水俣市 | ↗ | -51.3 | 804 | (12,700) | 1,651 | (23,557) | C-① |

| | | | | | | | |
|---|---|---|---|---|---|---|---|
| 小国町 | ↗ | -50.0 | 214 | (3,579) | 428 | (6,590) | C-① |
| 南関町 | ↑ | -49.6 | 355 | (5,179) | 704 | (8,979) | D-② |
| 人吉市 | ↑ | -47.6 | 1,208 | (19,186) | 2,307 | (31,108) | D-② |
| あさぎり町 | ↑ | -46.7 | 583 | (8,822) | 1,094 | (14,676) | D-② |
| 阿蘇市 | ↘ | -45.2 | 1,049 | (15,160) | 1,914 | (24,930) | D-② |
| 長洲町 | ↑ | -43.7 | 724 | (10,057) | 1,286 | (15,372) | D-② |
| 山鹿市 | ↗ | -43.6 | 2,214 | (30,205) | 3,926 | (49,025) | D-② |
| 錦町 | ↑ | -42.0 | 474 | (6,911) | 817 | (10,288) | D-② |
| 水上村 | ↑ | -37.5 | 60 | (1,064) | 96 | (2,033) | D-② |
| 八代市 | ↗ | -36.7 | 7,146 | (86,864) | 11,290 | (123,067) | D-③ |
| 宇城市 | ↗ | -35.7 | 3,211 | (40,339) | 4,992 | (57,032) | D-② |
| 菊池市 | ↗ | -35.0 | 2,761 | (32,894) | 4,249 | (46,416) | D-② |
| 玉名市 | ↗ | -34.4 | 3,799 | (45,585) | 5,795 | (64,292) | D-③ |
| 南小国町 | ↗ | -34.1 | 184 | (2,473) | 279 | (3,750) | D-② |
| 玉東町 | ↗ | -32.9 | 261 | (3,433) | 389 | (5,045) | D-② |
| 荒尾市 | ↗ | -32.6 | 2,884 | (35,395) | 4,281 | (50,832) | D-② |
| 五木村 | ↑ | -30.8 | 36 | (470) | 52 | (931) | D-② |
| 宇土市 | ↗ | -30.6 | 2,352 | (28,006) | 3,388 | (36,122) | D-② |
| 甲佐町 | ↑ | -29.8 | 532 | (6,953) | 758 | (10,132) | D-② |
| 西原村 | ↘ | -24.3 | 428 | (6,013) | 565 | (6,426) | D-② |
| 熊本市 | ↗ | -22.0 | 64,387 | (648,196) | 82,553 | (738,865) | D-③ |
| 御船町 | ↗ | -12.7 | 1,272 | (13,560) | 1,457 | (16,303) | A |
| 大津町 | ↘ | -12.2 | 3,641 | (36,639) | 4,149 | (35,187) | A |
| 菊陽町 | ↗ | -11.2 | 4,646 | (46,391) | 5,233 | (43,337) | A |
| 合志市 | ↗ | -8.5 | 5,779 | (62,225) | 6,314 | (61,772) | A |
| 益城町 | ↗ | -8.0 | 2,834 | (30,601) | 3,079 | (32,510) | A |
| 嘉島町 | ↗ | -6.9 | 933 | (9,545) | 1,002 | (9,547) | A |
| 南阿蘇村 | ↑ | -5.9 | 525 | (7,031) | 558 | (9,836) | A |
| **大分県** | | | | | | | |
| 姫島村 | ↘ | -76.3 | 14 | (558) | 59 | (1,725) | C-① |
| 津久見市 | ↘ | -65.5 | 331 | (6,800) | 958 | (16,100) | C-② |
| 国東市 | ↗ | -60.7 | 687 | (14,119) | 1,749 | (26,232) | C-② |

| | | | | | | | |
|---|---|---|---|---|---|---|---|
| 九重町 | ↘ | -59.3 | 211 | (4,159) | 519 | (8,541) | C-① |
| 玖珠町 | ↗ | -58.7 | 421 | (7,515) | 1,020 | (14,386) | C-① |
| 佐伯市 | ↗ | -55.1 | 2,006 | (35,779) | 4,468 | (66,851) | C-① |
| 竹田市 | ↗ | -54.5 | 547 | (9,699) | 1,202 | (20,332) | C-② |
| 豊後大野市 | ↗ | -52.3 | 1,066 | (18,093) | 2,236 | (33,695) | C-② |
| 臼杵市 | ↗ | -52.1 | 1,150 | (19,842) | 2,403 | (36,158) | C-② |
| 杵築市 | ↓ | -50.4 | 1,075 | (16,456) | 2,168 | (27,999) | C-② |
| 日田市 | ↑ | -45.5 | 2,607 | (38,839) | 4,785 | (62,657) | D-② |
| 宇佐市 | ↗ | -40.6 | 2,490 | (35,431) | 4,193 | (52,771) | D-② |
| 豊後高田市 | ↑ | -38.7 | 1,196 | (15,895) | 1,951 | (22,112) | D-③ |
| 別府市 | ↗ | -28.6 | 8,085 | (84,031) | 11,319 | (115,321) | D-③ |
| 中津市 | ↗ | -25.6 | 5,741 | (69,547) | 7,711 | (82,863) | D-② |
| 由布市 | ↗ | -24.2 | 2,397 | (25,542) | 3,161 | (32,772) | D-③ |
| 日出町 | ↘ | -23.8 | 2,024 | (23,163) | 2,656 | (27,723) | D-② |
| 大分市 | ↗ | -21.9 | 38,116 | (415,875) | 48,813 | (475,614) | D-③ |
| **宮崎県** | | | | | | | |
| 諸塚村 | ↘ | -72.6 | 23 | (676) | 84 | (1,486) | C-① |
| 美郷町 | ↘ | -65.3 | 85 | (2,103) | 245 | (4,826) | C-① |
| 椎葉村 | ↗ | -63.2 | 46 | (1,063) | 125 | (2,503) | C-① |
| 高千穂町 | ↗ | -57.5 | 304 | (5,833) | 715 | (11,642) | C-① |
| 日之影町 | ↗ | -55.9 | 86 | (1,782) | 195 | (3,635) | C-① |
| えびの市 | ↘ | -54.5 | 520 | (8,876) | 1,142 | (17,638) | C-① |
| 国富町 | ↗ | -52.9 | 656 | (10,940) | 1,392 | (18,398) | C-① |
| 串間市 | ↗ | -52.8 | 503 | (8,183) | 1,065 | (16,822) | C-① |
| 高原町 | ↗ | -50.9 | 276 | (4,797) | 562 | (8,639) | C-① |
| 西都市 | ↘ | -49.5 | 1,075 | (16,977) | 2,128 | (28,610) | D-② |
| 五ヶ瀬町 | ↑ | -49.4 | 84 | (1,699) | 166 | (3,472) | D-② |
| 川南町 | ↘ | -49.0 | 678 | (9,640) | 1,329 | (15,194) | D-③ |
| 日南市 | ↑ | -48.1 | 1,993 | (29,534) | 3,837 | (50,848) | D-② |
| 都農町 | ↑ | -45.7 | 391 | (6,062) | 720 | (9,906) | D-② |
| 延岡市 | ↗ | -44.0 | 5,412 | (76,142) | 9,658 | (118,394) | D-② |
| 門川町 | ↘ | -40.8 | 811 | (11,430) | 1,369 | (17,379) | D-② |

| | | | | | | | |
|---|---|---|---|---|---|---|---|
| 小林市 | ↑ | -40.6 | 2,089 | (28,975) | 3,519 | (43,670) | D-② |
| 新富町 | ↗ | -40.0 | 846 | (11,268) | 1,410 | (16,564) | D-② |
| 西米良村 | ↑ | -40.0 | 39 | (568) | 65 | (1,000) | D-② |
| 日向市 | ↗ | -37.6 | 3,096 | (42,324) | 4,961 | (59,629) | D-② |
| 高鍋町 | ↗ | -37.5 | 1,086 | (13,931) | 1,738 | (19,922) | D-② |
| 木城町 | ↗ | -34.4 | 258 | (3,151) | 393 | (4,895) | D-② |
| 綾町 | ↑ | -34.1 | 339 | (4,917) | 514 | (6,934) | D-② |
| 都城市 | ↗ | -28.3 | 11,026 | (124,930) | 15,368 | (160,640) | D-② |
| 宮崎市 | ↗ | -23.4 | 31,462 | (348,569) | 41,088 | (401,339) | D-③ |
| 三股町 | ↗ | -22.7 | 1,956 | (22,261) | 2,529 | (25,591) | D-② |
| **鹿児島県** | | | | | | | |
| 湧水町 | ↗ | -64.5 | 186 | (4,513) | 524 | (9,119) | C-① |
| 南大隅町 | ↗ | -63.8 | 105 | (2,516) | 290 | (6,481) | C-① |
| 錦江町 | ↗ | -63.1 | 144 | (3,069) | 390 | (6,944) | C-① |
| 垂水市 | ↗ | -62.2 | 389 | (6,629) | 1,029 | (13,819) | C-② |
| 阿久根市 | ↗ | -60.7 | 503 | (9,559) | 1,281 | (19,270) | C-① |
| さつま町 | ↘ | -59.3 | 636 | (10,222) | 1,562 | (20,243) | C-② |
| 曽於市 | ↗ | -59.1 | 984 | (17,078) | 2,405 | (33,310) | C-① |
| 南九州市 | ↗ | -57.7 | 1,004 | (17,345) | 2,372 | (33,080) | C-① |
| 西之表市 | ↗ | -55.6 | 434 | (8,492) | 978 | (14,708) | C-① |
| 枕崎市 | ↗ | -53.1 | 713 | (10,844) | 1,519 | (20,033) | C-② |
| 大和村 | ↗ | -52.7 | 35 | (730) | 74 | (1,364) | C-① |
| 肝付町 | ↗ | -51.8 | 420 | (7,454) | 872 | (14,227) | C-① |
| 天城町 | ↗ | -51.6 | 163 | (3,430) | 337 | (5,517) | C-① |
| 三島村 | ↗ | -50.0 | 19 | (219) | 38 | (405) | C-① |
| 喜界町 | ↗ | -50.0 | 193 | (3,892) | 386 | (6,629) | C-① |
| 奄美市 | ↑ | -49.6 | 1,652 | (26,905) | 3,278 | (41,390) | D-② |
| 伊佐市 | ↑ | -49.4 | 874 | (13,332) | 1,727 | (24,453) | D-② |
| 南種子町 | ↑ | -47.7 | 168 | (3,295) | 321 | (5,445) | D-② |
| 指宿市 | ↗ | -47.1 | 1,680 | (23,308) | 3,174 | (39,011) | D-③ |
| 徳之島町 | ↑ | -46.8 | 412 | (6,170) | 775 | (10,147) | D-② |
| 和泊町 | ↘ | -46.4 | 261 | (4,038) | 487 | (6,246) | D-② |

| | | | | | | | |
|---|---|---|---|---|---|---|---|
| いちき串木野市 | ↑ | -46.4 | 1,091 | (15,772) | 2,034 | (27,490) | D-② |
| 瀬戸内町 | ↑ | -45.2 | 308 | (5,511) | 562 | (8,546) | D-② |
| 志布志市 | ↗ | -44.8 | 1,345 | (18,307) | 2,438 | (29,329) | D-② |
| 長島町 | ↑ | -43.7 | 409 | (5,897) | 727 | (9,705) | D-② |
| 中種子町 | ↑ | -42.5 | 273 | (4,552) | 475 | (7,539) | D-② |
| 十島村 | ↑ | -42.0 | 40 | (532) | 69 | (740) | D-② |
| 出水市 | ↗ | -40.5 | 2,751 | (36,313) | 4,625 | (51,994) | D-② |
| 知名町 | ↑ | -40.3 | 247 | (3,627) | 414 | (5,750) | D-② |
| 南さつま市 | ↑ | -38.7 | 1,499 | (19,607) | 2,446 | (32,887) | D-② |
| 大崎町 | ↑ | -36.0 | 641 | (7,513) | 1,002 | (12,385) | D-③ |
| 日置市 | ↗ | -35.9 | 2,464 | (33,179) | 3,846 | (47,153) | D-② |
| 東串良町 | ↗ | -35.1 | 328 | (4,430) | 505 | (6,237) | D-② |
| 薩摩川内市 | ↗ | -34.1 | 5,354 | (67,988) | 8,128 | (92,403) | D-② |
| 伊仙町 | ↑ | -33.8 | 255 | (4,251) | 385 | (6,139) | D-② |
| 与論町 | ↑ | -31.4 | 256 | (3,782) | 373 | (5,115) | D-② |
| 鹿屋市 | ↗ | -29.2 | 6,914 | (78,294) | 9,763 | (101,096) | D-② |
| 屋久島町 | ↗ | -27.8 | 612 | (8,111) | 848 | (11,858) | D-② |
| 霧島市 | ↗ | -27.8 | 8,957 | (101,030) | 12,405 | (123,135) | D-② |
| 鹿児島市 | ↗ | -25.6 | 48,234 | (498,125) | 64,821 | (593,128) | D-③ |
| 姶良市 | ↗ | -24.5 | 5,514 | (64,544) | 7,305 | (76,348) | D-② |
| 龍郷町 | ↘ | -24.3 | 364 | (5,088) | 481 | (5,817) | D-② |
| 宇検村 | ↑ | -14.6 | 70 | (1,109) | 82 | (1,621) | A |
| **沖縄県** | | | | | | | |
| 久米島町 | ↑ | -44.3 | 327 | (4,520) | 587 | (7,192) | D-② |
| 国頭村 | ↗ | -39.6 | 220 | (2,996) | 364 | (4,517) | D-② |
| 伊平屋村 | ↘ | -39.5 | 49 | (644) | 81 | (1,126) | D-② |
| 今帰仁村 | ↗ | -36.8 | 428 | (6,672) | 677 | (8,894) | D-② |
| 東村 | ↑ | -35.8 | 61 | (1,128) | 95 | (1,598) | D-② |
| 大宜味村 | ↗ | -35.5 | 142 | (2,346) | 220 | (3,092) | D-② |
| 座間味村 | ↑ | -34.6 | 72 | (690) | 110 | (892) | D-③ |
| 伊江村 | ↑ | -33.5 | 183 | (2,640) | 275 | (4,118) | D-② |
| 本部町 | ↑ | -31.8 | 773 | (9,070) | 1,133 | (12,530) | D-② |

| | | | | | | | |
|---|---|---|---|---|---|---|---|
| 渡名喜村 | ↗ | -30.0 | 14 | (221) | 20 | (346) | D-③ |
| 与那国町 | ↑ | -29.1 | 112 | (1,111) | 158 | (1,676) | D-② |
| 北大東村 | ↗ | -28.0 | 36 | (467) | 50 | (590) | D-② |
| 伊是名村 | ↑ | -27.7 | 68 | (883) | 94 | (1,322) | D-② |
| 宮古島市 | ↗ | -26.1 | 3,678 | (47,218) | 4,977 | (52,931) | D-② |
| 粟国村 | ↗ | -25.0 | 33 | (457) | 44 | (683) | D-② |
| 西原町 | ↗ | -23.8 | 2,952 | (31,073) | 3,872 | (34,984) | D-② |
| 那覇市 | ↗ | -22.5 | 27,463 | (280,108) | 35,414 | (317,625) | D-③ |
| 渡嘉敷村 | ↑ | -21.5 | 73 | (551) | 93 | (718) | D-③ |
| 糸満市 | ↗ | -21.2 | 5,414 | (58,237) | 6,870 | (61,007) | D-② |
| 石垣市 | ↗ | -20.8 | 4,108 | (45,098) | 5,189 | (47,637) | D-② |
| 南大東村 | ↗ | -20.8 | 84 | (953) | 106 | (1,285) | D-② |
| 沖縄市 | ↗ | -20.6 | 13,133 | (140,354) | 16,541 | (142,752) | D-② |
| 名護市 | ↗ | -20.6 | 6,016 | (60,200) | 7,577 | (63,554) | D-② |
| 浦添市 | ↘ | -19.9 | 10,873 | (108,581) | 13,572 | (115,690) | A |
| 読谷村 | ↗ | -19.0 | 3,643 | (40,018) | 4,499 | (41,206) | A |
| 宜野湾市 | ↗ | -18.9 | 10,134 | (97,722) | 12,502 | (100,125) | A |
| 北谷町 | ↗ | -18.7 | 2,719 | (26,454) | 3,344 | (28,201) | A |
| 嘉手納町 | ↗ | -18.6 | 1,166 | (12,026) | 1,432 | (13,521) | A |
| 北中城村 | ↗ | -18.0 | 1,618 | (18,269) | 1,972 | (17,969) | A |
| 竹富町 | ↑ | -17.9 | 400 | (3,346) | 487 | (3,942) | A |
| うるま市 | ↘ | -17.8 | 11,235 | (124,641) | 13,667 | (125,303) | A |
| 南城市 | ↗ | -14.3 | 3,776 | (44,876) | 4,405 | (44,043) | A |
| 南風原町 | ↘ | -14.0 | 4,309 | (41,255) | 5,012 | (40,440) | A |
| 豊見城市 | ↘ | -13.8 | 6,593 | (65,786) | 7,647 | (64,612) | A |
| 恩納村 | ↗ | -13.3 | 1,144 | (11,249) | 1,320 | (10,869) | D-① |
| 与那原町 | ↗ | -12.9 | 2,137 | (21,504) | 2,453 | (19,695) | A |
| 金武町 | ↗ | -12.0 | 854 | (10,222) | 970 | (10,806) | A |
| 八重瀬町 | ↗ | -8.7 | 3,099 | (34,340) | 3,393 | (30,941) | A |
| 中城村 | ↗ | -5.6 | 2,625 | (26,102) | 2,780 | (22,157) | A |
| 宜野座村 | ↗ | -4.8 | 518 | (6,304) | 544 | (5,833) | A |
| 多良間村 | ↑ | 0.0 | 60 | (681) | 60 | (1,058) | A |

## 人口戦略会議メンバー

| | |
|---|---|
| 三村明夫 | 議長、日本製鉄株式会社名誉会長 |
| 増田寛也 | 副議長、日本郵政株式会社代表執行役社長 |
| 阿部守一 | 長野県知事 |
| 大橋徹二 | コマツ〔株式会社小松製作所〕取締役会長 |
| 翁　百合 | 株式会社日本総合研究所理事長 |
| 金子隆一 | 明治大学特任教授 |
| 國部　毅 | 株式会社三井住友フィナンシャルグループ取締役会長 |
| 古賀伸明 | 公益社団法人国際経済労働研究所会長 |
| 古賀信行 | 野村ホールディングス株式会社名誉顧問 |
| 小平信因 | 公益財団法人トヨタ財団会長 |
| 齊藤英和 | 医療法人社団栄賢会梅ヶ丘産婦人科 ART センター長 |
| 白川方明 | 青山学院大学特別招聘教授 |
| 隅　修三 | 東京海上日動火災保険株式会社相談役 |
| 辻　琢也 | 一橋大学教授 |
| 冨山和彦 | 株式会社経営共創基盤 IGPI グループ会長 |
| 永瀬伸子 | お茶の水女子大学教授 |
| 樋口美雄 | 慶應義塾大学名誉教授 |
| 宮家邦彦 | 一般財団法人キヤノングローバル戦略研究所研究主幹 |
| 矢﨑義雄 | 学校法人東京医科大学理事長 |
| 安河内賢弘 | JAM 会長 |
| 和田　勝 | 福祉社会総合研究所代表、国際医療福祉大学客員教授 |

［実務幹事］

| | |
|---|---|
| 五十嵐智嘉子 | 一般社団法人北海道総合研究調査会理事長 |
| 伊奈川秀和 | 東洋大学教授 |
| 関根敏隆 | 一橋大学教授 |
| 西山圭太 | 東京大学未来ビジョン研究センター客員教授 |
| 羽深成樹 | 楽天グループ株式会社取締役 |
| 板東久美子 | 日本赤十字社常任理事 |
| 藤井　健 | 首都高速道路株式会社代表取締役専務執行役員 |
| 山崎史郎 | 日本医療大学客員教授、内閣官房参与 |

（2024年４月24日時点）

本書は、『中央公論』２０２４年２月号、３月号、６月号、９月号に掲載された論考や対談などをもとに加筆修正を行ったものです。

人口戦略会議（じんこうせんりゃくかいぎ）

急激な人口減少を前に，未来として選択し得る望ましい社会を構想するため，2023年７月に民間有志によって発足．

2024年１月，「人口ビジョン2100―安定的で、成長力のある「8000万人国家」へ―」をまとめ，政府に提言を行った．

議長は三村明夫（日本製鉄名誉会長），副議長は増田寛也（日本郵政社長）．

地方消滅《ちほうしょうめつ》２
中公新書 *2830*

2024年11月25日初版
2025年２月25日４版

編著者　人口戦略会議
発行者　安部順一

本文印刷　暁印刷
カバー印刷　大熊整美堂
製本　小泉製本

発行所　中央公論新社
〒100-8152
東京都千代田区大手町1-7-1
電話　販売 03-5299-1730
　　　編集 03-5299-1830
URL https://www.chuko.co.jp/


Published by CHUOKORON-SHINSHA, INC.
Printed in Japan　ISBN978-4-12-102830-3 C1236

中公新書

## 社会・生活